ERV

BRIGITTA KLOTZ

DAS ÖKO-GARTENBUCH

Gestaltet und illustriert von
Irmhild Schwarz

ROWOHLT

Redaktion Ingke Brodersen
Umschlagtypographie Manfred Waller
Umschlagzeichnung Irmhild Schwarz

Jedes Jahr werden in der Bundesrepublik Deutschland Millionen von Büchern verkauft. Alle in Plastik eingeschweißt. Die Folie schützt das Buch, aber leider nicht die Umwelt. Wir möchten, daß sich etwas ändert. Deshalb haben wir bei diesem Buch auf die Plastikfolie verzichtet. Das ist zumindest ein Anfang.
Rowohlt Verlag

1. Auflage April 1987

Satz Bembo (Linotron 202)
Gesamtherstellung Clausen & Bosse, Leck
Printed in Germany
ISBN 3 498 03454 5

INHALT

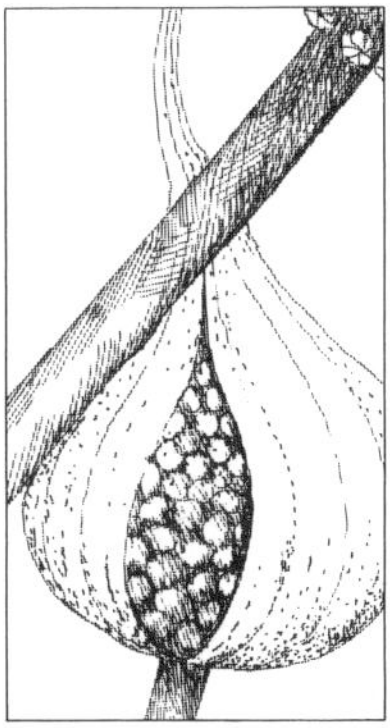

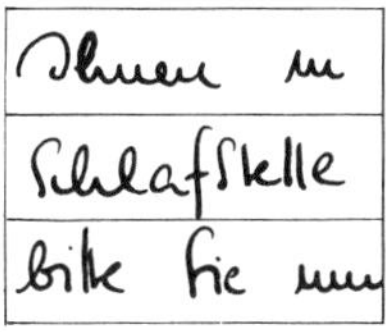
Schlafstelle

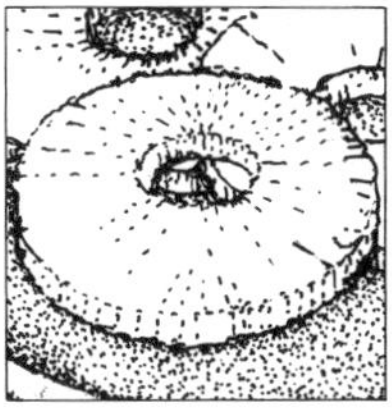

VORWORT

In diesem Öko-Gartenbuch finden Sie eine bunte Mischkultur: Anleitungen, wie man ein Apfelbäumchen pflanzt, und Tabellen über den Schwermetallgehalt in Boden und Gemüse, Märchen, Gedichte, Zeichnungen und die Schilderung ökologischer Vernetzungen, Hinweise, wie man ohne Garten gärtnert, und Gedanken zur Gestaltung des letzten Gartens. Sie werden manchen Wegweiser entdecken, Ihren Weg suchen und gehen müssen Sie allein.

Im Herbst 1984 hatte Ingke Brodersen, Lektorin im Rowohlt Verlag, die Idee zu diesem Buch. Sie legte den Samen. Einen Rosengarten hat sie mir nicht versprochen. Es dauerte lange, bis sich der Keimling entwickelte. Die vielen schon gedruckten Gartenbücher und die Angst, ob ich das Schreiben durchhalten würde, wirkten anfangs erdrückend. Nachdem das Wurzelsystem sich ausgebreitet hatte, entfaltete sich ein Trieb, ein Blatt nach dem anderen, ein sensibles Chaos wucherte vor sich hin. Anfang Mai konnte ich nicht mehr weiterschreiben – über Bäume. Der radioaktiv beladene Regen brachte mich aus dem Konzept – im Garten, wie im Buch. Gärtnern nach dem GAU? Ja. Warum ich für mich diese Entscheidung getroffen habe, können Sie nachlesen auf den Seiten 198 ff.

Irmhild Schwarz fertigte mit Gespür und Beharrlichkeit, witzig und präzise die Illustrationen für dieses Buch. Mit ihr zusammenzuarbeiten machte Spaß, auch im Streß.

Allen, die mich ermutigten und korrigierten, die Ideen und Satzzeichen beisteuerten, und all denen, die unter dem Buch-Druck zu leiden hatten, danke ich.

Im Oktober 1986

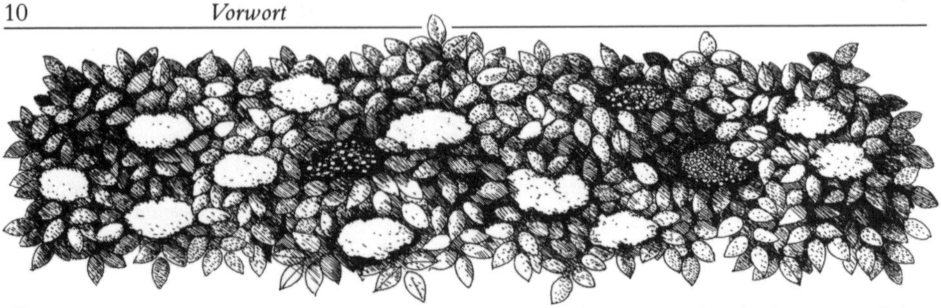

Garten-Lebenslauf

Garten war und ist für mich Rückzug und Erholung. Auf der Schaukel unterm Apfelbaum konnte ich als Kind singend abheben, in der Sandkiste unterm Sauerkirschbaum bei Vogelgezwitscher vielversprechende Kuchen backen, mit meinen Schwestern um Rhabarberblatt-Lehmwickel feilschen und in unserem Kindergarten »rumbuddeln«. Harz, das aus dem alten Kirschbaum tropfte, wurde zum kostbaren Bernsteinanhänger. Blütenblatt um Blütenblatt eines Sonnenhutes pflückte ich verträumt ab: »er liebt mich, er liebt mich nicht.«

Etwa im Alter von zehn Jahren nahm ich beim Wasserholen an einem benachbarten öffentlichen Brunnen zum ersten Mal fasziniert den Kreislauf der Natur in mir und um mich herum bewußt wahr. Beim Auf- und Abschwingen des gußeisernen Brunnenschlegels schwappte das Wasser in die Gießkanne. Je schneller sich meine Arme bewegten, desto mehr Wasser spuckte der Brunnen aus. Durch die Energie in meinen Muskeln konnte ich pumpen und das Wasser zu den Pflanzen schleppen. Woher stammt die Energie? Von den Pflanzen. Durch meine Zähne zerkleinert, durch meine Därme gedrückt, gelangen die Bausteinchen der Pflanzen ins Blut und versorgen meine Muskeln mit Energie. Und woher kommt die in Pflanzen gespeicherte Energie? Von der Sonne. Und zum Wachsen brauchen sie Wasser, das ich mit der gespeicherten Energie in Pflanzen holen kann.

Im Garten herrschten nicht nur Friede, Freude, Eierpflaumen. Mein Vater, gelernter Gärtner, ließ sich von meiner Oma, einer erfahrenen Bäuerin, nicht sagen, »wie man's richtig macht« oder »das haben wir schon immer so gemacht«. Die Folgen waren: beleidigt und gekränkt sein, gegenseitige Verachtung, Macht spüren lassen, Verbündete suchen, Rechthaberei.

In Hamburg, im Studentenwohnheim, in den Wohngemeinschaften – kein Garten weit und breit. Auf Wochenmärkten kaufte ich die schrumpligen, fleckigen Äpfel und Birnen, Karotten und Kartoffeln in der Hoffnung, daß weniger Gifte in und auf ihnen lagern. Am Wochenende fuhr ich hin und wieder mit der S- oder U-Bahn ins Grüne, in den Sachsenwald, an die Elbe, in den Duvenstedter Brook und auf Demonstrationen nach Brokdorf und Gorleben. Ich genoß es, nichts im Garten tun zu müssen. Etwas fehlte mir.

1979 endete der Fahrradtreck von Stuttgart nach Gorleben entlang den bundesdeutschen Atomanlagen in einem kunterbunten Garten im Wendland. Blumen und Gemüse und Knoblauch und Sträucher und Bäume wuchsen durcheinander. Auf dem Sandboden ein fünf Zentimeter hoher Teppich aus Heu und Stroh und Blättern – barfuß warm und weich zu ergehen. Den Traum von einem solchen Garten erfüllte ich mir noch im gleichen Jahr im Nachbardorf. Von dort aus konnte ich von dem achtzigjährigen Gärtner aus Trebel lernen, mit ihm Gemüse und Samen tauschen. Er hatte vor zwanzig Jahren sein Metzgerleben hinter sich gelassen und lebt nun ganz in und aus seinem Garten.

Mit dem neuen Garten und dem Haus begann mein Doppelleben. Dreieinhalb Tage Garten und Tiere, Idylle und Widerstand gegen die Wiederaufarbeitungsanlage, das Zwischen- und Endlager für radioaktiven Müll bei Gorleben. Und dreieinhalb Tage Lehrerin in Hamburg sein, mit Stundenplan, Zensuren und Lärm. Der Kontrast von Wachstum hier und Wachstum dort schärfte meinen Blick für die zerstörende Wirklichkeit dieser Industriegesellschaft.

Meiner eigenen Widersprüchlichkeit bin ich mir bewußt. Auf dem Weg zum Grün, auf der Suche nach der heilen Welt beteilige ich mich an der Zerstörung. Blei lagert sich im Boden neben der Straße ab, Stickoxyde und Schwefelsäure schädigen den Wald weiter weg. Und beim Schreiben dieses Buches, beim Hin- und Herschleppen und Her- und Hinschleppen von Zeitungsausschnitten, Zetteln, Manuskriptteilen, Büchern und Schreibmaschine spüre ich, daß zwei Heimaten keine Heimat sind.

Garten-Leben

Pflanzen vergegenwärtigen die Grundlagen meines eigenen Lebens: Werden und Vergehen, Blühen und Welken, Geben und Nehmen, Zurückziehen und Ausbreiten.

Wachsen lassen und wachsen

Breiten sich Kräuter nicht zu stark aus, lasse ich sie ruhig wachsen, sie werden an dem für sie günstigen Platz gedeihen und weisen mich auf Bodenstrukturen hin. Vermehren sie sich stark, werden sie zur bodenschützenden Mulchschicht.

Vielfalt und Einfalt

Die pflegeleichten, ordentlichen Gärten spiegeln die Leere und Monotonie allseitig reduzierten Lebens wider. Ich schätze die Vielfalt von Kraut und Rüben. Hier blühen selbstausgesäte Vergißmeinnicht, daneben ein Feldsalat. An den freien Platz setze ich Kohlrabis. Beim Arbeiten und Schlendern entdecke ich Neues. Alles verändert sich, nichts bleibt, wie es war. Fertig ist ein Garten glücklicherweise nie.

Mein sensibles Chaos

Das Getuschel der Nachbarn verunsichert mich nicht mehr. Die Bemerkungen über »mein sensibles Chaos« sagt Bemerkenswertes über sie selbst. Ich allein bin verantwortlich für mein Handeln und seine Folgen. Diese Verantwortung kann ich mir von keinem Gartenbuch, von keinem vielversprechenden Gartenwerbeprospekt abnehmen lassen.

Frieden im Garten

Zu-Frieden sein mit dem, was gerade wächst. Ich verschwende meine Energie nicht länger damit, mich über die verlausten Bohnen, die Rettiche und Möhren voller Maden zu ärgern. Mir bleiben genügend Bohnen und Erbsen. Auf die kleinen Giftkriege im Garten kann ich verzichten. Ich weiß, das Gift, das ich versprühe, kommt irgendwann wieder auf mich selbst zurück. Das gilt sowohl für mein inneres Gift als auch für das von Bayer, Celamerck und all denen, die mit Gift Geld verdienen.

Gärtnern lohnt sich nicht

Rein materiell, rein rechnerisch gesehen. Alles Gemüse steht griffbereit, hygienisch steril in Dosen verpackt, massenweise in Regalen herum. Die Dose kostet manchmal weniger als eine Samentüte. Für mich ist wichtig:

- Frisches Gemüse aus dem Garten holen zu können, jedes zu seiner Zeit. Ich weiß, wo es gewachsen ist, wie es behandelt wurde.

- Unabhängig zu sein von Nahrungsmittelmärkten und -Konzernen, die Menschen Boden und Ernte rauben.

- Selbstversorgen statt für andere sorgen. Würden wir uns in die Angelegenheiten anderer Länder weder mit Waffen noch mit Brot einmischen, könnten wir auf Spenden für »die Dritte Welt« großzügig verzichten. Dann hätten die allermeisten Menschen genügend, um zu-Frieden zu leben.

Oase und Zufluchtsort

Uns umgibt eine Kultursteppe aus Beton, Straßen, Autos, Leuchtreklame. Die öde Monokulturwüste der landwirtschaftlichen Produktionslandschaft hat nur wenige natürliche Flecken übriggelassen, Wegraine, Bahndämme, einen Weiher. Lebensräume sind zerstört. Gärten können eine kleine Oase, ein Zufluchtsort für verfolgte und gejagte Wildtiere und Wildpflanzen sein, mit Hecken, Reisig-, Stein- und Laubhaufen, einem Moderplatz, einem kleinen Teich.

Für eine gewisse, mir unbestimmte Zeit habe ich den Garten geliehen bekommen. So wie Tausende Generationen vor mir vom Garten und im Garten gelebt haben, werden es Generationen nach mir tun – hoffentlich.

Warten können

»Ich will leben, inmitten von Leben, das Leben will.« Albert Schweitzer

Gärtnern ist etwas anderes als kaufen, Ware gegen Geld. Ich säe und kann nichts tun außer warten, bis die Keimblätter den Boden durchdringen. Vielleicht rafft sie ein Frost, ein Hagel oder eine Raupe dahin. Ich kann warten.

VON UND MIT PFLANZEN LEBEN

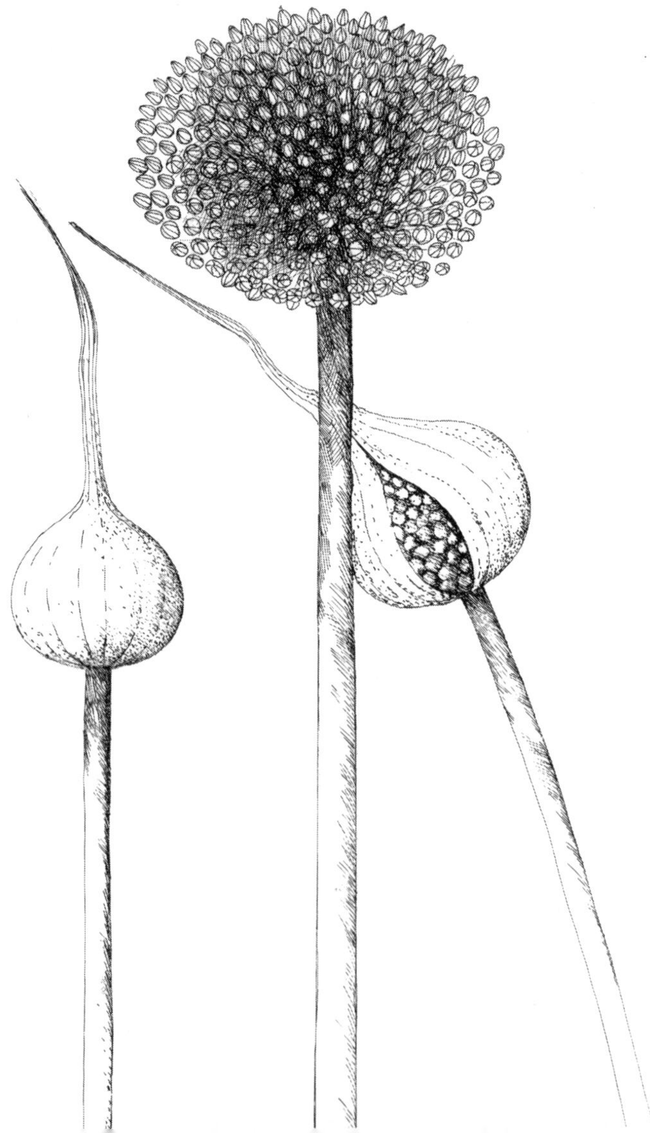

Vom Nutzen der Pflanzen

»Die Pflanzen haben einen sehr mannigfaltigen Nutzen. Der größte Theil der Thiere erhält von den Pflanzen sein Futter. Uns Menschen dienen sie zu Speise und Trank, Kleidung, Erwärmung und Wohnung, mancherlei Geräthschaften, Arzneien und Vergnügungen.«
Dr. Seiler's allgemeines Lesebuch für den Bürger und Landmann. 1835

Fahre in Urlaub. Wer unterhält sich 2 Std. am Tag mit meinen Pflanzen. Referenzen + Themen erbeten. Zuschr. unter 7675 an uns. Gesch.-St. Aus dem »Stadt-Spiegel Bochum«

Seit Jahrtausenden beschäftigt Menschen die Frage, wovon ernähren sich Pflanzen eigentlich? Allein von Luft und Licht?

Wir wissen heute: Pflanzen haben eine einmalige und einzigartige Fähigkeit. Mit Hilfe ihres grünen Blattfarbstoffes sind sie in der Lage, einen Teil der Sonnenenergie einzufangen und Zukker herzustellen. Im Biologieunterricht hat jeder die Photosynthese auswendig gelernt. Falls Sie es vergessen haben: Pflanzen nutzen die Sonnenenergie, um Wasserstoff (H_2) aus dem Wasser, Kohlenstoff (C) und Sauerstoff (O_2) aus dem Kohlendioxid der Luft zu Traubenzucker zusammenzubauen.[1]

Tiere und Menschen profitieren von Pflanzen in doppelter Hinsicht. In jeder Sekunde werden von Pflanzen 3000 Tonnen Traubenzucker hergestellt, das ergibt pro Jahr weltweit 100 bis 200 Milliarden Tonnen. Gleichzeitig setzen sie Sauerstoff frei, den Stoff, den wir beim Luftholen aus der Luft holen.

Ein kontinuierlicher Aufbau von Kohlenhydraten, Umbau in Fette, Proteine und Vitamine, ein Fressen und Essen, Verdauen und Ausscheiden, Zersetzen und Abbauen, Freisetzen von Mineralien, Wasser und Kohlendioxid ist: Leben. Auf diesem Prinzip des fortwährenden Kreislaufs der Stoffe basieren im kleinen der Flaschengarten – im großen die Wechselbeziehungen zwischen Tieren, Menschen und Pflanzen auf dem Raumschiff Erde.

KLEINE WELTEN

Kaum zu glauben, bepflanzte Flaschen und Vitrinen brauchen nicht belüftet zu werden. Die abgeschlossenen Wachstumsräume sind kleine Welten für sich. Das Wasser wird von den Wurzeln aufgenommen und von den Blättern verdunstet. Es kondensiert an den Glaswänden und tropft auf den Boden. Nur bei starkem Blattwachstum muß etwas Wasser nachgefüllt werden.

Am Tage nehmen Pflanzen Kohlendioxid auf und geben Sauerstoff ab. Nachts ist es umgekehrt. Außerdem atmen Bodenlebewesen Sauerstoff ein und Kohlendioxid aus. So ist die Bilanz ungefähr ausgeglichen. Nach diesem Prinzip des ständigen Stoffkreislaufes funktioniert auch die große Welt. Für Gärten im Glas eignen sich größere Flaschen, mit einer Glasplatte abgedeckte Aquarien und lichtdurchlässige Kunststoffbehälter.

Sie werden mit einer etwa fünf Zentimeter hohen Kies- bzw. Holzkohlenschicht gefüllt. Darauf kommt eine etwa zehn Zentimeter hohe Schicht Blumenerde. Zur Bepflanzung eignen sich Farne, Bromelien und Orchideen. Das Plantarium sollte hell, am besten auf der Fensterbank stehen. Größere und abgestorbene Pflanzenteile müssen entfernt werden.

Der Lebenslauf von Pflanzen

Die tausendjährige Linde wie der sagenumwobene Holunderstrauch, der mehrjährige Löwenzahn und der dreimonatige Kopfsalat durchwachsen den Zyklus – ein Mal oder mehrere Male. Bäume, Sträucher und Stauden entziehen ihren Blättern im Herbst meist die Säfte, speichern sie in oberirdischen verholzten Stämmen, Ästen und Zweigen oder in unterirdischen Wurzeln, Knollen oder Zwiebeln. Die hohe Konzentration von Mineralien und Zuckern in den Pflanzensäften hat sich seit Millionen Jahren als Frostschutzmittel bewährt.

Im nächsten Frühjahr treiben die Knospen wieder aus, die Blätter ergrünen, ein neuer Zyklus beginnt.

An sonnigen Märztagen hält mich nichts mehr im Haus, Frühlingsluft treibt mich hinaus. Schneeglöckchen läuten den Winter aus. Die Bodenbedeckung räume ich zur Seite, damit sich der teils noch gefrorene Boden erwärmt. Vorsichtig lockere ich den Boden und säe, Reihe um Reihe, Spinat im Abstand von 50 cm. Schon bei 2 °C keimen die Samen. Spinat durchwurzelt schon Ende März den Gemüsegarten. Die gleichmäßig grüne Linierung schafft Übersicht und schützt die folgenden Erbsen-, Möhren-, Radieschen- und Kohlsaaten.

Keimen

Geschützt in einer meist harten, festen Schale liegen im Innern des Samens die beiden Keimblätter. Ausgestattet mit Nährgewebe, warten sie manchmal wenige Tage, manchmal Jahrzehnte, bis sie in feuchter, warmer Erde keimen. Der Samen nimmt Wasser auf, er quillt. Die Keimwurzel durchbricht die Schale und dringt nach unten, wird zur Hauptwurzel. Feine Wurzelhaare bilden sich, die Wasser- und Mineralstoffversorgung ist gesichert. Die Keimblätter richten sich auf, ergrünen und bilden Traubenzucker.

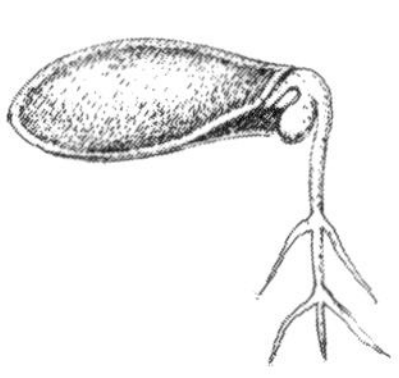

Kopfsalat-, Basilikum- oder Fingerhutsamen keimen nur ausreichend, wenn sie mit wenig Erde bedeckt und angedrückt werden. Kürbissaaten dagegen sollten tief im Dunkeln der Erde liegen. Bei einigen Samen wirken neben Feuchtigkeit, Wärme, Kälte Licht und Dunkelheit steuernd auf den gequollenen Samen. Lichtkeimer, Dunkelkeimer wie auch Frostkeimer, die nur Blüten und Früchte bilden nach einer Kälteperiode, sind in keiner Tabelle verzeichnet. Es hilft nur ausprobieren und notieren.

AUSSAATTIPS

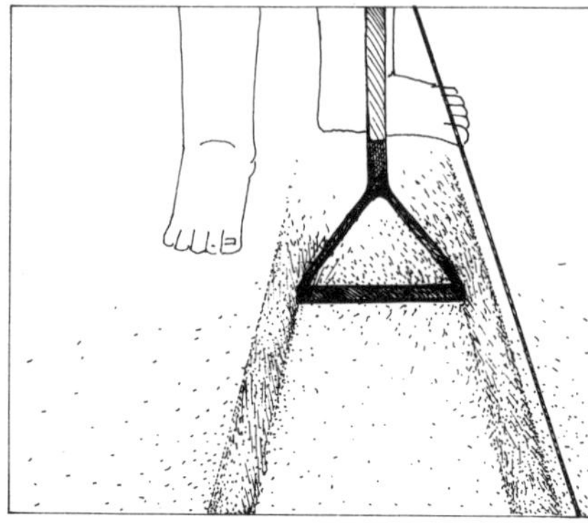

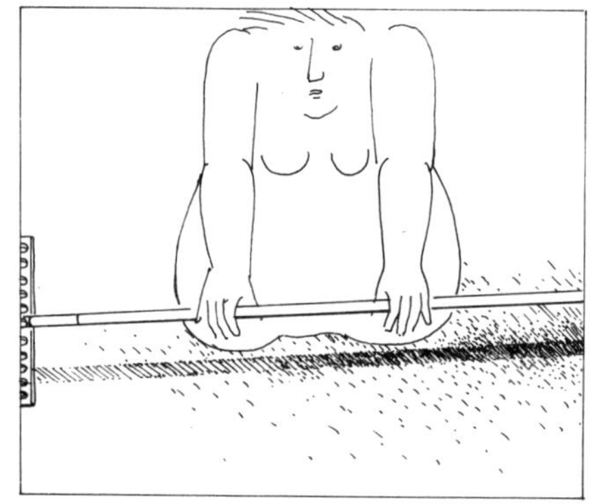

Zweimal die Samenstärke tief sollte der Samen liegen, so lautet die Faustregel.

Wer Tomaten-, Möhren-, Sellerie- und Tomatensamen eine Starthilfe geben möchte, kann sie in ein zehnminütiges Baldrian-Blütenextrakt-Bad tauchen (2 bis 3 Tropfen in eine Schale Wasser).

Nicht zu dicht säen. Sehr feiner Samen kann, mit trockenem Sand vermischt, dünn gestreut werden.

Saatrille mit Sauzahn, Rechenstiel oder dem Finger ziehen. Wer's schnurgerade liebt, bestimmt den Reihenabstand mit dem Zollstock und spannt eine Saatschnur.

In die Saatrille Gesteinsmehl streuen, bei Trockenheit wässern.

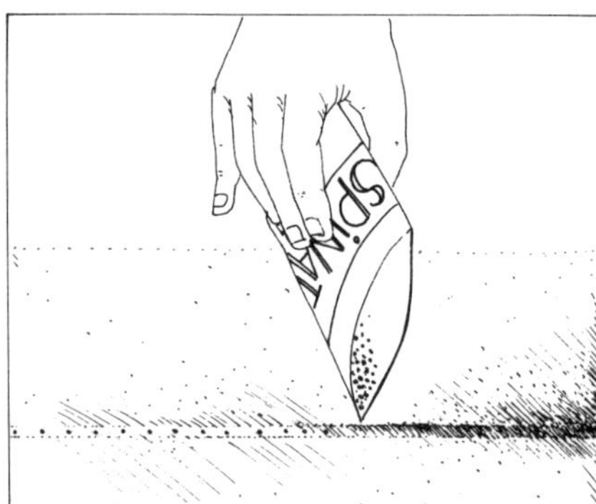

Auf Saattbänder am laufenden Meter, Stecksaat-Systeme, Quicksticks (»Sich Arbeit sparen, auf Nummer Sicher gehen«), kann ich verzichten. Sie sind teuer und verpackungsintensiv.

Eine dünn auf die Samen gestreute Schicht gemahlener Holzkohle verhindert Pilzbefall.

Plastikschildchen, mit Sortenname und Datum beschriftet und an den Rand der jeweiligen Reihe gesteckt, geben einen Überblick – besonders bei Reihen-Mischkulturen. Eintragungen ins Gartennotizbuch helfen, laufende Beobachtungen festzuhalten.

Trockene Erde aus den Reihenzwischenräumen mit dem Rücken eines Rechens in die Saatrillen ziehen und leicht andrücken.

Frühbeete, Folientunnel, Frostschutzhauben oder Minigewächshäuser aus alten Einmachgläsern beschleunigen die Keimung.

Keimdauer – Keimtemperatur – Keimfähigkeit

	Dauer Tage	**Temperatur °C min.**	**optimal**	**Fähigkeit Jahre**
Gemüse				
Bohnen	10–14	10	30	2–4
Dicke Bohnen	8–12	2	25	3–4
Endivien	14–21	6	20	4–5
Feld-, Kopfsalat	7–15	4	20	3–5
Gurken	5–12	18	30	6–8
Kohl	5–8	3	23	4–6
Lauch	15–24	2	23	2–3
Mangold	15–20	4	20	3–4
Möhren	30	4	25	3
Radies	5–10	4	25	4–5
Rettich	5–7	8	25	4
Rote Bete	10–20	8	26	4–5
Schwarzwurzeln	15–25	11	22	1–2
Spinat	10–15	2	14	3–4
Schnittsalat	6–14	6	26	3–4
Tomate	6–15	10	28	3–4
Zwiebeln	3–5	6	18	2–3
Zucchini	5–10	18	26	3–4
Kräuter				
Kresse	5–8			2–3
Majoran	10–14			2–3
Petersilie	28–42			2–3
Senf	4–8			4
Thymian	12–15			2–3
Bäume und Sträucher				
Besenginster				100
Lotus				1000

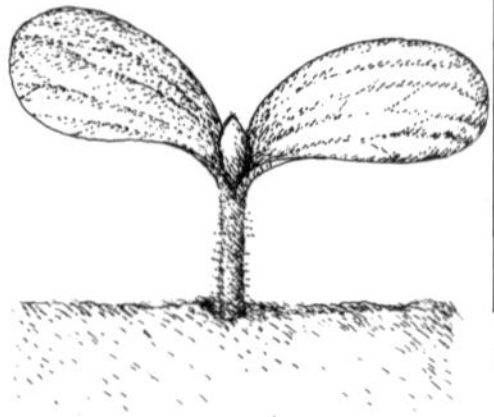

Quelle: nach Bio-Garten Nr. 5 1984/85

Grünen

Bald werden die Keimblätter durch großflächige Laubblätter ersetzt. Jetzt können die Pflänzchen verzogen und versetzt werden – am besten bei bedecktem Himmel. Bei hoher Lichtintensität und Trockenheit bilden sich kompakte Blätter und ein ausgedehntes Wurzelsystem aus. Im Halbschatten und bei Feuchtigkeit entwickeln Pflanzen nur ein schwaches Wurzelsystem, jedoch große, dünne Blätter – günstig für zarte Salat- oder Mangoldblätter.

Die Bewurzelung von Stecklingen kann durch Bestäuben oder durch Gießen mit synthetischen Wachstumshormonen beschleunigt werden, ohne vorherige Befruchtung kann die Fruchtbildung ausgelöst werden. Der wachstumsfördernde Stoff 2,4-D (2,4-Dichlorphenoxessigsäure) wird auf Getreidefeldern zur Wildkrautvernichtung angewendet. Die wuchsstoffempfindlichen Wildkräuter wachsen sich tot.

Blühen

Im Biologieunterricht ärgere ich mich immer wieder darüber, daß Schulbuchautoren ein so »ganzheitliches« Wesen wie eine Blüte unterteilen und zerpflücken und nur noch Absicht und Zweck der einzelnen Blütenteile benennen. Die Sprache erinnert an den Umgang mit Waren: »Die Blütenblätter locken Insekten an und schützen die inneren Blütenteile. In den Staubbeuteln wird Blütenstaub erzeugt. Im Fruchtknoten, aus dem die Frucht entsteht, sind die Samenanlagen eingeschlossen. Diese werden zu Samen, die der Fortpflanzung dienen.« Das Staunen, die Faszination über die Einzigartigkeit einer Blüte, verschwindet. Der unbeschreibliche Duft verfliegt, die feinen Farbnuancen verblassen. Zurück bleibt Stoff zum Auswendiglernen. »Durch die Blume« enthüllen Menschen ihre Sichtweisen und Seinsvorstellungen.

Vielfältig sind die innigen Beziehungen von Blüten und Insekten. Sie oder der Wind überbringen fremden, männlichen Pollen auf die weibliche Narbe.[2] Chemische Botschaften aussendend, wächst der Pollen von der Narbe zu den Eizellen. Geschützt, tief im Innern des Fruchtknotens verschmelzen Eizellen und Spermazellen miteinander. Erst der keimende Samen wird die neuentstandene Individualität zur Erscheinung bringen.

Spinat, Salat oder Radieschen »schießen« im Sommer, während sie im Frühjahr und Herbst nur Blattriebe ausbilden. Durch Pfropfversuche haben Botaniker folgendes herausgefunden:

Sind die Tage länger als die Nächte, veranlassen lichtempfindliche Blattpigmente die Bildung von Blühhormonen. Bei Langtagpflanzen entstehen dann Blütentriebe, und gleichzeitig verfestigen sich Stengel und Blattgewebe. Zarter Salat wird hart und schmeckt bitter, knackige Radieschen werden holzig. Christrosen dagegen sind Kurztagpflanzen, sie blühen an den kürzesten Tagen des Jahres. Tagneutrale Pflanzen, zu denen die meisten Wildkräuter gehören (Vogelmiere, Franzosenkraut), blühen unabhängig von der täglichen Belichtungszeit. Das erhöht ihre Chancen zur Ausbreitung.

Fruchten

Die befruchtete Eizelle im Innern des Fruchtknotens teilt sich mehrfach. Wurzel- und Blattanlagen des pflanzlichen Embryos sind in Nährgewebe eingebettet. Zwei feste Schalen umhüllen den Samen schützend. Häufig sind viele Samen in oder auf süßem Fruchtfleisch gelagert. Erd-, Heidel-, Him- oder Brombeeren, Äpfel und Birnen schmecken Tieren und Menschen. Die Samenschalen überstehen unbeschadet den Transport durch Magen und Därme. Am Ort des Kothäufchens, weit weg von der Mutterpflanze, keimen vielleicht einige von vielen Samen. Als Kind habe ich mich oft gefragt, woher kommen all die vielen Tomatenpflanzen, die auf Klärschlammhügeln wachsen?

Vermehren

Für die vegetative (ungeschlechtliche) Vermehrung von Zimmerpflanzen, Geranien, mehrjährigen Kräutern werden Triebe als Stecklinge geschnitten. Von Ziersträuchern wie Forsythie, Spiräe, Hortensie oder Geißblatt können von einjährigen Trieben im Frühjahr Steckhölzer mit fünf Blattknoten gewonnen werden. Mit Bewurzlungshormon bestäubt, in feuchtes Erdsandgemisch gesteckt, beginnen die Stecklinge bald zu wurzeln.[3]

Mehrjährige Pflanzen verbreiten sich oft von selbst ungeschlechtlich. Erdbeeren bilden eine Vielzahl von Ausläufern, Brombeerzweige senken sich auf die Erde ab und bilden Wurzeln (Absenker); Dahlien verdoppeln ihre Knollen, und an einer Knoblauchzehe entstehen viele kleine Zwiebeln. Aus der beliebten anspruchslosen Grünlilie (Chlorophytum comosum) wachsen helle, schnurartige, bis zu 80 cm lange Schäfte. An ihren Enden entwickeln sich nicht nur Blüten, sondern auch zahlreiche Blütentriebe, die Kindel. Unter ihrem Gewicht senkt sich der Schaft. Sobald die Kindel die Erde berühren, schlagen sie Wurzeln.[4]

Sterben oder Ruhen

Der morgendliche Tau trocknet erst zur Mittagszeit. Rotes und gelbes Laub, braune Tomaten fallen im Oktober zur Erde. Zeit der überreichen Ernte und Zeit zum Abschiednehmen. Über Nacht kann der erste Frost die saftig grünen Blätter der Kapuzinerkresse, Zucchinis und Bohnen in schlaffe, leblose Häufchen verwandeln. Das Leben der frostempfindlichen Einjährigen ist dann zu Ende.

Die Zweijährigen (Fingerhut, Kohlsorten) sind meist frostunempfindlich. Sie grünen im ersten Lebensjahr, blühen im zweiten Jahr und sterben nach der Samenbildung.

Ausdauernde Pflanzen, Stauden, Sträucher und Bäume blühen nach dem Sammeln von Kräften oft erst nach Jahren. Nach Blattfall und Winterruhe treiben sie im nächsten Frühjahr wieder aus, vorausgesetzt, sie sind in der gefrorenen Erde nicht verdurstet.

Ich breite über Rhabarber und Spargel, über Rosen, Lavendel und Salbei eine Decke aus Laub, Stroh und Zweigen.

Wenn Pflanzen krank werden

Das Schlagwort vom »integrierten Pflanzenschutz« wird heute von Vertretern der Agro-Chemie ins Feld geführt. Mit Pestiziden ist kein rechtes Geschäft mehr zu machen. Der Absatz besonders von Kleinpackungen ist nach Angaben der Hersteller drastisch zurückgegangen. Die Verlockung »100%ige Schadensfreiheit« blieb ein hohles Versprechen. Zu viele »Schädlinge« sind bereits resistent gegen die Gifte geworden und breiten sich um so ungehinderter aus, da die »Nützlinge«, ihre natürlichen Feinde, selten geworden sind. In den USA gefährdet der Kartoffelkäfer in manchen Landesteilen den gesamten Kartoffelanbau, weil sich neue Stämme gebildet haben, die gegen alle Pflanzenschutzmittel resistent sind. Sie brauchen nicht zu Giften greifen, wenn Sie die grundlegenden Abwehrmaßnahmen beachten[5]:

- gesundes, widerstandsfähiges Saatgut auswählen, denn gerade ertragreiche Kultursorten sind arm an Abwehrstoffen,
- das Bodenleben und damit die Widerstandsfähigkeit der Pflanzen fördern,
- Gesteinsmehle stäuben,
- pflanzliche Jauchen sprühen, um die Pflanzen zu kräftigen,
- Seifenlösungen (verhindern die Haftung von Insekten, 5 Gramm in einem Liter Wasser lösen) oder
- Mineralöl (sog. »Elefantenöl« zur Voraustriebspritzung bei Gehölzen, die die Sauerstoffversorgung bei Insekteneiern unterbrechen) spritzen,
- Mischkulturen mit abwehrenden Kräutern anbauen, die Pflanzenfressern den Appetit verderben,
- vielgestaltige Nischen für ein vielverzweigtes Tiernetz schaffen.

Pilze

Pilzsporen, Bakterien und Viren sind einerseits ganz wesentlich am Abbau von totem Material beteiligt, andererseits können einige Arten in lebende Pflanzen eindringen und das Gewebe zerstören. Durch Wind und Wasser werden sie verbreitet und siedeln sich besonders auf empfindlichen Pflanzen an, die durch mineralische Düngung, Gifteinsatz oder ungünstiges Wetter ihre Widerstandkraft eingebüßt haben.

Pilze dringen mit ihren Pilzfäden in pflanzliche Gewebe ein, entziehen Nährstoffe und scheiden teilweise giftige Substanzen aus. Fleckenartige Verfärbungen treten auf, danach sterben die Blätter oft ab und verfaulen. Pilze sind die Auslöser von Schorferkrankungen, Rostbefall, Rußtau und Echtem Mehltau, Kohlhernie und Welkekrankheiten.

Fungizide

Mittel gegen Pilzbefall werden in großer Zahl angeboten, etwa Captan, um Saatgut zu beizen oder Sämlinge vor der Umfallkrankheit zu bewahren. Seit 1986 ist dieses Mittel in der Bundesrepublik nicht mehr zugelassen, der Grund: krebserzeugende und erbschädigende Wirkung. Im biologischen Landbau werden Gesteinsmehle, Kupfersalze, Netzschwefel und Wasserglas gegen Pilzeindringlinge gesprüht.

Bakterien

Die nur ein tausendstel Millimeter großen einzelligen Organismen treten in unterschiedlichen Formen auf. Sie lösen beispielsweise die Schwarzadrigkeit bei Kohlgewächsen aus.

Der Bacillus thurgingiensis ist ein Nützling, da er die Darmwände von Raupen zerstört. Bei warmem Wetter werden die Sporen verstreut. Fressen Kohlraupen, Frostspanner oder Gespinstmottenraupen die Sporen, so verenden sie nach kurzer Zeit. Doch Vorsicht: auch Nützlinge sind gefährdet.

Viren

Viren leben im Saft der Zellen, denn sie haben keinen eigenen Stoffwechsel. Sie dringen wie Spione in Zellen ein und verändern die Produktion von Stoffen nach ihrem Programm. Die Folgen sind sichtbar: Zwergwuchs, Verformungen, verkrüppelte Früchte, mosaikartige Blattverfärbungen.

Virusfreie Jungpflanzen, Magermilchspritzungen und saubere Werkzeuge schränken die Verbreitung ein.

Es ist oft schwierig, eine Erkrankung richtig zu erkennen und zu benennen. Um Hilfe können Nachbarn und örtliche Pflanzenschutzämter meist kostenlos gebeten werden (→ 1).

Pyrethrum

● Ist der Schädlingsbefall sehr stark, so sprühe ich am Abend Pyrethrum-Präparate. 35 verschiedene Fabrikate mit unterschiedlichen Preisen stehen zur Auswahl. Hinzu kommen noch eine Vielzahl von Combi-Präparaten – die größtenteils unsinnig sind.

Pyrethroide werden aus Chrysanthemen gewonnen. Diese Pflanzen schützen sich vor Insektenfraß durch selbsthergestellte, giftige Inhaltsstoffe. Allerdings zerstört das Sonnenlicht schnell die Wirkung dieser natürlichen Pflanzenschutzstoffe. Sie sind nur kurzlebig. Deshalb werden stabilisierende synthetische Zusatzstoffe hinzugefügt. Pyrethroide wirken auf alle Kaltblütler (wechselwarme Tiere) über deren Nervensystem. Für Warmblütler hingegen sind sie nicht gefährlich.

Doch auch natürliche Gifte sind Gifte. Alle Vorsichtsmaßnahmen sind geboten. Ein Teil der Mittel ist bienen- wie auch fischgefährlich. Deshalb sollten auch sie nur im Notfall angewandt werden.

Money makes the world go round.

Nachdenklich macht mich, daß jährlich 10000 Tonnen Pyrethroide aus Kenia exportiert werden. Die exklusiven Ansprüche von Bio-Gärtnern in Industrieländern haben Vorrang vor der Versorgung der einheimischen Bevölkerung mit Nahrungsmitteln.

Pheromone

Pheromone sind künstlich produzierte Lockstoffe, mit denen meist männliche Insekten in eine tödliche Falle gelockt werden. Dadurch verringert sich die Zahl der befruchteten Eier in der nächsten Generation. Sie werden vorwiegend im Wald gegen Borkenkäfer und im Obstbau eingesetzt. Nadelhölzer und Farne haben teils selbst die Fähigkeit ererbt, hormonähnliche Stoffe zu produzieren. Fressen Insekten die Blätter dieser Pflanzen, so treten schwere Entwicklungsstörungen auf, beispielsweise häuten sich die Raupen zu oft.

Microbials

Microbials heißt die neue Generation der biologischen Schädlingsbekämpfungsmittel. Sie sind jedoch nicht standardisierbar, nicht überall anwendbar. Kenntnis und Beobachtung der biologischen Zusammenhänge sind Voraussetzung. Zur Zeit werden in Labors Testreihen mit fraßabschreckenden Stoffen durchgeführt. Zum Beispiel wird Melianon auf Teile von Blättern gesprüht und anschließend der Befall registriert. Die Stoffe sind zwar ungiftig und biologisch abbaubar, doch für die Anwendung im Freien viel zu teuer.[6]

Ich frage mich, warum wir nicht den einfachen Weg gehen und widerstandsfähige alte Sorten säen.

WENN PFLANZEN ZUR WARE WERDEN

»Alle zehn Minuten eine Knospe, jeden Tag eine Blüte! Noch einer und noch einer und alles für zehn Mark! Weg damit.«

Jeden Sonntag morgen rollen holländische Sattelschlepper im Dunkeln auf den Hamburger Fischmarkt. Zehntausende folienverpackter Juccapalmen, Birkenfeigen und Gummibäume, Begonien und Chrysanthemen wechseln im Akkord den Besitzer. Ware gegen Geld. Nach Marktschluß geht der Verkauf unter der Hand weiter. Jährliche Umsätze der Holländer auf dem Topfpflanzen- und Schnittblumenmarkt in der Bundesrepublik: 3 Milliarden Mark. In niederländischen Gewächshäusern werden Hunderte Millionen Pflanzen jährlich erzeugt. Computergesteuerte Lampen schalten sich nach Programm ein. Eine ferngesteuerte Mechanik zieht schwarze Vorhänge vor die Sonne. Dosierungsprogramme lassen Regen aus Rohren sprühen, steuern die CO_2-Begasung.

Ob vom Fischmarkt oder von Gartencentern, die Freude der Besitzer verwelkt meist schnell. In der Wohnung mit Gießwasser ohne Spezialdünger, mit ungeregelter Luftfeuchtigkeit und Luftzug lassen die hochgetriebenen Pflanzen schnell den Kopf und die Blätter hängen, Schadinsekten nagen und saugen an den widerstandslosen Blättern, die Knospen verdorren, noch bevor alle Blütenblätter sich entfalten. Das gekaufte »lebende Grün« wird unansehnlich. Was tun? Wohin damit? Komposthaufen und -kisten sind selten in der Stadt. Also ex und hopp in Hausmüll oder auf den Sperrmüll.

Saatgut – gute Saat?

»Tumat« nennen Indianer in Mittelamerika die giftige Tomatenpflanze aus der Familie der Nachtschattengewächse mit ihren köstlichen Früchten, die als Salate, Saucen, Suppen zubereitet werden. In zahlreichen Sorten werden sie von Indianern seit Jahrtausenden kultiviert. Paradies- oder Liebesäpfel heißen sie liebevoll in Südeuropa.[7]

Inzwischen haben sich die Pflanzenzucht- und Verwertungsindustrien der Tomate angenommen. Thomas Whiteside berichtete 1977 in der Zeitschrift »The New Yorker«:

»Und so wurde die unscheinbare und dabei doch so delikate südamerikanische Tomate von der amerikanischen Agrarwissenschaft in eine knallharte Kommerzfrucht verwandelt – genetisch manipuliert und überzüchtet mit dem Ziel hoher Erträge, ingenieurtechnisch so hingebogen, daß sie der Wirkung von Krankheiten und maschineller Bearbeitung gleichermaßen widerstehen konnte, aufnahmefähig gemacht für eine ungeheure Zahl von Pestiziden, Fungiziden und künstlichen Düngern, auf gleichzeitiges Ausreifen in Gaskammern getrimmt und mit der Fähigkeit versehen, den unzähligen Schocks des Versands, Umpackens und dem übrigen Hin und Her bis in die Regale der Supermärkte zu widerstehen.«[8]

Die Kehrseite der Riesen-Züchtungen ist, daß die Pflanzen regelmäßige Düngergaben benötigen, damit sie die erwünschten Erträge bringen. Da die natürliche Widerstandsfähigkeit verlorenging, sind Pestizidspritzungen gegen Schädlinge nötig.

Hinter dieser genetischen Zurichtung von Nutzpflanzen stekken eindeutige Geschäftsinteressen. Der Kanadier Pat Roy Mooney hat in seiner Studie »Saatmultis und Welthunger« untersucht, wie »Konzerne die Nahrungsschätze der Welt plündern« (1979): »Da die Hersteller von Bioziden, Düngemitteln und Wachstumsregulatoren heute zugleich auch Saatguterzeuger sind, läßt sich die Interessenlage im Saatgutbereich wesentlich besser einschätzen... Auf der Erde gibt es nur etwa 30 bedeutende agrochemische Konzerne.« Zu

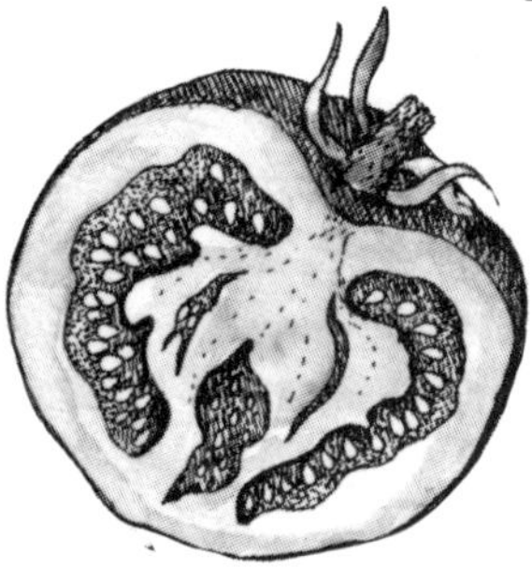

ihnen zählen die multinationalen Erdölkonzerne wie »Shell«, »Esso«, »Chevron« oder die Pharmakonzerne »Sandoz«, »Hoffmann-La Roche«, »Pfizer« oder »Ciba Geigy«.[8]

Genetische Ausrottung

Nutzpflanzen haben ihren Ursprung in wenigen Zentren, die meist in der Dritten Welt liegen. Kartoffel, Tomate, Mais, Erdbeeren und Kürbis stammen aus Südamerika, Kaffee, Weizen, Gerste, Kaffee und Rettich aus Äthiopien. Bauern sammelten den Samen gut angepaßter Pflanzen und säten gleichzeitig viele verschiedene Sorten auf ein Feld, denn eine Sorte kann nicht gleichzeitig gegen Insekten, Rostpilze, Blattfleckenkrankheiten, Monsunregen resistent sein. Die Bauern sicherten so ihre Nahrung und eine große Vielfalt von Erbmaterial, von Genen.

Herkunftsländer

China
Nackthafer, Nacktgerste, Nackthirse, Sojabohne, Maulbeerbaum, Chinakohl, Tee, Mohn, Orangen, Zitronen, Pfirsich, Aprikose, Pflaumen, Kirschen, Walnuß, Sellerie

Mittelamerika
Mais, Bohnen, Kürbis, Hochlandbaumwolle, Süßkartoffeln, Pfeffer, Paprika, Kakaobaum, Sisal

Kleinasien
Gerste, Kresse, Spinat, Möhre, Runkelrübe, Raps, Rettich, Porree, Gurke, Melone, Sauerkirsche, Zwetschge, Weinrebe, Feige, Dattel, Flachs

Quelle: 8

Dises kostbare, unersetzliche genetische Material wird heute systematisch ausgerottet. Abholzung der Wälder, Überweidung, vor allem die »Grüne Revolution« seit den sechziger Jahren führte zur Zerstörung der genetischen Vielfalt. Einseitig auf Ertrag hin gezüchtete Hochleistungssorten werden weltweit in Monokulturen angebaut. Lokalsorten haben kaum Überlebenschancen. Nahrungsmittelhilfen verleiten Bauern, ihr Saatgut aufzuessen.

Genetisch einheitliches Saatgut schafft beste Voraussetzung für die massenhafte Ausbreitung von pflanzlichen Krankheiten und tierischen Schädlingen. Die Litanei der Epidemien und der (damit verbundenen) Hungersnöte ist lang.

Blattfleckenseuchen und Rostpilzbefall können langfristig nur durch Kreuzungen mit resistenten wilden Arten verhindert werden. Und die sind und werden ausgerottet. Einen Teil der Schätze sichern die Saat-Multis in ihren Gen-Banken.

Die Zerstörung schafft Abhängigkeiten. Entwicklungsländer sind heute gezwungen, Saatgut von Konzernen zu kaufen, mit Genen, die Jahrtausende von einheimischen Bauern bewahrt wurden.

Allerweltssorten

Schätzungsweise die Hälfte aller Kulturpflanzen sind in der Bundesrepublik bereits ausgestorben. Lokalsorten gibt es fast nicht mehr. Die selbstgezogenen Samen des Gartenfachgeschäftes, in dem ich einkaufte, sind seit zwei Jahren durch einheitliche Tüten einer großen Saatgutfirma ersetzt worden. Ob in der Großstadt im Norden oder im Dorf im Süden, überall sind die gleichen Samentüten zu kaufen, teuer sind sie obendrein.

Hybridsamen

Die Elternpflanzen, aus denen Hybridsamen gezüchtet werden, sind reinerbig und unterscheiden sich in mehreren Merkmalen. Die Samen dieser Bastarde (Hybride) sind unfruchtbar, steril oder haben ihre positiven Eigenschaften verloren. So sind Gärtner wie Bauern alljährlich gezwungen, neues Saatgut zu kaufen. Saat-Konzerne sichern ihre Absatzmärkte.

Biologisches Saatgut

Auf EG-Norm kann ich verzichten. Ich bestelle bevorzugt von kleineren Firmen und achte darauf, daß die Saat möglichst nicht gebeizt (teils quecksilberhaltig) ist und unter biologischen Gesichtspunkten gezüchtet wurde (→ 2).

Das Forschungsinstitut für biologischen Landbau in der Schweiz (→ 3) hat 1984 aufgrund von Umfragen bei biologisch bewirtschafteten Gemüsebau-Betrieben eine Sortenliste erstellt (ohne Anspruch auf Vollständigkeit). Die gebräuchlichsten Sorten werden an erster Stelle genannt.

Gebräuchlichste Sorten in biologischen Gemüsebaubetrieben

Blumenkohl	Neckarperle, Imperator Neu, Idol
Buschbohnen	Sabo, Miry, Daisy, Calvy, Saxobel
Bohnen (Stangen)	Trebona, Neckarkönigin, Necores
Broccoli	Skiff F1, Corvet F1, Coastal
Endivie	Diva, Bubikopf B8, De Meaux
Erbsen	Sprinter, Wunder von Kelvedon
Fenchel	Zefa-Fino (CH), Perfektion
Gurken (Einlege)	Milgas
Gurken (Salat)	Phildephia F1, Pandorex F1, Sandra F1
Karotten	Tip Top, Sytan, Nador F1, Berlicum, Flaker, Frühbund, Juwarot, Rothild, Rotin
Kartoffeln	Ostara, Sirtema, Désirée, Ulla, Palma, Nicola
Kohlrabi	Azurstar, 5106 F1, Prinovit, Blaro (CH)
Kopfsalat	Pirat, Ardito, Reskia, Verpia, Ponoma, Corelli, Mantilia, Neckarriese, Attraktion, Tägerwiler-Nova, Mona
Kresse	Einfache Gartenkresse
Kürbis	Gelber Zentner, Orange Knirps
Lauch	Titan, Alsaka, Bulgarischer Riese, Riese von Carentan
Mangold	Grüner Schnitt, Gelber
Nüsslisalat (Feldsalat)	Vit, Elan, Duplex, Polar, Louviers
Pastinake	Halblange Student, White gem
Radies	Neckarperle, Rota, Karissima, Raxe, Sora
Rettich	Pariser, Hybri-Long F1, Frühlingsgruß, Roter Neckarruhm, Gournay, Pax, Weißer Neckarruhm, Münchner Bier
Rosenkohl	Predora F1, Lunet F1, Peer Gynt F1, Harald, Berner Markt
Schnittsalat, Pflücksalat	Strubelpeter, Rubin, Green Ice, Amerikanischer Brauner Indianer

Schwarzwurzel	Duplex
Sellerie	Istar, Claret
Spinat	Winterriesen, Butterfly, Glares, Polka F1, Monnopa, Nobel Original, Matares, Butterblatt
Tomaten	Monfavet, Lucy F1, Master 2 F1, Carmelo, Linda F1, Berner Rose
Zucchini	Servane F1, Tarmino F1, Diamant F1
Zwiebeln	Stuttgarter, Superba F1, Pariser Winter, Presto gelb

Abkürzungen: F1 – Hybridsorten, Saatgewinnung nicht möglich, da unfruchtbar
CH – schweizerische Züchtungen

Quelle: Forschungsinstitut für biologischen Landbau, Oberwill, Schweiz

Saatgut selbst gezogen

Eine Chance, die alten Sorten zu erhalten, ist der Nachbau in unseren Gärten. Die Samen von einjährigen Bohnen, Erbsen, Dill, Salat, Radieschen und Blumen sind leicht selbst zu ziehen.

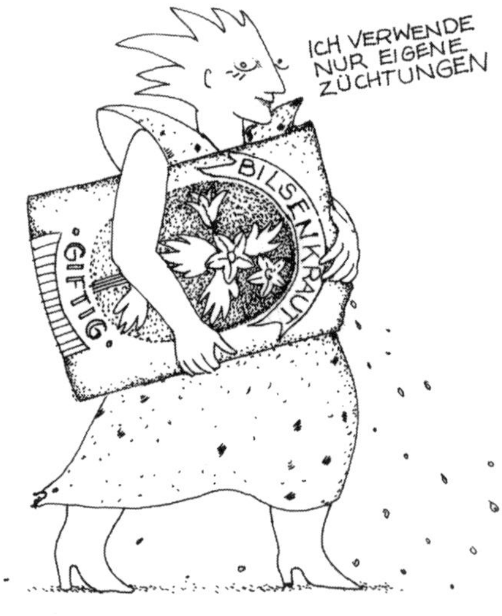

Von Hülsen, Schoten, Samenkapseln befreit, werden die Samen getrocknet und in beschrifteten Tüten kühl und trocken aufbewahrt.
Die Früchte von Tomaten, Gurken, Kürbissen müssen überreif sein.
Die im Fruchtfleisch eingebetteten Samen werden ausgewaschen, getrocknet und sortiert.
Die Pflanzen sollten während der Vegetationsperiode beobachtet und gekennzeichnet werden.
Kriterien für die Auswahl der Saatgutpflanzen sind:

- Unkraut und Schädlingstoleranz,
- Resistenz gegen Krankheiten,

- Geschmack und Ertrag der Früchte, Reifezeitpunkt und Lagerfähigkeit.

Kohlsamen zu gewinnen ist nicht ganz einfach. Der Fruchtknoten ist auf Blütenstaub einer anderen Pflanze angewiesen.[9] Alle Kohlsorten können sich gegenseitig bestäuben. Es kann zu allerlei wilden Kreuzungen kommen. Wachsen im nächsten Jahr dann Blumenkohlrabis oder Grünweißrotkohls?

In den USA hat sich eine Samen-Austauschbörse (Seed Saver's Exchange) entwickelt. Vielleicht könnten die aus dem Boden sprießenden Garten-Zeitschriften (»kraut und rüben«, »Bio-Garten«) Platz für eine solche Rubrik zur Verfügung stellen. In der Zeitschrift »Mein schöner Garten« kann kostenlos ein kurzer Text unter: »SUCHE – GEBE AB – TAUSCHE« veröffentlicht werden.

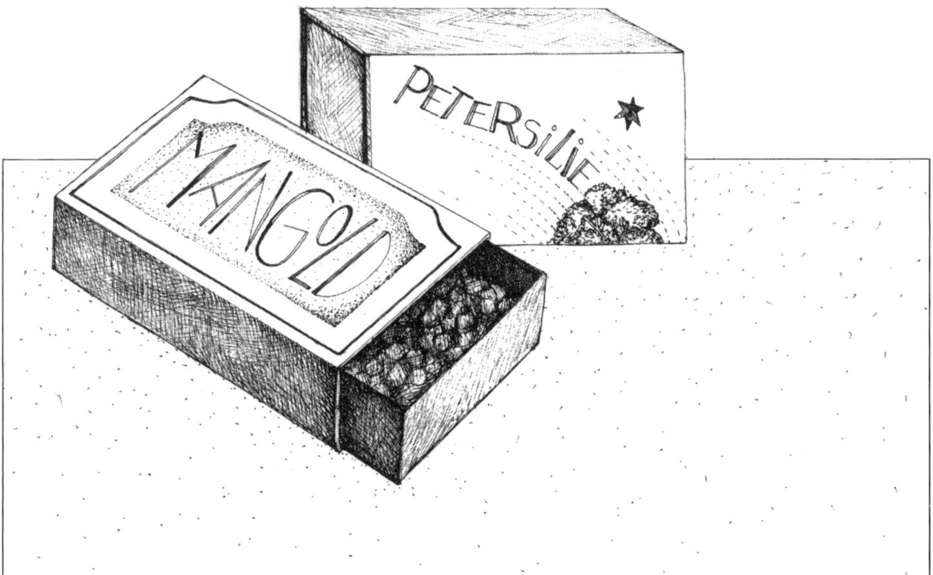

Von der Monokultur zur Mischkultur

Wo sind die Bäume und Hecken, wo sind Schlehenbusch und Klatschmohn geblieben? Wo liegen die Wurzeln der ausgedehnten Mono-Kulturen?

Bei der Suche nach einer Antwort bin ich auf den faszinierenden Entwurf von Lewis Mumford: »Mythos der Maschine«[10] gestoßen. Er umreißt die Entwicklung von Kultur, Technik und von Macht, deren Spuren nicht nur die Menschen, sondern auch die Umwelt, Felder wie Gärten, geprägt haben.

Die Kombination von technischer, finanzieller, politischer und militärischer Dynamik bezeichnet Mumford als »Megamaschine«. »Megamaschinen ignorieren die Bedürfnisse und Zwecke des Lebens, um den Machtkomplex zu stärken und seine Herrschaft auszudehnen.« Die Vorstellung von einer maschinengerechten Welt war noch bis in die Anfänge der siebziger Jahre ungebrochen.[11]

Maschinelle Bodenbearbeitung, automatisiertes Säen und Ernten – das bedeutet den Anbau einer einzigen Nutzpflanzenart auf sehr großen Flächen: Monokulturen. Zur Verbesserung der Produktionsbedingungen muß die Flur bereinigt werden von Apfelbäumen und Kopfweiden, von Hecken und Hügeln, von Feuchtflächen, Tümpel und Ödland.[12] Durch Zusammenlegung von kleinen Flächen wurde die »maschinengerechte Feldeinteilung«[13] erreicht. In der Kultur-Steppe bleiben weder Platz noch Nahrung für Vögel und Schmetterlinge, für Spinnen und Käfer. Von 581 vom Aussterben bedrohten Wildpflanzen sind 397 durch Flurbereinigungsmaßnahmen zurückgedrängt worden – das ist mehr als die Hälfte.

Wenn Menschen das Bedürfnis nach Abwechslung und Vielseitigkeit haben, warum schaffen wir dann überall eine eintönige Umgebung?
Jan Kassies

Ein Blick über den Gartenzaun genügt, um Zweige der Megamaschine auch im heimischen Garten zu entdecken. Zur Pflege eines Rasens – folgt man den Empfehlungen der einschlägigen Gartenindustrie – kommen zum Einsatz: Rasenmäher, Rasenschere, Kantenschere, Rasenrechen, Verticulierrechen, Rasenwalze, Rasenlüfter, Unkrautstecher, Düngerstreuer, Schlauch mit Schlauchwagen, Beregnungsanlage, Dünger und Herbizide, Topdressing. Gesamtmarktvolumen 1978 ca. 800 Millionen Mark.

Makellos breitet sich die gepflegte Monotonie aus – zum Stolz

des Besitzers – zum Leid aller anderen Lebewesen. »Und dann geben Sie dem Rasen eine Volldüngung. Zwei Wochen später arbeiten Sie mit Moosvernichter, der gleichzeitig die Flechten ausmerzen wird ... Dann vernichten Sie die breitblättrigen Unkräuter wie Gänseblümchen und Löwenzahn mit einem Spezial-Rasenunkrautvernichter ...« Nachzulesen (doch nicht nachzuahmen) in »So wird der Rasen perfekt«.[14] Diese mehrjährige, pflichtbewußte »Pflege« werden nur harte Schneidgräser, wie die Seggen, überleben.

Wie unterscheiden sich die monotonen wie langweiligen Gärten von der zwangslosen Vielfalt der ersten Gärten, die in der Jungsteinzeit vor 10 000 Jahren von Frauen angelegt wurden! Sie nutzten ihre Hände und einen Stock, um Löcher zu bohren für Samen und junge Pflanzen. In gerodeten Lichtungen pflanzten sie die ersten Mischkulturen.

»Im neolithischen Garten wuchsen nebeneinander Nährpflanzen, Gewürze, aromatische und Heilpflanzen, nützliche Fasern sowie Blumen, die wegen ihrer Farbe, ihres Geruchs und ihrer Form oder wegen ihrer Rolle im religiösen Ritual beliebt waren; manche Pflanzen – zum Beispiel die Brunnenkresse – wurden ebenso als Salat wie als Schmuck geschätzt. Und es ist vielleicht kein Zufall, daß manche Nutzpflanzen zuerst ihrer leuchtenden Blüten wegen kultiviert wurden – so der Senf, der Kürbis, der Pfefferbaum, die Saubohne, die wilde Erbse – oder auch um ihres Duftes willen, was für die meisten aromatischen Pflanzen gilt.« (Lewis Mumford)

Blumen in und ums Gemüse

Die häufig zu beobachtende Trennung von Blumen und Gemüse, die Aufspaltung von Schönem und Nützlichem, von Pracht und Ertrag, spiegelt die vorherrschende Liebe für übersichtliche, ordentliche Verhältnisse wider. Dort passen Kraut und Rüben so wenig zusammen wie Karotten und Rosen.

Ein Gemüsegarten ohne Blumen ist wie ein Frühling ohne Veilchen.

Dabei könnte das Neben- und Miteinander von Gemüse, Kräutern und Blumen die Vielfalt des Lebendigen in so manchen Garten zurückbringen. Besonders im kleinen Garten beim Haus könnten Radieschen, einige Reihen Pflücksalat, Petersilie

und Majoran auch auf Blumenbeeten oder zwischen Stauden für laufend frische Zutaten in der Küche sorgen. Seit Jahrtausenden haben sich bunte Mischungen in alten Bauerngärten bewährt. Dort stehen »Löwenmäulchen neben Kohlrabi, die Pfingstrose neben dem Salat«[15]. Die Vorteile sind einleuchtend. Nektarhaltige Blüten locken Insekten, Bienen und Schmetterlinge an. Die benachbarten Tomaten, Bohnen oder Gurken bestäuben sie dann mit. Manche Blume schützt sich durch schädlingsabwehrende Stoffe, wie etwa die Tagetes.[16]

Durch stinkende Wurzelausscheidungen tötet sie Nematoden (Älchen) ab. Bewährt haben sich einzelne oder mehrere Tagetespflanzen neben Kohl, Tomaten, Bohnen und Gurken. Einjährige Sommerblumen – vor allem Calendula – eignen sich als Begleitpflanzen in Gemüsereihen und zwischen Beerenobst.

Als blühende Beeteinfassung eignen sich das mehrjährige Mutterkraut, eine weißblühende Schafgarbenart, Tagetes, Lavendel (vertreibt Ameisen), Rosmarin und Majoran (vor allem am Rand von Zwiebelreihen). Wie auch andere Heilkräuter sondern sie heilende Stoffe an Boden und Nachbarpflanzen ab. An blühenden und duftenden Beeten gehe ich gerne entlang und

pflücke für mich selbst wie auch für Freunde und Besucher einen Seh-Eß-Riech-Strauß mit den gerade blühenden Kräutern und Blumen. Auf den Küchentisch gestellt, kann er als frisches Gewürz oder Tee und zum Kauen von aromatischen Blättern genutzt werden.

Stauden wie Rittersporn, Eisenhut, Kletterrosen und Margeriten oder ein- oder zweijährige Wicken, Fingerhut, Stockrosen, Sonnenblumen und Königskerzen können blühende Zäune oder einen duftenden Windschutz bilden.

Vom Vielschnittrasen zur Blumenwiese

Nicht nur private und öffentliche Rasenflächen, sondern auch 90% des Grünlandes der Bundesrepublik sind inzwischen mit artenarmen, gut gedüngten Wiesen bedeckt. Die Bezeichnung »Wiese« ist eigentlich nicht mehr zutreffend. Die Wiese »ist eine ausdauernde Pflanzengemeinschaft, in der zahlreiche Kräuter und Gräser genügend Zeit haben, ihre Entwicklung bis zur Samenreife abzuschließen«[17]. Soweit kommt es auf landwirtschaftlich genutztem Grünland nur noch selten. Durch Überweidung oder häufiges Mähen und Kunstdüngung verarmt auch hier die Flora und mit ihr die Fauna.

Früher wurden Streuwiesen – das Heu wurde im Winter als Stalleinstreu genutzt – einmal im Jahr, im Herbst, gemäht. So hatten Gräser wie Kräuter genügend Zeit, Sämlinge zu bilden, bodenbrütende Vögel fanden Nistplätze, Heuschrecken wie netzbauende Spinnen ihren Lebensraum.

Die Magerwiesen mit Kuckuckslichtnelken, scharfem Hahnenfuß, Wiesenglockenblumen sind selten geworden. Eine Gabe Dünger kann die Wildblumenpracht über Jahre hinaus zerstören. Diese selten gewordene Kostbarkeit versuchen immer mehr Gärtner, in ihren Garten hereinzunehmen – doch meist ohne den erwarteten schnellen Erfolg. Es kann bis zu zwanzig Jahre dauern, bis ein gedüngter Boden ausgemagert ist. Häufig fehlt auch der jährlich neu anfliegende Samen aus der Umgebung.

VOM RASEN ZUR WIESE

Zweckmäßig ist Rasen auf häufig betretenen Flächen, auf Spiel- und Liegewiesen. Weniger genutzte Bereiche können mit Geduld in artenreiche Wiesen voll einheimischer Kräuter und Gräser verwandelt werden.[17]

- Bei kleineren Flächen nach dem letzten Rasenschnitt den Boden mit Schlaghacke, Grabegabel oder auf leichten Böden auch mit dem Sauzahn tief lockern. Bei dichter Grasnarbe einzelne Grassoden mit dem Spaten ausstechen und mit einem Gemisch aus lockerer Erde und Sand auffüllen. Dort keimen angewehte oder ausgesäte Wildkräuter. Dort können Sämlinge und Ableger von Wildkräutern von Wiesen und Wegrändern aus der näheren Umgebung eingepflanzt werden.

- Größere Rasenflächen sollten mit fräsenartigen Maschinen kreuzweise tief geschlitzt werden. Firmen des Garten- und Landschaftsbaus übernehmen diese Arbeit. Die etwa zwei Zentimeter breiten Rillen werden mit Mischungen, die auf die gegebenen Bodenverhältnisse abgestimmt sind, übersät (→ 4).

- Soll eine Wiese neu angelegt werden, so empfiehlt sich, lehmige Böden mit Sand abzumagern (etwa ein Kubikmeter Sand auf 20 Quadratmetern). Den Boden tief lockern, möglichst nicht wenden und die dem jeweiligen Standort angepaßte Kräuter-Gräsermischung säen.[18]

- Jegliche Anwendung von Stickstoff- und Volldüngern sowie von »Pflegemitteln« einstellen.

- Kleine Flächen werden mit der Schlagsense, größere mit einem hochgestellten Rasenmäher oder Schlegel- oder Balkenmäher (Auftragsarbeit) geschnitten.

- Gemäht wird nur noch einmal, höchstens zweimal im Jahr. Einmal nach der Blüte und dem Ausreifen der Samen Ende August, Anfang September. Trocknet die Mahd zu Heu, verbleiben Samen auf der Wiese, die neu keimen können. Sollen sich besonders breitblättrige Kräuter entwickeln, erfolgt eine weitere Mahd schon Ende Mai / Anfang Juni.

- Aus Sicht des Artenschutzes der Kleintiere ist es optimal, die Wiese erst nach dem Winter, Ende Februar, zu mähen, wenn der Boden noch gefroren ist und die Gräser noch nicht sprießen.

Gräser und Kräuter für Blumenwiesen

	Lehmboden		**Kalkboden**		**Sandboden**	
	trocken	**feucht**	**trocken**	**feucht**	**trocken**	**feucht**
Gräser						
Rotschwingel	●	●	●	●	●	●
Ruchgras	●	●	○	○	○	○
Rotes Straußgras	○	○	○	○	○	○
Wiesenrispe	○	○	○	○	○	○
Goldhafer	●	○	○	○		○
Kammgras	○	●		●		●
Zittergras	○		○		○	○
Aufrechte Trespe			●	○		
Schafschwingel			●		●	○
Haarschwingel					●	●
Kräuter						
Schafgarbe	○	○	○	○	○	○
Wiesen-Flockenblume	○	○	○	○	○	○
Wiesenmargerite	○	○	○	○	○	○
Hornklee	○	○	○	○	○	○
Kleine Bibernelle	○	○	○	○	○	○
Große Brunnelle	○	○	○	○	○	○
Gamander-Ehrenpreis	○	○	○	○	○	○
Skabiosen-Flockenblume	○	○	○	○		○
Spitzwegerich	○	○	○	○		○
Acker-Witwenblume	○	○		○		○
Wiesenpippau	○	○		○		
Wiesen-Bocksbart	○	○		○		
Bärenklau	○	○		○		
Herbstlöwenzahn	○		○	○		
Gelbklee	○		○	○		

	Lehmboden trocken	Lehmboden feucht	Kalkboden trocken	Kalkboden feucht	Sandboden trocken	Sandboden feucht
Kleiner Wiesenknopf	○		○	○		
Knäuel-Glockenblume		○	○	○		
Wiesensalbei			○	○		
Wundklee			○	○		
Esparsette			○			
Wiesenkümmel		○		○		
Karthäuser-Nelke	○		○		○	
Kuckucks-Lichtnelke		○				○
Rundblättrige Glockenblume	○		○		○	○
Echtes Labkraut	○		○		○	○
Johanniskraut	○				○	○
Ferkelkraut	○				○	○
Grasnelke					○	○
Heidenelke					○	○

● besonders geeignet
○ geeignet

Die Saatmenge beträgt etwa 5 g je m^2.
Der Gräseranteil sollte die Hälfte nicht überschreiten.

Quelle: Dr. Gotthard Wolf, Die Blumenwiese, Bonn 1984

Pflanzliche Vorlieben

Die meisten einjährigen wie auch zweijährigen Pflanzen mögen es überhaupt nicht, wenn sie Jahr für Jahr an ein und derselben Stelle stehen. Zum einen werden dem Boden einseitig bestimmte Mineralien entzogen, zum anderen sondern einige Wurzeln wachstumshemmende Stoffe ab und hindern so benachbarte Pflanzen am Gedeihen. Teils wirken sie nur auf Angehörige derselben Familie oder Art hemmend. Eine Form der Selbstverteidigung von Lebensraum ist rund um Wermut und Eichen deutlich zu beobachten. Wachstumshemmende Stoffe wie auch Krankheitserreger reichern sich im Laufe einer Vegetationsperiode im Boden an, lassen ihn »ermüden« und nachfolgende Generationen derselben Art kümmern. An geschwächten Pflanzen beißen und saugen bevorzugt Schädlinge.

Vor über tausend Jahren haben deshalb Bauern ihre Felder in drei Teile geteilt. Auf dem ersten Feld haben sie Sommergetreide und danach Wintergetreide angebaut. Auf dem zweiten Feld Wintergetreide gesät, danach lag es ein Jahr brach. Es regenerierte. Auf dem dritten Feld folgte auf die Brache wieder das Sommergetreide. So verschwanden die von einer Feldfrucht angelockten Schädlinge mit der nächsten Frucht.

Fruchtfolgen

Diese rotierende dreijährige Fruchtfolge der Dreifelderwirtschaft wird in abgewandelter Form noch heute auf Beeten praktiziert. Berücksichtigt wird der mehr oder weniger große Nährstoffbedarf verschiedener Gewächse. So folgen auf dem gut gedüngten Beet nacheinander Starkzehrer, Mittelzehrer und dann Schwachzehrer.

Starkzehrer sind meist üppig und schnell wachsende Pflanzen mit hohem Nährstoffbedarf wie alle Kohlarten, Kartoffeln, Gurken, Kürbisse und Melonen, Lauch, Sellerie und Fenchel sowie Tomaten und Rhabarber. Die beiden letzten sollten ihren Stammplatz haben.

Mittelzehrer benötigen weniger Mineralien, wie alle Wurzelgemüse (außer Sellerie), Salate, Zwiebeln und Knoblauch.

Schwachzehrer, wie Bohnen, Erbsen und Kräuter, bereichern teilweise den Boden durch Symbiosen mit Nährstoffen. Sie reagieren meist empfindlich auf Mistdüngungen.

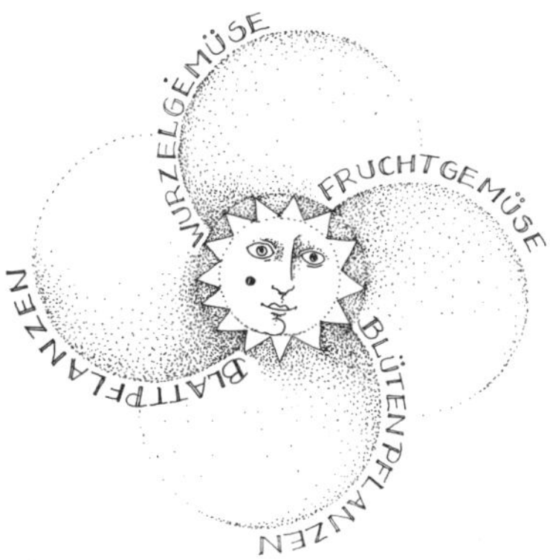

Die **dynamische Fruchtfolge** nach Rudolf Steiner berücksichtigt die besondere Ausbildung eines Pflanzenorganes. Auf mindestens vier Beeten werden nacheinander angebaut:

1. Jahr Fruchtgemüse: Bohnen, Erdbeeren, Tomaten, Zucchinis.
2. Jahr Blütenpflanzen: Kartoffeln, Heilkräuter, Sommerblumen.
3. Jahr Blattpflanzen: alle Kohlarten und Salate.
4. Jahr Wurzelgemüse: Rote Bete, Lauch, Schwarzwurzel.

Während dieses vierjährigen Rhythmus wird davon ausgegangen, daß die Stoffe des Bodens nacheinander zur Ausbildung eines Organs entzogen werden.

Biologisch-dynamische Fruchtfolge

Vorkultur	**Hauptkultur**	**Zwischenbau**	**Nachkultur**
	Fruchtgemüsebeet		
Radies	Buschbohnen		Ackersalat
Kohlrabi	Buschbohnen	Pflücksalat	Erdbeeren
			Zuckerhut
			Feldsalat
	Erbsen		Knollenfenchel
Kopfsalat	Gurken	weiterwachsende	Ackersalat
Steckzwiebeln		Zwiebeln	
am Beetrand			
Kopfsalat	Gurken	Schnittsalat	Spinat
			Radies
Radies	Paprika	Kerbel	
Schnittsalat	Stangenbohnen	Gurken	Chinakohl
Kopfsalat	Stangenbohnen		Feldsalat
Kopfsalat	Tomaten	Radies	
Spinat	Zucchini	Radies, Rettich	Feldsalat
	Blattgemüsebeet		
Früherbsen	Blumenkohl		Endivien
Rettich	Broccoli	Radies	
Kopfsalat	Eissalat		Zuckerhut
Rettich	Eissalat		Endivien
Mairüben	Kopfsalat		Rote Bete
Kohlrabi	Neuseeländer		
	Spinat		
Kohlrabi und	Rosenkohl oder		
Salat	Spätkohl		
im Wechsel	anderer Art		
	Wurzelgemüsebeet		
Kohlrabi	Bleichsellerie		Endivien
Frühmöhren	Lauch		Endivien
mit Markier-			
Radies			
Radies	Möhren	Kopfsalat	
Radies	Schwarzwurzel	Kopfsalat	
Radies	je zwei Reihen		
	Schwarzwurzeln		
	und Lauch		
Frühmöhren	Sellerie		

Vorkultur	Hauptkultur	Zwischenbau	Nachkultur
Frühsalat und Frühkohlrabi im Wechsel	Sellerie	weiterwachsende Vorkultur	
Spinat	Sellerie		
Frühmöhren mit Markier-Radies	Zwiebeln		Feldsalat oder Schnittmangold

Quelle: 19

Mischkulturen

»Während des Krieges habe ich zehn und mehr Menschen aus meinem Garten ernährt – dank der Mischkulturen.« Die vitale achtzigjährige Frau, die von ihrem ausgeklügelten System des Nebeneinanders, des Gebens und Nehmens berichtet, imponiert mir. Gertrud Francks »Mischkulturgarten«[20] wollte ich selbst ausprobieren. Gleich im nächsten Frühjahr löste ich meine Beete, meine Mini-Mono-Kulturen, und Zwischenwege auf. Anfang März säte ich im Abstand von 40 bis 50 cm Reihe für Reihe Spinat. Schon nach wenigen Wochen war der Boden unterirdisch durchwurzelt und grün liniert. Zwischen diesen Spinatzeilen säte ich gleichzeitig oder erst später jeweils eine Gemüseart. Ich hielt mich an den Franckschen Gartenplan, denn es werden bei der Zusammenstellung sowohl die fördernde bzw. hemmende Nachbarschaft als auch Platzbedarf, Wachstumszeit und Wuchshöhe bedacht. Ich säte eine Reihe Erbsen, daneben eine Reihe Karotten, daneben Lauch. Der Wert dieser Mischung:

- Die Erbsenwurzeln, die nach der Ernte im Boden verbleiben, versorgen als Schmetterlingsblütler die benachbarten Karotten mit Stickstoff.
- Lauch schützt durch seinen Geruch Möhren vor der Möhrenfliege.
- Möhren schützen den Lauch vor der Lauchmotte.
- Lauch lockert durch seine feinen Wurzeln den Boden, den die heranwachsende Möhre verfestigt.

Selbst innerhalb einer Reihe können zwei verschiedene Kulturen nebeneinander gedeihen, wie beispielsweise Sellerie und Blumenkohl. Kohlweißlinge meiden den Duft von Sellerie. Blumenkohl wiederum schützt Sellerie vor Rostpilzen. Ist der Kohl geerntet, breitet sich der Sellerie bodendeckend aus – bis in den späten Herbst hinein.

Mulch- und Trittreihe

Die nicht geernteten Spinatreihen werden mit einer Ziehklinge abgehackt, bevor der Spinat blüht. Der Spinat bleibt als leicht zersetzbarer Oberflächenkompost liegen. Auf diese Zwischenreihen kommen später alle anfallenden Abfälle. Die Mulchreihen versorgen die benachbarten Reihen mit Nährstoffen und werden auch als Trittreihen genutzt. Für das nächste Jahr wird schon vorgesorgt, dann werden die Mulchreihen zu Kulturreihen und die Kulturreihen zu den brachliegenden Mulchreihen.

Die räumliche Anordnung der aufeinanderfolgenden Reihen ist auf Wuchshöhen und Kulturzeiten abgestimmt.

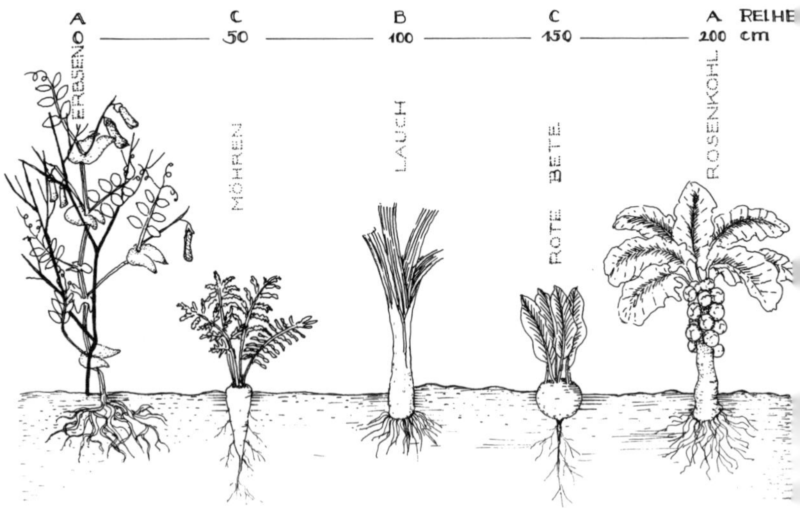

Im Abstand von 2 m folgt jeweils eine **Hauptreihe** (**A-Reihe** auf dem Gartenplan). Auf ihr stehen Pflanzen mit langer Kulturzeit und teils von hohem Wuchs wie Tomaten, Stangenbohnen, Winterkohl, Zucchini, Gurken.

Genau zwischen den A-Reihen liegen im Abstand von 1 m die **B-Reihen** mit Kulturen, die in der ersten oder zweiten Hälfte des Jahres wachsen, wie Zwiebeln, Schwarzwurzeln, Erbsen, Rote Bete, Frühkartoffeln. Auf jeder B-Reihe kann zweimal im Jahr geerntet werden.

Zwischen A-Reihen und B-Reihen liegen im Abstand von 50 cm die **C-Reihen**. Diese Kulturen mit kurzer Vegetationszeit und meist von niederem Wuchs (Salat, Möhren, Rote Bete, Radieschen) erbringen bis zu drei Ernten.

Die ersten vorsichtigen Erfahrungen mit Mischkulturen sind problemlos auf den vertrauten Beeten zu sammeln. Statt mit einer Gemüseart werden sie z. B. mit dreien bepflanzt, die sich beliebig häufig wiederholen.

Karotten	Tomaten	Salat
Zwiebeln	Kohl	Rettich
Dill	Sellerie	Kohlrabi

Eine Mischkultur speziell für den Herbst und Winter bestünde beispielsweise aus Feldsalat, Spinat und Radieschen.[21]

Zwar stimmen die meisten Autoren hinsichtlich günstiger bzw. ungünstiger Kombinationen weitgehend überein[22], wieweit sie dabei jedoch Erfahrungen ungeprüft übernommen haben – wie auch ich –, ist nicht festzustellen. Leider habe ich mir über die Jahre hinweg zuwenig präzise Notizen über die Ernten gemacht – ich ließ mir's einfach schmecken. Dieses Jahr beobachtete ich, daß Karotten trotz Zwiebeln-Nachbarn von den Maden der Möhrenfliege befallen waren. Karotten ohne Zwiebel- oder Lauch-Nachbarn waren jedoch noch stärker mit braunen Gängen durchzogen.

Manche neuen Erfahrungen sammelt man durch Zufall. Aus Platzmangel setzte ich einige Chicorée-Pflanzen zwischen den

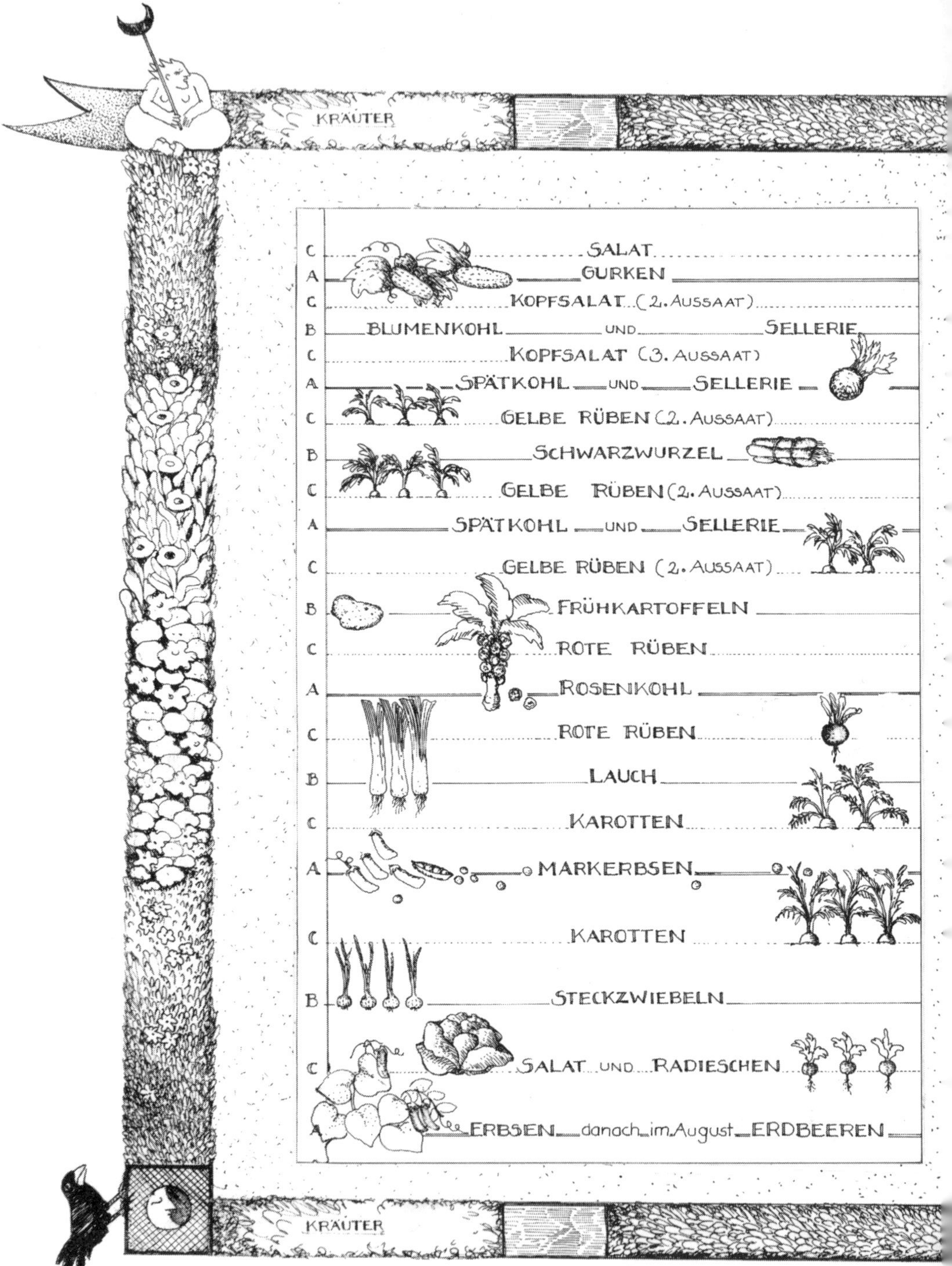

KRÄUTER
C SALAT
A GURKEN
C KOPFSALAT (2. AUSSAAT)
B BLUMENKOHL UND SELLERIE
C KOPFSALAT (3. AUSSAAT)
A SPÄTKOHL UND SELLERIE
C GELBE RÜBEN (2. AUSSAAT)
B SCHWARZWURZEL
C GELBE RÜBEN (2. AUSSAAT)
A SPÄTKOHL UND SELLERIE
C GELBE RÜBEN (2. AUSSAAT)
B FRÜHKARTOFFELN
C ROTE RÜBEN
A ROSENKOHL
C ROTE RÜBEN
B LAUCH
C KAROTTEN
A MARKERBSEN
C KAROTTEN
B STECKZWIEBELN
C SALAT UND RADIESCHEN
A ERBSEN danach im August ERDBEEREN
KRÄUTER

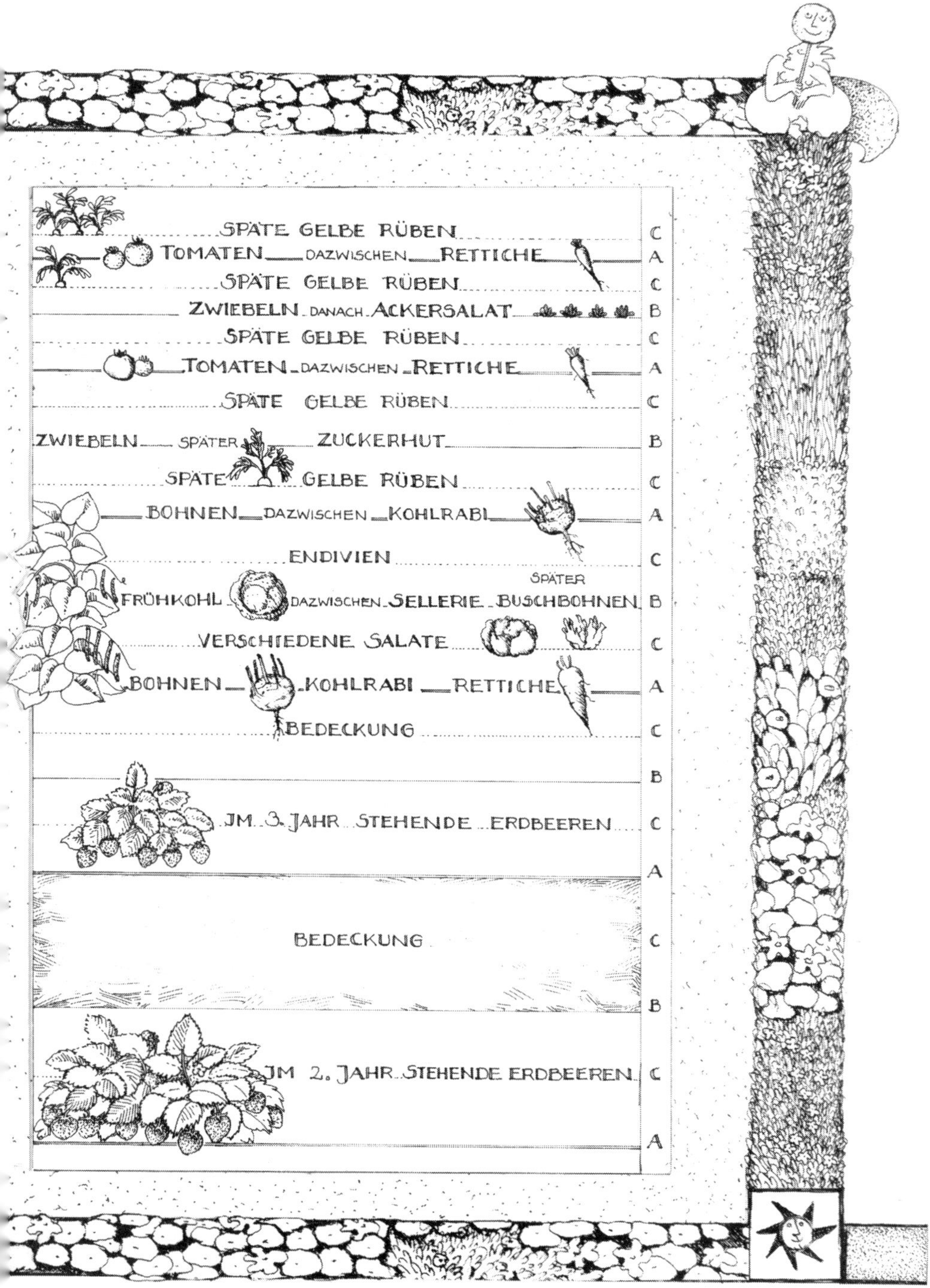
SPÄTE GELBE RÜBEN C
TOMATEN DAZWISCHEN RETTICHE A
SPÄTE GELBE RÜBEN C
ZWIEBELN DANACH ACKERSALAT B
SPÄTE GELBE RÜBEN C
TOMATEN DAZWISCHEN RETTICHE A
SPÄTE GELBE RÜBEN C
ZWIEBELN SPÄTER ZUCKERHUT B
SPÄTE GELBE RÜBEN C
BOHNEN DAZWISCHEN KOHLRABI A
ENDIVIEN C
FRÜHKOHL DAZWISCHEN SELLERIE SPÄTER BUSCHBOHNEN B
VERSCHIEDENE SALATE C
BOHNEN KOHLRABI RETTICHE A
BEDECKUNG C
B
JM 3. JAHR STEHENDE ERDBEEREN C
A
BEDECKUNG C
B
JM 2. JAHR STEHENDE ERDBEEREN C
A

hochwachsenden schlanken Lauch. Die benachbarte Reihenkultur knabberten Wühlmäuse Wurzel für Wurzel fein säuberlich ab. Kein Chicorée überlebte. Nur die, die direkt neben dem Lauch standen, blieben verschont. Können Wühlmäuse Porree genausowenig riechen wie Knoblauch? Um das sagen zu können, müßte ich mehrere Jahre hintereinander die Kombination ausprobieren. Wissenschaftliche Untersuchungen unter vergleichbaren Bedingungen (Boden, Klima) sind mir nicht bekannt.

Nachbarn in der Mischkultur

Pflanze	Gute Nachbarn	Schlechte Nachbarn
Buschbohnen	Kohlarten, auch Kohlrabi, Kopfsalat, Pflücksalat, Gurken, Sellerie, Kartoffeln, Tomaten, Rote Bete, Bohnenkraut	Fenchel, Erbsen, Knoblauch, Lauch, Zwiebeln
Endivien	Stangenbohnen, Fenchel, Lauch, Kohlarten	
Erbsen	Möhren, Radieschen, Gurken, Zucchini, Mais, Kopfsalat, Kohlarten, Kohlrabi, Fenchel, Dill	Zwiebeln, Lauch, Knoblauch, Bohnen, Kartoffeln
Erdbeeren	Knoblauch, Kopfsalat, Lauch, Radieschen, Buschbohnen, Spinat, Boretsch	Kohlarten
Fenchel	Gurken, Feldsalat, Zichoriensalat (Zuckerhut, Chicorée, Radicchio), Kopfsalat, Pflücksalat, Endivien, Erbsen, Salbei	Tomaten, Bohnen
Gurken	Mais, Bohnen, Erbsen, Sellerie, Zwiebeln, Lauch, Rote Bete, Kopfsalat, Kohl, Fenchel, Dill, Kümmel, Koriander	Tomaten, Kartoffeln, Radieschen
Kartoffeln	Kohlarten, Kohlrabi, Spinat, Mais, dicke Bohnen, Meerrettich, Tagetes, Kapuzinerkresse, Pfefferminze, Kümmel, Knoblauch	Sonnenblumen, Tomaten, Kürbis, Gurken, Sellerie
Knoblauch	Rosen, Lilien, Tulpen, Erdbeeren, Obstbäume, Himbeeren, Tomaten, Rote Bete, Möhren, Gurken	Stangenbohnen, Kohlgewächse, Erbsen
Kohlarten	Kartoffeln, Sellerie, Rote Bete, Tomaten, Spinat, Pflücksalat, Kopfsalat, Endivien, Lauch, Erbsen, Kamille, Dill, Pfefferminze, Beifuß, Kümmel, Koriander	Senf *(Sinapis alba)*, Zwiebeln, Knoblauch, Erdbeeren
Kohlrabi	Bohnen, Spinat, Spargel, Sellerie, Schwarzwurzeln, Rote Bete, Radieschen, Lauch, Kopfsalat, Kartoffeln, Erbsen	
Kopfsalat	Radieschen, Kresse, Kerbel, Möhren, Gurken, Erdbeeren, Zwiebeln, Zichoriensalat, Tomaten, Bohnen, Spargel, Schwarzwurzeln, Rote Bete, Mais, Lauch, Kohlrabi, Kohlarten, Fenchel, Erbsen, Dill, Pfefferminze	Sellerie, Petersilie

Pflanze	**Gute Nachbarn**	**Schlechte Nachbarn**
Lauch	Zwiebeln, Sellerie, Möhren, Tomaten, Schwarzwurzeln, Kopfsalat, Kohlrabi, Kohlarten, Erdbeeren, Endivien, Kamille	Bohnen, Rote Bete, Erbsen
Meerrettich	Kartoffeln, Obstbäume	
Möhren (Karotten)	Zwiebeln, Tomaten, Zichoriensalat, Radieschen, Rettich, Mangold, Lauch, Knoblauch, Erbsen, Dill, Schnittsalat, Schnittlauch, Schwarzwurzeln, Rosmarin, Salbei	
Pflücksalat / Schnittsalat	Tomaten, Spargel, Schwarzwurzeln, Rote Bete, Radieschen, Rettich, Kohlarten, Fenchel, Dill	
Radieschen / Rettich	Kopfsalat, Tomaten, Bohnen, Spinat, Mangold, Kohlrabi, Kohlarten, Möhren, Erbsen, Kapuzinerkresse, Kresse	Gurken
Rote Bete	Zwiebeln, Kohlarten, Kohlrabi, Pflücksalat, Knoblauch, Gurken, Dill, Kümmel, Koriander	Stangenbohnen, Spinat, Kartoffeln, Mais, Lauch, Tomaten
Schwarz-wurzeln	Lauch, Kopfsalat, Pflücksalat, Kohlrabi	
Sellerie	Tomaten, Buschbohnen, Lauch, Kohlrabi, Kohlarten, vor allem Blumenkohl, Gurken, Kamille	Mais, Kopfsalat, Kartoffeln
Sonnenblumen	Gurken	Kartoffeln
Spargel	Tomaten, Petersilie, Gurken, Pflücksalat, Kopfsalat	Knoblauch, Zwiebeln
Spinat	Erdbeeren, Rote Bete, Tomaten, Stangenbohnen, Radieschen, Rettiche, Kohlrabi, Kohlarten, Kartoffeln (nach der Methode von Gertrud Franck als Vor- und Zwischenfrucht und als Mulchmaterial für alle Mischkulturenbeete)	
Tomaten	Möhren, Spinat, Sellerie, Rote Bete, Radieschen, Rettich, Zichoriensalat, Pflücksalat, Petersilie, Kopfsalat, Mais, Lauch, Kohlrabi, Kohlarten, Knoblauch, Kapuzinerkresse	Kartoffeln, Gurken, Fenchel, Erbsen
Zucchini	Zwiebeln, Stangenbohnen, Mais, Kapuzinerkresse	
Zwiebeln	Möhren, Rote Bete, Zichoriensalat, Kopfsalat, Gurken, Erdbeeren, Dill, Kamille, Bohnenkraut	Kohlarten, Bohnen, Erbsen, Zwiebeln

Von und mit Pflanzen leben

»Biologisch« ist jeder Anbau von Pflanzen, die Unterschiede liegen im Selbstverständnis, in Wertvorstellungen und Zielsetzungen von Gärtner(innen).

Wer erntet die frühesten Kartoffeln, den dicksten Kohl, die makellosesten Äpfel? Derjenige, der ertragreiche Sorten auswählt, dem Boden hohe Düngergaben verabreicht, der Pflanzen in Monokulturen züchtet, der Wildkräuter und Schädlinge mit Schadstoffen vernichtet. Derjenige, der mit wenig Arbeitsaufwand rausholt, was rauszuholen ist.

Man sägt den Ast nicht ab, auf dem man sitzt.

Viele Gärtner haben inzwischen verlernt, mit der Natur zusammenzuarbeiten. Sie vertrauen auf käufliche, chemische Mittel, die für optimales Pflanzenwachstum und gegen »Unkräuter und Schädlinge« angeboten werden. Der Preis ist hoch:

- Stündlich stirbt eine Tier- oder Pflanzenart aus.
- Böden verhärten, versauern, versalzen und sind der Erosion ausgesetzt.
- Dünger- und Giftgaben müssen laufend erhöht werden, das steigert Kosten.

Reicher Erntesegen hat sich zum Fluch verkehrt. Die Preise sinken, die Kassen bleiben leer. Obst und Gemüse werden vernichtet, um die Preise stabil zu halten.

Trotz unterschiedlicher Vorstellungen und Ansätze ist allen »biologischen« Richtungen folgendes gemeinsam:

- Ganzheitliche Betrachtung der ökologischen Zusammenhänge von Boden, Pflanzen, Tieren. Ehrfurcht vor komplexen, teils nicht durchschauten Lebensvorgängen.
- Das Wissen darum, daß jeder Eingriff Folgen für den gesamten natürlichen Kreislauf hat. Deshalb bewußter Verzicht auf Mineraldünger, chemische Vernichtungsmittel und auch auf Höchsterträge.
- Durch Kompostierung, tierische Dünger, schonende Bodenbearbeitung, abgestimmte Fruchtfolgen Belebung statt Ausbeutung des Bodens.
- Förderung der Nützlinge durch Hecken, Anlegen von Gewässern...

Kuhmist ist wichtiger als Dogmen.
Mao Tse-tung

Ziel ist die Erzeugung von hochwertigen, gesunden Lebens-Mitteln. (Qualität statt Quantität) [24]

Biologisch-dynamisch

Die biologisch-dynamische Wirtschaftsweise baut auf dem »Landwirtschaftskurs« von Rudolf Steiner auf. Die geistigen Wurzeln liegen in der von ihm begründeten Anthroposophie. Körperliche, geistige, seelische und kosmische Elemente fließen in die Weltanschauung ein, die von dem vielfältigen »Verwobensein von Lebewesen«[25] ausgeht.

Charakteristisch für die dynamische Wirtschaftsweise ist die Anwendung von Heilkräutern und Mineralien als Spritzpräparate (Hornmist und Hornkiesel) und von Kompostpräparaten. Die Präparate werden nach besonderen Rezepturen zubereitet und in sehr geringen Konzentrationen eine Stunde in Wasser gebrüht. Sie wirken im feinstofflichen Bereich ähnlich wie homöopathische Mittel.

Naturrhythmen, besonders kosmische Rhythmen, werden bei Saat und Ernte berücksichtigt. Aufgrund 35jähriger Erfahrung gibt z. B. Maria Thun alljährlich einen »Aussaatkalender«[26] heraus. Für jeden Tag sind die Planetenkonstellationen und Mondphasen berechnet. Herrscht beispielsweise eine Tendenz zu wäßrigen Elementen (durch die Tierkreisregionen Fische, Krebs, Skorpion), so soll sich das günstig auf das Wachstum von Blättern auswirken. Werden Spinat, Salat oder Kräuter an »Blattagen« gesät oder gepflanzt, so fördert dies die Blattentwicklung. Dem Erdelement sind die »Wurzeltage«, dem Lichtelement die »Blütentage«, dem Wärmeelement die »Fruchttage« zugeordnet. Werden Bohnen, Erbsen oder Tomaten an »Fruchttagen« gesät oder geerntet, sind sie schmackhafter und besser lagerfähig.

Im Aussaatkalender ist außerdem die günstigste Pflanzzeit vermerkt. An diesen Tagen zieht der Mond in tieferen Bahnen über den Horizont, das beeinflußt die Saftströme, die dann stärker im Wurzelbereich verlaufen.

Nach diesen Gesichtspunkten erzeugte Lebens-Mittel werden unter dem Namen »Demeter« oder »biodyn« (von Umstellungshöfen) vertrieben. Aus der biologisch-dynamischen Praxis berichtet die »Lebendige Erde« und der »Gartenrundbrief« (→ 5).

Biologisch-organisch

Es gibt für die »biologische Ordnung« noch keine allgemeingültigen, naturwissenschaftlichen Begriffe; die causal-analytischen Denkschemata reichen für die Deutung ganzheitlicher Ereignisse beim Lebendigen nicht aus, sie lassen uns im Stich dort, wo es um umfassende biologische Probleme geht.
H. P. Rusch

Aufgrund von negativen Erfahrungen innerhalb der medizinischen bzw. agrarpolitischen Arbeit entwickelte sich der biologische Land- und Gartenbau.[27] Entscheidende Voraussetzung für gesunde Pflanzen, die vollwertige Nahrung für Tier und Mensch hervorbringen, ist ein biologisch aktives Bodenleben. Dazu trägt die Aktivierung des Komposts durch Bakterienkulturen (im Handel als »Symbioflor«), Flächenkompostierung und Gründüngung bei.

Die Widerstandskraft der Pflanze gegen Krankheiten und Schädlinge stärkt die gut aufeinander abgestimmte Mischkultur und Fruchtfolge, Anwendung von Gesteinsmehlen und Jauchen. Da Präparate und kosmische Einflüsse nicht berücksichtigt werden, ist die praktische Durchführung einfacher.

»bio-land« ist sowohl Warenzeichen für die erzeugten Produkte als auch der Titel der zweimonatlich erscheinenden Zeitschrift (→ 6).

Permakultur

Ein interessanter Ansatz zur Vernetzung vielfältiger Organismen in Landwirtschaft und Garten stammt von Bill Mollison. Er lernte von australischen Ur-Waldkulturen. Sie sind permanent produktiv und erhalten sich selbst und ihre Bewohner – trotz armen Bodens – ohne menschliche Arbeit. In der PERMAnent agriCULTURE sind Haus und Gewächshaus, Garten und Teich, Tiere, Hecken und Bäume und eine Vielzahl von Nutz- und Wildpflanzen miteinander vernetzt, sie ergänzen sich vielseitig, erhalten das Gesamtsystem, verursachen weniger Arbeit und brauchen weniger Energie.

Beispielsweise picken Hühner tagsüber Raupen, Ameisen oder auch Termiten und pflanzliche Reste auf der Streuobstwiese. Nachts erwärmen sie mit ihrer Körperwärme das Gewächshaus. Ihr verjauchter Kot ergibt stickstoffreichen Flüssigdünger.

Oder die anspruchslosen, bis zu drei Meter hohen Tobinamburen beschatten im Sommer das Gewächshaus, bremsen den Wind, sorgen für ein günstiges Mikroklima. Ihre goldgelben Blüten leuchten im Herbst. Noch im November können die Knollen – die Süßkartoffeln – ausgegraben und roh oder geröstet gegessen werden. Verbleiben einige im Boden, treiben sie ohne weiteres Zutun im nächsten Frühjahr wieder aus.

Einjährige Pflanzen wie der Lauch werden mehrjährig gehalten. Im zweiten Jahr bilden sich nicht nur Samen, sondern unten am Stengel auch viele kleine Knötchen. Sie können wie Zwiebeln wieder gesetzt werden. In raumsparenden Polykulturen ranken etwa Bohnen an Maispflanzen hoch. Mais ersetzt die Bohnenstangen, die Bohnen tragen zur Stickstoffversorgung des Mais bei.

Das System der Permakultur ist eine lebende Uhr, die niemals abläuft – solange die Sonne scheint und die Erde sich dreht.
Bill Mollison

Wer flexibel ist, neue Ideen auszuprobieren, wer wenig Platz und Zeit hat, wer über die Selbstversorgung hinaus auf die Verwüstung unseres Planeten handelnd antworten möchte, wer vorhat, sich von hierarchischen Machtapparaten abzukoppeln und Selbstvertrauen zu entwickeln, findet viele Anstöße in »Permakultur«[28]. Zur Zeit werden die Anregungen aus Australien in mitteleuropäischen Gärten erprobt (→ 7).

LITERATUR

1 P. Tompkins / Chr. Bird, »Das geheime Leben der Pflanzen«, Frankfurt 1977.
Von Philodendren, die Gedanken lesen können – von Pflanzen als Wesen mit Charakter, Seele, Wahrnehmungsfähigkeit sowie ihren emotionalen Beziehungen berichten die Autoren anhand von Experimenten, persönlichen Erfahrungen und Vermutungen. Die Photosynthese sowie die folgenden botanischen Grundlagen sind in den meisten Schulbiologiebüchern mehr oder weniger verständlich dargestellt.

2 Jürgen Dahl, »Der unbegreifliche Garten und seine Verwüstung«, Stuttgart 1984.
In dem Essay »Annäherung an den Salbei« betrachtet er in »liebender Zuwendung« Blüte und Insekt. »Die Blüte also, mit ihren merkwürdigen Vorrichtungen, verharrt wartend und verströmt sich zugleich, gibt und empfängt.«

3 Susanne Mitchell, Barbara Haynes, »Pflanzen vermehren – aber richtig«, Stuttgart 1983.
Die Autorinnen beschreiben aus ihrer langjährigen Praxis, wie man Pflanzen sät, vermehrt (durch Ableger, Stecklinge, Teilung) und verjüngt, okuliert und pfropft. Die Handgriffe werden durch Photo-Reihen genau demonstriert.

4 Peter Oldale, »Garten- und Zimmerpflanzen richtig vermehren«, München 1983.

5 J. Franz, A. Krieg, »Biologische Schädlingsbekämpfung«, Berlin und Hamburg 1982.

6 Bruni Kobbe, »Mit Biologie und Chemie gegen Schädlinge«, in: Bild der Wissenschaft 8, 1983.

7 Charles M. Rick, »Die Tomate«, Aufsatz in: Spektrum der Wissenschaft 11/78 S. 25ff.
Rick zeigt auf, wie die Tomate durch neue Sorten und Anbaumethoden zum Mittelpunkt einer bedeutenden Agrarindustrie wurde.

8 Pat Roy Mooney, »Saat-Multis und Welthunger – Wie Konzerne die Nahrungsschätze der Welt plündern«, Reinbek 1981.
In der Studie zeigt Mooney die Auswirkungen der Monopolisierung des Saatgutmarktes auf die zukünftige Welternährung.

9 Bernward Geier, »Biologisches Saatgut aus dem eigenen Garten«, Essen 1983.

10 Lewis Mumford, »Mythos der Maschine«, Frankfurt 1977.
Eine weit zurückblickende wie vorausschauende Studie. Mumford führt die Entwicklung der menschlichen Kultur vom ägyptischen Pyramidenbau bis hin zu den Auseinandersetzungen um Atomkraftwerke plastisch vor Augen.

11 Fritjos Capra, »Wendezeit«, München 1985.
Capra stellt in seinem Bestseller die »Bausteine für ein neues Weltbild« aus verschiedensten Lebens- und Wissenschaftsbereichen zusammen.

12 D. Wieland / Bode / Disko, »Grün kaputt«, München 1983.
Ein hervorragendes Foto-Text-Buch über »Landschaft und Gärten der Deutschen« mit vielen nachdenklichmachenden und nachahmenswerten Beispielen.

13 Wieland Simon, »Ein grüner Seitenhieb« in: natur, Heft 3, 1983.
Der Autor schildert die Schattenseiten der Flurbereinigung, aber auch ein gelungenes Beispiel.

14 Ruth Gardiner, »So wird der Rasen perfekt«, Hamburg 1978.
In dem überflüssigen Buch werden unnötige Gartenarbeiten beschrieben.

15 Christiane Widmayr, »Alte Bauerngärten neu entdeckt«, München 1984.
Vom traditionellen Bauerngarten, der Schönes und Nützliches verbindet, bis hin zu heutigen Gestaltungsbeispielen – ein anregendes Buch.

16 Abtei Fulda, »Blumen im Nutzgarten«, Fulda 1985.
Eine kleine Broschüre mit Kurzbeschreibungen der wichtigsten Gartenblumen – nach Jahreszeiten geordnet.

17 Dr. Gotthard Wolf, »Die Blumenwiese«, Bonn 1984.
Sehr informative, kostenlose Broschüre, hrsg. Auswertungs- und Informationsdienst (AID), Postf. 200708, 53 Bonn 2.

18 Jürgen Dahl, »Wildpflanzen im Garten«, München 1985.
Das Wichtigste über Wildkräuter, von der Aussaat bis zu Wildpflanzengemeinschaften, sowie Pflanzenporträts, anschaulich und präzise beschrieben.

19 Krafft v. Heynitz / Georg Merckens, »Das biologische Gartenbuch«, Stuttgart 1980.
Ein Standardwerk auf Grundlage der biologisch-dynamischen Wirtschaftsweise.

20 Gertrud Franck, »Gesunder Garten durch Mischkultur«, München 1980.

Grundgedanken und viele praktische Beispiele über Mischkulturen mit Gemüse, Kräutern, Obst und Blumen – wenn auch manchmal unübersichtlich.

21 Dr. Hubmann, »Herbstliche Mischkultur«, in: bioland 4/1985.

22 Siehe auch: Mario Howard, »Mischkulturen für Flach- und Hügelbeete«, München 1985.
Ein Taschenbuch mit vielen Mischkulturbeispielen, ist als Einführung gut geeignet.

23 Marie Luise Kreuter, »Der Bio-Garten«, München 1981.

24 Lohse/Röhrig/Thimm, »Unser täglich Brot«, Selbstverlag o.J.
Dieser übersichtliche, klar gegliederte Katalog zur gleichnamigen Ausstellung vom Versuchs- und Beratungsring Ökologischer Landbau kann gegen Vorauskasse von 14,– DM auf PSA 339411–301 Hannover bestellt werden bei: Eberhard Röhrig, Nelkenstr. 15, 3 Hannover 1.

25 Jochen Bockemühl, »Lebenszusammenhänge erkennen, erleben, gestalten«, Naturkundl. Sektion am Goetheanum, Dornach/Schweiz.
In dem Katalog zu »Grün 80«, Basel, werden anthroposophische Erkenntniswege und Arbeitsmethoden – Entwicklungsreihen von Pflanzen, Ebenen des Ätherischen, Heilpflanzenerkenntnis bis zur Erläuterung von Kristallisationsbildern – als Ausdruck von Krankheitstendenzen durch viele Abbildungen veranschaulicht. Zu beziehen: Goetheanum, Hügelweg 59, CH-4143 Dornach.

26 Maria Thun, »Hinweise aus der Konstellationsforschung«, 1977; »Aussaattage«, erscheinen jährlich im Verlag Aussaattage.
Maria Thun erläutert die Auswirkungen von Rhythmen, besonders kosmischen, auf die Pflanzenentwicklung, auf Dünger, Fruchtfolge, Unkrautregulierung... sowie die Milchverarbeitung. Adresse: Postfach 1446, 3560 Biedenkopf/Lahn.

27 Hans Peter Rusch, »Bodenfruchtbarkeit«, Heidelberg 1968.

28 Bill Mollison/D. Holmgreen, »Permakultur – Leben im Einklang mit der Natur«, Reinbek 1984.

ADRESSEN

1 Im Telefonbuch nachschlagen oder beim Gartenamt fragen.

2 ● Forschungsstelle für biol. dyn. Samenerzeugung, Kloster-Langenstr. 11, 2970 Emden 1 – Wybelsum
Hier kann ungebeiztes Saatgut von bio-dynamisch angebautem Gemüse und von Kräutern bezogen werden. Gegen Rückporto wird der 2seitige »Saatgut-Katalog« mit 100 Sorten zugeschickt. Der größere Arbeitsaufwand rechtfertigt die etwas höheren Preise, zumal die Forschungsstelle nicht auf kommerzieller Basis arbeitet, sondern auf Spenden angewiesen ist.
● Bornträger GmbH, Postf. 3, 6521 Offstein
Verschickt biologisch gezogenes, ungebeiztes Saatgut von Gemüse- und Kräutersamen sowie Pflanzen. (Nach meinen Erfahrungen lohnt es sich, die Rechnung genau zu überprüfen.)
● Karl Hild, Postf. 99, 7142 Marbach
Auf Wunsch ungebeiztes Saatgut von einer Vielzahl von Gemüsepflanzen und Blumen. Die Pflanzen sind allerdings unter konventionellen Bedingungen gewachsen.

3 Forschungsinstitut für biologischen Landbau, CH-4101 Oberwil / BL
Das Institut gibt zwei ausführliche Listen (1. Obst und Beeren, 2. Gemüse) mit gebräuchlichen Sorten im Bio-Anbau heraus gegen je 1 sFr (in Briefmarken).

4 Kräuter und Gräser für Wiesen:
Feldsaaten Freudenberger, Postf. 104, 4150 Krefeld
L. C. Nungesser, Postf. 110846, 6100 Darmstadt
Blauettikett Bornträger, Postf. 3, 6521 Offstein
Bio Gartenmarkt Keller, Konradstr. 17, 7800 Freiburg
Berggarten Wildkräuter, Wolfhart Lau, Lindenweg 17, 7881 Grossherrischwand
Naturwuchs, August-Bebel-Str. 16, 4800 Bielefeld

5 Forschungsring für Biol. Dyn. Wirtschaftsweise e. V., Baumschulenweg 11, 6100 Darmstadt; gibt »Lebendige Erde« (6 Hefte jährlich / DM 30,–) heraus, mit Gartenrundbrief als ständige Beilage.

6 Fördergemeinschaft organisch-biologischer Land- u. Gartenbau e. V., Lange Straße 26, 7326 Heiningen; gibt 6 Hefte »bio-land« jährlich heraus. DM 24.

7 Verein für ganzheitliches Lernen e. V., Simmerhauser Str. 1, 2833 Prinzhöfte; veranstaltet Seminare zur »Permakultur«.

DER BODEN –
UNSER GRÖSSTER SCHATZ

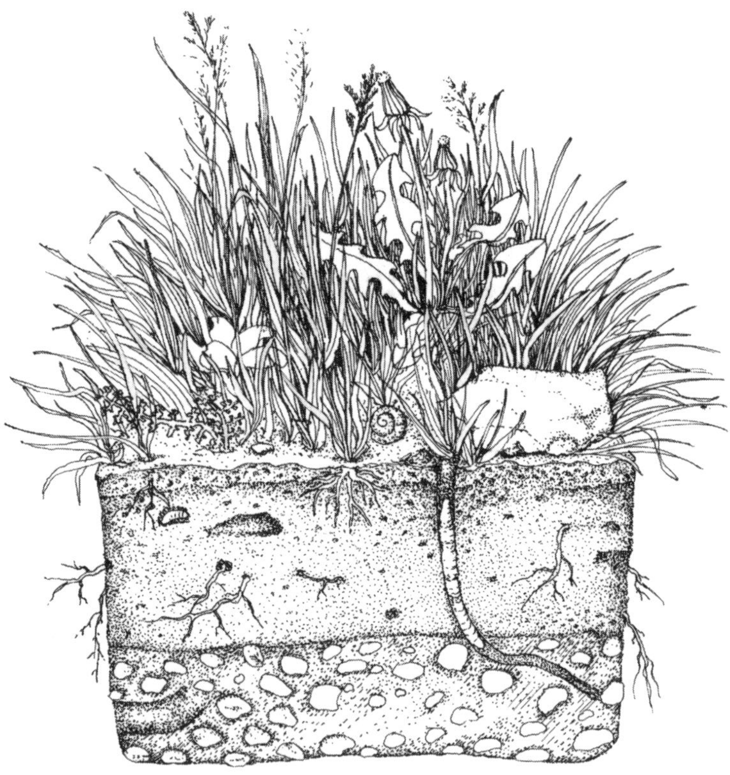

Auf Schatzsuche

Zu allen Zeiten träumten Menschen, daß ihr Wunsch nach Reichtum in Erfüllung geht. So auch der sagenhafte griechische König Midas (738–690 v. Chr.). In seinem berühmten Rosengarten verirrte sich einst ein betrunkener Silene, der Begleiter des jungen Gottes Dionysos. König Midas nahm ihn gastfreundlich auf und sandte ihn am nächsten Tag zu Dionysos zurück, dem Gott der Vegetation und des Weines. Als Dank gewährte Dionysos König Midas einen Wunsch. Und der König wünschte sich: »Alles, was ich berühre, möge sich in Gold verwandeln.« Daraufhin wurde unter seinen Händen alles zu Gold. Ja, selbst seine köstlichen Speisen und Getränke, die er zum Mund führen wollte, erstarrten zu Gold. Der reichste König der Welt wäre fast verhungert, hätte ihn nicht ein Bad im Fluß Paktolos von dieser verhängnisvollen Gabe geheilt. Und seither führt der Sand des Flusses feines Gold.

Des Königs Wunsch lebt fort – in uns. In bare Münze sollen sich Dinge, Lebewesen, ja sogar die Zeit verwandeln, sobald der Mensch sie anrührt. Auch der Boden, auf dem wir stehen, auf dem wir gehen, von dem wir leben, ist ein bloßes Objekt unserer Begierde und damit der Zerstörung geworden.

Boden verweht

Millionen Menschen hungern, verhungern in Ländern der ›Dritten Welt‹. Ursache ist nicht allein Trockenheit und Dürre, sondern Verödung und Erosion des fruchtbaren Mutterbodens durch eine fehlgeleitete Agrarpolitik. Die USA sind auf dem Wege, sich in eine Agrarwüste zu verwandeln. Monokulturen, so weit das Auge reicht, weder Hecken noch Bäume, weder Wildkräuter noch Untersaaten schützen den Boden vor Wind.

Boden ausgewaschen

Kein organisches, totes Material, kein Kompost, kaum Humus bindet noch die Mineralien. Mit dem schnell abfließenden Regen werden sie deshalb aus dem Boden gewaschen und verunreinigen Bäche und Flüsse. Intensive Mineraldüngergaben verstärken die Auswaschungen eher noch. Ein bis zwei Millimeter der nur 30 cm dünnen Humusschicht, von der wir leben, werden jährlich weltweit abgetragen.

In der Bundesrepublik fallen täglich 1 800 000 m² fruchtbarer Boden dem Bau von Straßen, Industrieanlagen und Häusern zum Opfer. Jedes Jahr wird eine Fläche fast so groß wie der Bodensee mit Asphalt und Beton bedeckt. »Deutschlands Straßen reichen bis zum Mond.« [1]

Boden versiegelt

Viele Grundeigentümer betonieren oder teeren Hofeinfahrten und Wege, verfüllen die Fugen zwischen Wegeplatten. Das ist sauber und pflegeleicht. Weder Kraut noch Gras wächst durch die undurchdringliche Decke. Natürliche Unebenheiten sind dauerhaft geglättet, die Schmutzgefahr ist ausgemerzt. Das Leben auch:

Was man liebt, asphaltiert man doch nicht.
Gerhard Polt

- Milliarden von Bodenlebewesen wird die Luft, das Wasser und der Raum zum Leben genommen.
- Das Regenwasser kann nicht in den Boden eindringen und Baumwurzeln wie Grundwasservorräte versorgen. Es wird teilweise direkt in die Kanalisation geleitet. Die Folgen: zunehmende Frühjahrsüberschwemmungen in vielen Teilen des Bundesgebietes.
- Die Bodenversiegelung ist inzwischen schon ein Fall für die Steuer geworden. Viele Städte und Gemeinden erheben eine direkte oder indirekte Regen-Steuer für private versiegelte Flächen, da die Kanalisation immer weiter ausgebaut werden muß. [2]

Boden versauert

6 500 000 Tonnen Schwefeldioxid und Stickoxide strömen jährlich aus Fabrikschornsteinen, aus Kaminen von Großfeuerungs- und Müllverbrennungsanlagen, sowie Auspufftöpfen von Kraftfahrzeugen. Statistisch gesehen ist jeder mit 500 Kilo-

gramm an der Schadgasproduktion beteiligt. Mit dem Regen rieseln Schwefel- und Salpetersäure auf Wälder, Felder und Gärten.

Wo immer der weiße Mann die Erde berührt, da ist sie wund.
Indianerwort

Hamburgs Grünanlagen beispielsweise sind inzwischen zu 78 Prozent versauert (pH 3,8–4,2). Das Herbstlaub bleibt unverrottet auf dem Boden liegen.

Die einst belebte Bodenschicht ist tot.[3]

- Die feinen Haarwurzeln werden geschädigt,
- Nährstoffe werden leichter ausgewaschen, folglich herrscht Nährstoffmangel,
- Aluminium-, Eisen- und Manganionen, sowie schädliche Schwermetalle lösen sich in giftigen Konzentrationen aus dem Boden, werden von Pflanzenwurzeln aufgenommen und schädigen das Wurzel- und Blattgewebe.[4]

Mancher Bauer und Gärtner drängt auf die Beseitigung der Ursachen, auf verringerten Ausstoß bzw. auf Entschwefelung von Abgasen. Regierungen und Behörden kurieren Symptome und verschlimmern dabei das Grundübel. Mit Kalk neutralisieren sie die Säuren. »Mittlerweile geben bundesdeutsche Landwirte 70 Millionen Mark für die Kalkung ihrer Böden aus, doppelt so viel wie noch vor zehn Jahren... Weil aber dauernde Kalkung die Böden auslaugt und einer alten Bauernregel zufolge ›die Väter reich, die Söhne arm‹ macht, bessern die Landwirte ihre Böden mit Phosphatdünger auf, dessen Verbrauch sich in den letzten 30 Jahren nahezu verdreifacht hat...«[5] Damit erhöhen sie den Cadmiumeintrag. So schädigen sie Pflanzen, Tiere, und letztendlich geht es uns an die eigenen Nieren.

Boden vergiftet

Mit Düngemitteln und Klärschlamm, mit Auto- und Industrieabgasen gelangen jährlich Tausende Tonnen giftiger Schwermetalle wie Blei, Quecksilber und Cadmium in die Böden und anschließend in die Nahrungsmittel. Allein durch Phosphatdünger werden jedes Jahr 6500 kg Cadmium auf deutschen Landen ausgebracht. 60 000 000 Kilogramm versprühte Tier- und Pflanzenvernichtungsmittel schädigen Bodenlebewesen und reichern sich immer stärker in Böden und Lebensmitteln an.

Wer die Erde, die Pflanzen, die Tiere nicht achtet, der wird auch bald die Menschen verachten.
Indianerwort

50000 wilde Abfalldeponien, defekte Öltanks, Benzin- und Gasleitungen, schadstoffhaltige Baumaterialien und Lösungsmittel verseuchen unsere Böden.

- Der Boden der Wein- und Rosenstadt Braubach am Mittelrhein ist bleischwer: 9000 Milligramm Blei pro Kilogramm Erde (Richtwert nach der Klärschlammverordnung 100 mg), 90 Milligramm lagern in einem Kilogramm Gemüse (Richtwert 1,2). Die Bleigehalte des Blutes von Kindern sind erschreckend hoch. Verhaltensstörungen, Konzentrationsschwäche und verminderte Intelligenz sind Folgen der Schädigung von Blutkörperchen und Enzymen. Behörden mahnten, Fenster in der Nähe der Blei- und Silberhütte »nur kurze Zeit zum Lüften öffnen«. Die Kinder schickten sie nach Sylt zum Luft holen. Der zuständige Umweltminister genehmigte den weiteren Ausbau der Hütte, da Filter inzwischen den Bleiausstoß reduzieren.[6]
- »Da stellen Fabriken, binnen Zehntelsekunden, Joghurtbecher her, die binnen einer Minute geleert sind – und produzieren damit Plastikmüll, der bis zu 25000 Jahren auf landschaftsfressenden Deponien gelagert oder aber, wenn er verbrannt wird, Supergifte wie Dioxin freisetzt...«[5]
- Jede dritte Karotte auf Hamburgs Wochenmärkten hat über das Doppelte der zulässigen Höchstwerte an Cadmium in sich. Zentnerweise müßten sie von Behörden aus dem Verkehr gezogen werden.[7]
- Die Hamburger Gesundheitssenatorin Maring hat am 9. Februar 1986 zum erstenmal empfohlen, auf den Anbau von Gemüse in der Nähe des geschlossenen Boehringerwerks in Moorfleet ganz zu verzichten. Der Grund: sehr hohe HCH-Werte durch die ehemalige Lindanproduktion.

Alles, was wir produzieren, essen wir früher oder später.

Untersuchungen von Boden- und Kompostproben aus hessischen Kleingärten ergaben, daß in jeder vierten Probe der Blei-Grenzwert überschritten wurde. Arsen, Cadmium, Chrom, Nickel, Quecksilber überschritten in 0 bis 6 % aller Boden- und in 15 % aller Kompostproben die Richtwerte.

Hohe Blei-Werte und Zink-Werte treten besonders in Gärten in einem Umkreis von hundert Metern neben vielbefahrenen Straßen auf. Aus dem Auspuff strömt Blei, der Reifenabrieb hinterläßt Zink. Die hohen Werte im Kompost zeigen, daß Schwermetalle biologisch nicht abbaubar sind.

Boden zerstört

Die meisten Gifte werden nicht abgebaut. Sie reichern sich im Boden, in pflanzlichen, tierischen und menschlichen Körpern an. Wechselwirkungen (Synergismen) von giftigen Spurenelementen, Pflanzen- und Tiervernichtungsmitteln verstärken die schädigende Wirkung.

Noch ist sie für den einzelnen kaum spürbar. Meßbar ist ein ständig steigender Bleigehalt in den menschlichen Knochen. Die ersten Anzeichen einer Bleivergiftung sind unspezifisch: Mattigkeit, Appetitlosigkeit und Verdauungsstörungen. Später kommen Blutarmut, Nieren- und Gehirnschäden hinzu. Das Umweltbundesamt vermutet, daß heute schon mehrere tausend Bürger an cadmiumbedingten Nierenfunktionsstörungen leiden. Jahrzehnte später treten bei chronischer Vergiftung Knochenschäden und Lungenblähungen auf. Die Zunahme von Stoffwechselstörungen, Allergien und Pseudo-Krupp sind mögliche Anzeichen einer schleichenden Vergiftung.

Vorbeugen ist besser als heilen. Schweden hat die Konsequenzen gezogen. Die Regierung belegte Mineraldünger mit einer Umweltsteuer und verbot der Industrie die Verwendung von Cadmium. Als Beimischung in leuchtendroten, -gelben Farben und Kunststoffen, in Batterien und Legierungen werden in der Bundesrepublik jährlich mehrere tausend Tonnen in der Umwelt verteilt und landen letztendlich auf dem Boden. Anders als Luft und Wasser, die gefiltert werden oder auch nicht – kann der Boden nicht gereinigt werden. Ihn von Giften zu befreien, würde eine chemische Aufbereitung notwendig machen – nur ist es hinterher kein lebender Boden mehr. Liegt die Schwermetallbelastung weit über den Grenzwerten, wie in der Nähe von Farbenfabriken, kann man das Gelände eigentlich nur noch absperren oder dreißig Zentimeter Boden abtragen. Doch

Was die Erde befällt, befällt auch ihre Söhne.
Indianerwort

Der Verfall einer Gesellschaft beginnt, wenn der Mensch sich fragt: »Was wird geschehen?« anstatt sich zu fragen: »Was kann ich tun?« Denis de Rougemont

wohin mit der verseuchten Erde? Letztendlich landet sie wieder auf der Erde.

Nach langem Hin und Her veröffentlichte das Bundesinnenministerium 1985 das Bodenschutzprogramm.[8] Verkehrs-, Bau-, Wirtschafts- und Landwirtschaftsministerium setzten vorab die Streichung von Abschnitten durch, die eine Verringerung des Straßenbaus, des Schadstoffausstoßes und Chemikalieneinsatzes vorsahen, und sorgten für die Einfügungen von manchem »eventuell«, »vielleicht«, »könnte«. Erst mal soll bundesweit gemessen und beobachtet werden.

Setzten Industrie, Politiker und Verbraucher die bisherige Wachstumspolitik fort, so müssen in einigen Jahrzehnten für den Boden Nutzungsbeschränkungen erlassen werden. Dann dürfen Fruchtarten für den menschlichen Verzehr nicht mehr angebaut werden. Prognosen weisen darauf hin, daß in etwa fünfzig Jahren keine nennenswerte Nahrungsmittelproduktion mehr in den Industrieländern stattfinden kann. Machen wir weiter wie bisher, droht uns das gleiche Schicksal wie dem König Midas: Wir werden verhungern.

KLÄRSCHLAMM AB IN DIE SAHARA

Früher kippte einmal im Jahr ein Lastwagen eine graubraune Masse in unseren Garten. Sie stank dumpf vor sich hin, und nach einiger Zeit keimten Tomatenpflänzchen auf dem Haufen. Die in Schleim eingehüllten Tomatensamen hatten den Weg durch menschliche Verdauungskanäle unbeschadet überstanden. Klärschlamm ist ein kostenloser mineralienreicher Dünger – gewesen. Heute kann davor nur gewarnt werden. Er ist durch industrielle Abfälle mit Cadmium und anderen Giften verseucht. Seit die Grenzwerte für die Ausbringung auf Böden weit überschritten werden, und seit die Verklappung in die Nordsee verboten ist, wird Hamburger Klärschlamm nach Marokko verschifft und in die Sahara gekippt. Statt die Ursachen zu beseitigen, werden die Risiken in die Dritte Welt exportiert.

Schwermetalle in Boden und Gemüse

Schwermetall	Blei (Pb)	Cadmium (Cd)	Quecksilber (Hg)
Hauptverursacher der Umweltverschmutzung	Erzgruben, Autoabgase, Müllverbrennungsanlagen, Batterien, Farben	Eisen- u. Stahlindustrie, Müllverbrennungsanlagen, Phosphatdünger, Batterien, Farben	Müllverbrennungsanlagen, Kraftwerke, quecksilberhaltige Saatgutbeizmittel und Batterien
Produktion			
Erde:	3 600 000 t	17 000 t	13 000 t
BRD:	338 000 t	2 400 t	250 t
Höchstmengen in Klärschlammverordnung für Böden	100 mg / kg	3 mg / kg	2 mg / kg
Aufnahme durch Pflanzen	Lagert sich auf äußeren Pflanzenteilen ab, Gemüse waschen und putzen.	Über die Wurzel gleichmäßige Verteilung in der Pflanze. Nur ca. 7 % lassen sich durch Putzen entfernen.	Über Wurzeln und Blätter, ca. 50 % lassen sich durch Putzen entfernen.
Stark belastete pflanzliche Lebensmittel	Blatt- und Wurzelgemüse, Pilze, Beeren	Blattgemüse, Getreide, Kartoffeln, Pilze	Pilze
Werte der WHO für Erwachsene	3 mg / Woche	0,4–0,5 mg / Woche	0,3 mg / Woche
Richtwerte in Lebensmittel des Bundesgesundheitsamtes (Frischgewicht)	Blattgemüse 1,2 mg/kg Wurzelgemüse 0,5 mg/kg Obst 0,5 mg/kg Fruchtgemüse 0,2 mg/kg	Fruchtgemüse 1,0 mg/kg Blattgemüse 0,1 mg/kg Wurzelgemüse 0,05 mg/kg Obst 0,05 mg/kg	Getreide 0,03 mg/kg Kartoffeln 0,02 mg/kg
Gesundheitliche Schädigungen bei chronischer Belastung	Unwohlsein, Müdigkeit, Nervenschädigungen, Intelligenzminderung bei Kindern	Durchfall, Erbrechen, Nierenfunktionsstörungen, Knochenerweichung, krebserregend	Unwohlsein, Zahnfleischentzündungen, Nervenschädigung
Katastrophen	Bleiabbau in Nordenham, Oker, Duisburg, Mülldeponie Georgswerder, Hamburg, Batteriefabrik in Berlin	1946 starben in Japan 56 Menschen an verseuchtem Flußwasser (Itai-Itai-Krankheit)	1972 starben in Minamata 107 Menschen durch vergiftete Chemieabwässer und Fische (Minamata-Krankheit)

Quelle: nach Bio-Garten Heft 8, Juni / Juli 1985

Bodenleben

Es ist kein Garten so fernab gelegen / Daß nächtens nicht der wilde Schrei der Welt / Gleich einem wunderbaren Feuerregen / Vernichtend auch auf seine Saaten fällt.
Marie-Luise Kaschnitz

Wie sorgfältig und liebevoll wir mit dem Gartenboden auch umgehen, er ist Teil von größeren Kreisläufen. Der Wind, der über Gärten weht, der Regen, der Pflanzen gießt, bringt auch Gifte mit. Auch individuelle Verhaltensweisen beeinflussen den Schadstoffeintrag:

- In Belastungsgebieten Regenwasser fünf Minuten ablaufen lassen und dann erst sammeln. Gießwasser aus verzinkten Regenrohren, Behältern und Gießkannen ist mit Cadmium und Zink belastet.
- Mit Holz- und Kohlenasche verteilt man nicht nur Kali und Spurenelemente, sondern auch Schwermetalle.
- Komposte aus Klärschlamm und städtische Siedlungsabfällen sind meist belastet.
- Das Laub von Bäumen ist sommerlicher Schadstoffilter in belasteten Gebieten. Es sollte extra kompostiert und nur unter Ziersträuchern ausgebracht werden.
- Dichtgewachsene Hecken und aufgeschüttete Dämme absorbieren einen Teil des Straßenstaubes.
- Eine gute Humusversorgung und neutrale Bodenreaktion von pH 6–7 verringert die Mobilität von Schwermetallen (wie auch von radioaktiven Stoffen).

Die meisten Nutzpflanzen gedeihen im neutralen Bereich von 6,5 bis 7. Saurer mögen's nur Rhododendren, Kiwis und Waldbeeren. Zum Messen des pH-Werts gibt es eine Vielzahl von Sonden zum Einstechen in das Erdreich zu kaufen. Das Test-Qualitätsurteil lautet: mangelhaft.[9] Messungen mittels Indikator-Farblösungen sind genauer (→ 1). Tierische und pflanzliche Jauchen, Algenkalk sowie Kalk in Kompost eingestreut erhöhen den pH-Wert. Nur saure Moor- und Sandböden benötigen eine direkte, langsam wirkende Kalkung mit gemahlenem Kalkstein, Dolomit, Kalkmergel oder Kreide (Düngekalk). Vor Branntkalk, Löschkalk und Kalkstickstoff sei gewarnt. Sie ätzen und schädigen die Herde unter der Erde. An einem windstillen Herbsttag ist die beste Zeit zum Kalkausbringen. Alle drei Jahre ein bis zwei Kilogramm je nach Bodenart und pH-Wert reichen für 10 Quadratmeter. Überkalkung führt zu Magnesium- und Kaliummangelerkrankungen. Regenwürmer sind zuverlässige Kalkverteiler.

Bergwerke des Lebens

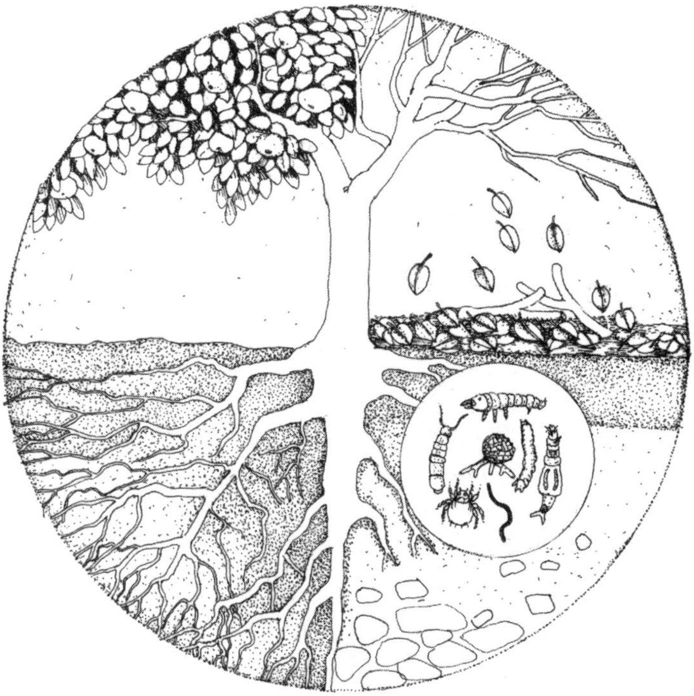

In einer Handvoll guter Gartenerde sind mehr Organismen enthalten, als Menschen auf der Erde leben. Gäbe es nicht jene unermüdlichen Helfer, die Regenwürmer, die Einzeller, Vielzeller, Saftkugler, Springschwänze, die Spinnen, die Strahlen- und Schimmelpilze, die Jahr für Jahr 100 Milliarden Tonnen tote Biomasse um- und abbauen, gliche die Erde einer riesigen Mülldeponie. Meterhoch würden sich tote Pflanzen, Tiere und Menschen auftürmen, Meere würden durch die vielen Leichen überschwappen... unvorstellbar! Glücklicherweise sorgt die Natur nicht nur für das Werden, sondern auch für das Vergehen. Ein unendliches Abbauen, Einbauen, Umbauen, Aufbauen von Stickstoff-, Kohlenstoff- und Sauerstoffverbindungen und vieler anderer Mineralien ist im Gange – ein unendliches Recycling auf dem Land wie im Wasser.

Bakterien

Bakterien sind die Spezialisten für den Um- und Abbau von totem organischem Material. Unter der Einwirkung von Sauerstoff stellen sie Vitamine, Enzyme (Verdauungsstoffe), Phosphor- und Eisenverbindungen und viele lebensnotwendige Stoffe für andere Organismen bereit. Auch in unserer Darmschleimhaut helfen Millionen Bakterien, den Speisebrei aufzubereiten.

Strahlen- und Schimmelpilze

Strahlen- und Schimmelpilze knüpfen ein weitverzweigtes Fadengeflecht, bauen Zellulose von pflanzlichen Zellwänden und holzartige Fasern ab und knacken Chitinpanzer von Insekten. Sie verbreiten den typischen Erdgeruch. Bekannt ist der Schimmelpilz »Penicillinium«, der das nach ihm benannte Antibiotikum freisetzt. So begrenzt er das Wachstum von konkurrierenden Bakterien. Pflanzen werden immun gegen bakterielle Krankheitserreger, wenn sie diese Anti-Biotika mit ihren feinen Wurzeln aufnehmen.

Algen und Einzeller

Blau- und Grünalgen nehmen die freigesetzten Stoffe auf, betreiben Photosynthese und sondern gallertartige Substanzen ab. Amöben, Wechsel-, Wimpern-, Augentierchen und weitere Urtierchen bevölkern die dünnen Wasserfilme im Boden.

Lebendverbauung

Alle diese Mikro-Organismen bilden eine Lebensgemeinschaft, die Lebendschleime. Sie schaffen gallertartige Nährstoff- und Wasserreservoirs, die für die Aufnahme durch pflanzliche Wurzeln ideal sind. Gesunder Boden ist dadurch krümelig. Er hat die Struktur eines Schwammes oder Hefeteiges und ist mit Wasser und Luft gefüllt. Pestizide und Mineraldünger zerstören diese Strukturen, der Boden wird hart, fest und nimmt weniger Wasser auf.

Kluge Gärtner hegen und pflegen die unterirdischen Heinzelmännchen. Ihre komplizierte Zusammenarbeit ist noch weitgehend unbekannt. Bekannt und beliebt bei Gärtnern sind Vertreter aus der Familie der »Wenigborster«, die Tau- und Regenwürmer[10].

DER REGENWURM

Tauchen Regenwürmer in größerer Zahl im Boden auf, bedeutet das: Alles klar, die Zersetzung ist in vollem Gange.[10]

Bis zu vierhundert Tiere können unter einem Quadratmeter Boden leben. In der Nacht ziehen sie abgestorbene Pflanzenteile in ihre unterirdischen Röhren. Beginnen die Reste zu faulen, werden sie gefressen. Ausgeschiedener Wurmkot ist bester Humus. Er ist reich an Stickstoff, Phosphaten, Magnesium und Kalium. Unter einem Quadratmeter Gartenboden erzeugen die Würmer etwa 2,5 Kilogramm Humus im Jahr.

Sie legen ständig neue Röhren an, lockern dabei den Boden, schaffen ein Belüftungssystem und versorgen sich selbst und ihre Mitbewohner mit Sauerstoff. Aus zwei Metern Tiefe bringen sie schonend Spurenelemente in durchwurzelte Zonen. Abgedeckten Boden lieben sie. Mulch ist Nahrungsquelle, unter ihm bleibt es feucht, er schützt sie im Sommer vor Sonnenlicht, im Winter können sie unter der wärmenden Schutzschicht weiterarbeiten. Sehr empfindlich reagieren sie auf Gifte und viel mineralischen Dünger. Sie krümmen sich, wandern aus, werden impotent.

Ernteertrag	**ohne Regenwürmer**	**mit Regenwürmer**
Weizen		
Halmgewicht	7,1 g	10,5 g
Körner pro Ähre	60 Stück	110 Stück
Bohnen		
Hülsengewicht	5,8 g	16,9 g
Bohnengewicht	3,9 g	11,5 g

Quelle: Biologie heute 26, Hannover 1985

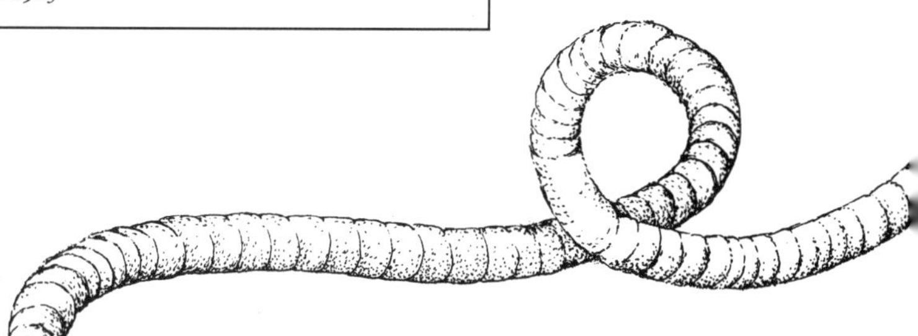

Boden bedecken

Das Kraut von Möhren und Roten Beten, die äußeren, harten oder gelben Blätter von Porree, Kohl, Salat, nach der Ernte abgeschnittene Bohnen- und Gurkenpflanzen lasse ich einfach am Ort ihres Wachstums liegen, zwischen den Pflanzenreihen. Meine Mutter sammelte früher Blatt für Blatt, Pflanze für Pflanze wieder fein säuberlich auf und schaffte sie zum Kompost. Ihre Bedenken: »Damit lockst du nur Ungeziefer an, und außerdem, was sollen die Nachbarn von deiner Schlamperei denken.« Inzwischen hat sie's aufgegeben, der lockere, krümelige Lehmboden, der sich unter der schützenden Decke entwikkelt, spricht für sich und überzeugt auch skeptische Nachbarn.

Mulchen

Das Abdecken des nackten Bodens mit organischem Material wird als Mulchen bezeichnet. Als Mulch-Material eignen sich kleingeschnittene Gartenabfälle wie angewelkter Rasenschnitt, Laub, Stroh und angerotteter Kompost und Wildkräuter. An warmen, trockenen Tagen ist es sinnvoll, sie zu jäten und als Mulch zwischen den Pflanzreihen welken zu lassen.

Die Vorteile des Mulchens:

- Auswaschung, Verkrustung, Erosion der wertvollen Humusschicht durch Regen und Wind werden wirksam verhindert.

- Wärme und Feuchtigkeit bleiben im Boden, dadurch entsteht für Pflanzen und Bodenlebewesen ein günstiges Kleinklima. Es muß weniger gegossen, geharkt und gedüngt werden.

- Auf der Schutzdecke können Beete sauber betreten werden. Früchte, beispielsweise Erdbeeren, werden bei Regen nicht mit Erde bespritzt.

- Bodentiere erhalten eine Schutz- und Nährschicht. Sie leben unter optimalen Bedingungen, vermehren sich und produzieren Humus, lockern den Boden, er wird krümelig und zur kostbaren Erdkrume, in der Pflanzen gedeihen.

Nicht nur die »Herde unter der Erde« wird mit Mulch gefüttert, auch die kraftaufwendige Gartenarbeit wird erleichtert, Kompostieren und Umgraben entfällt.

Aber auch vorteilhafte Mittel haben ihre Schattenseiten. Die zeigen sich beim Ausprobieren. Vor Einbruch des Winters habe ich meinen Nutzgarten mit einer dicken Schutzschicht aus Laub und Stroh zugedeckt. Dadurch erreichte der Frost erst spät den Boden, und die Bodenlebewesen waren auch im Winter aktiv. Im Frühjahr räumte ich die Hälfte der Abdeckung zur Seite. Hier erwärmte sich der dunkle Boden schnell, und ich konnte früh säen. Auf der Fläche, die ich einsäte und gleich wieder lokker abdeckte, keimten wesentlich weniger Samen, ihr Wachstum war kümmerlich. Inzwischen weiß ich, viele Samen keimen nicht bei niederen Temperaturen, einige brauchen Licht, und manches Laub enthält wachstumshemmende Stoffe.

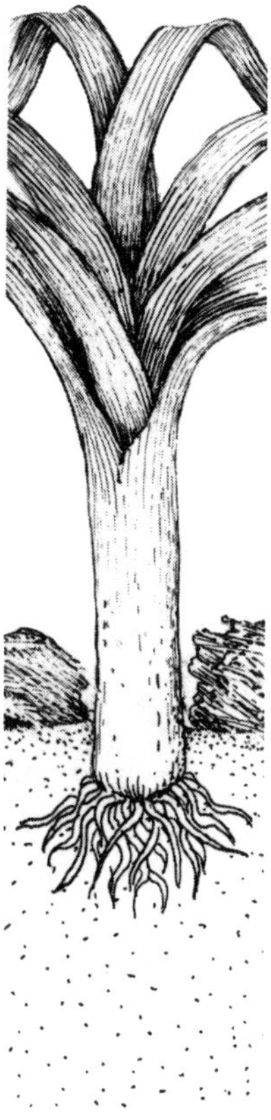

Mäuse, Wühlratten und Schnecken gedeihen besonders gut unter einer dichten Mulchschicht. Deshalb ist meine Abdekkung nicht dicker als drei Zentimeter. Sie liegt um Pflanzen, die schon mehrere Laubblätter tragen. Fällt mehr Material an, setze ich am Rand von Beeten Mini-Komposthaufen auf, deren Material ich später zwischen die Reihen streue. Abdeckmaterial am laufenden Band gibt's inzwischen zu kaufen. Für Biogärtner ein Naturvlies aus Altpapier zur umweltfreundlichen Unkrautbekämpfung (→ 2), für konventionelle Gärtner eine Folie aus Kunststoff, durchsichtig oder schwarz, damit das Gemüse früher reift. Während das Naturvlies nach vier Monaten verrottet, wird die Klarsichtfolie zu umweltbelastendem Müll. In Südfrankreich sind Felder quadratkilometerweit mit Kunststoff-Folien überzogen. Das Gemüse ist ein paar Wochen früher reif.

KOMPOST KOMPONIEREN

An einem gut erreichbaren, schattigen Platz, vielleicht unter einem Holunderbusch, ist der beste Platz zum Aufsetzen eines Komposts.[4] Eine Vielzahl von Kompostbehältern aus Holz, Metall und Kunststoffen werden angeboten (→ 3). Geeignet sind sie vor allem für kleine Gärten. Preiswerter sind selbstgezimmerte Holzlattengerüste oder Strohballen als seitliche Begrenzung. Freie Kompostmieten werden in Form eines Walmes angelegt.

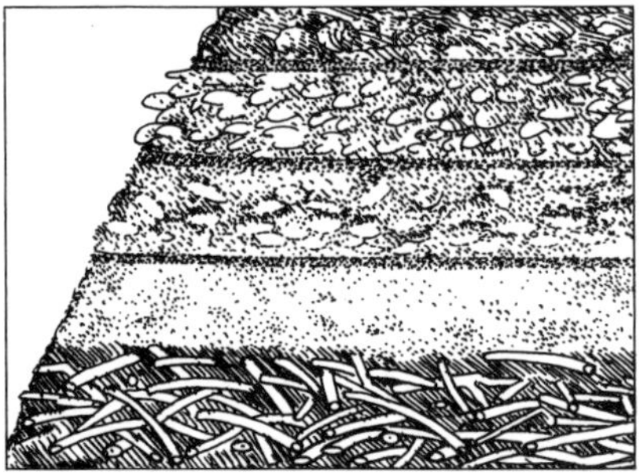

Zuerst schichten Sie grobes, luft- und wasserdurchlässiges Material auf die Erde. Jetzt werden die verschiedenen Materialien Lage für Lage locker aufgesetzt. Alter Kompost, ab und zu dazwischengestreut, beschleunigt den Abbau.

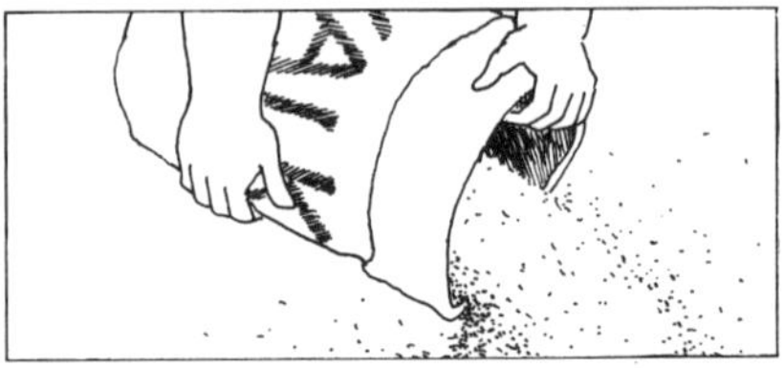

Nützlich ist das Einstreuen von ein wenig gemahlenem Kalkgestein (Düngekalk) oder Thomasmehl bei saueren, sandigen Böden. Biologisch-dynamisch arbeitende Gärtner geben Schafgarbe-, Kamille-, Brennessel-, Baldrian- und Eichenrindenpräparate hinzu (→ 4).

Material	C:N
Harn	0,8
Blut	3,0
frische Gartenabfälle	7,0
Kot der Tiere	15,0
Mistkompost	10,0
Leguminosenstroh	15,0
Rasenschnitt	12,0
Küchenabfälle	23,0
strohreicher Frischmist	25–50
Kartoffelkraut	25,0
Laub	50,0
Getreidestroh	50–150
Sägemehl	200–500

Tierische Produkte sind besonders stickstoffhaltig, trockene pflanzliche Produkte besonders kohlenstoffhaltig. Ein relativ ausgeglichenes Kohlenstoff/Stickstoffverhältnis (C:N) haben frische Pflanzen- und Küchenabfälle. Auf 23 Teile Kohlenstoff kommt ein Teil Stickstoff. Ist das Verhältnis kleiner als 15:1, entweicht kostbarer Stickstoff in Form von stinkendem Ammoniak.

Eingestreutes Stroh und Gesteinsmehle binden stickstoffhaltige Abbauprodukte. Ist das Verhältnis größer als 30:1, läuft die Verrottung nur sehr langsam ab.

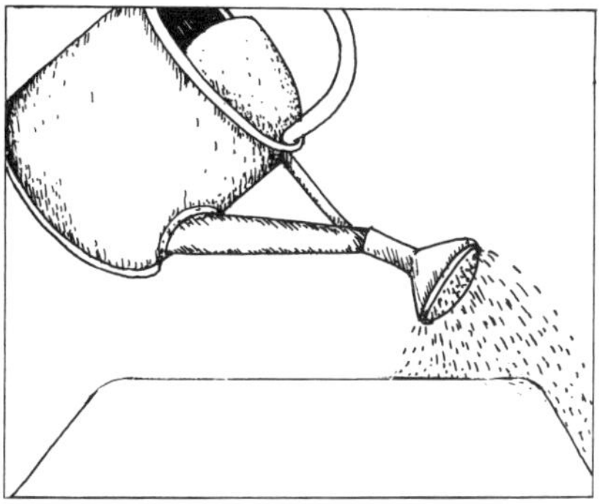

Gleichmäßig feucht soll das Material sein. Zerbröselt es zwischen den Fingern, muß es gegossen werden; tropft es beim Zusammenpressen, wird trockenes, luftiges Material eingestreut.

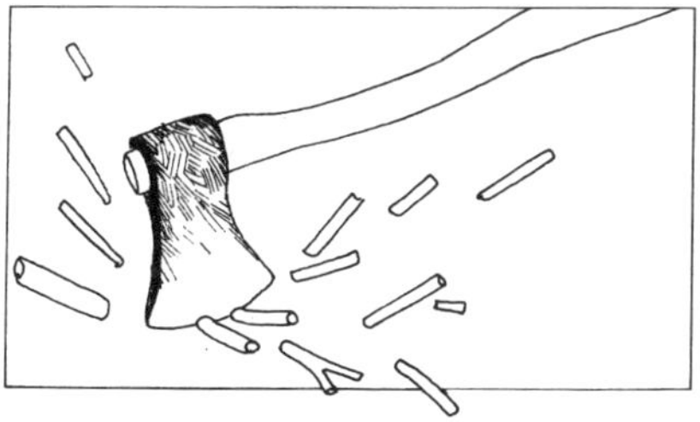

Kleingeschnittenes Material, mit einer großen, luftigen Oberfläche, erleichtert die Arbeit der Bodenlebewesen. Komposthäcksler brauchen Sie nicht, sie sind »unsicher, laut und teuer«, deshalb hat die Stiftung Warentest alle geprüften Geräte mit »mangelhaft« bewertet.[9] Da sie außerdem Strom verbrauchen, nehme ich weiterhin Garten- und Astschere oder Beil und Klotz. Aufstellbare Schneidegeräte mit ihrem langen Hebelarm erleichtern das Kleinschnippeln (→ 5).

Etwa bis zu einer Höhe von einem Meter wird der Kompost aufgeschüttet und abschließend mit Stroh oder Heu oder alten Säcken gut abgedeckt. Jetzt beginnen Bakterien und Pilze ihre Zersetzungsarbeit. Dabei wird ein Teil der im organischen Material gespeicherten Sonnenenergie wieder frei, der Haufen erwärmt sich nach wenigen Tagen schon auf 40 bis 70 Grad C. In unserem kleinen Kompost sinkt die Temperatur nach ungefähr einem Monat allmählich ab, Kompostwürmer (kleine Regenwürmer) wandern ein, fressen, mischen und zersetzen das Material und scheiden es aus. Riecht der entstehende Humus nach drei bis vier Monaten wie Walderde, kann er verteilt werden.

Umsetzen ja oder nein? Darüber streiten sich Gärtner. Ich setze ihn nur um, wenn er sehr fest und feucht ist. Sonst überlasse ich die Lüftungsarbeit den Würmern.

Balkon-Kompost

In unserem Land besteht der Hausmüll zu 42 Prozent aus Bio-Masse. Nur 3 Prozent davon werden verkompostiert – immerhin 400000 Tonnen jährlich. Der Rest landet auf Müllverbrennungsanlagen und Deponien.

Nicht jeder hat einen Garten. Aber selbst in der Stadt brauchen Sie auf selbstkomponierten Humus nicht zu verzichten. Blumenerde in Plastiksäcken gehört dann der Vergangenheit an.

Wir sammeln unsere organischen Abfälle in einem Eimer mit Bügelverschluß, damit's nicht stinkt in der Küche. Inzwischen gibt es platzsparende Systeme zur getrennten Müllsammlung (→ 6). Kleingeschnittenes Material erleichtert die Arbeit der Regen- und Kompostwürmer (→ 7). Da Bio-Müll noch nicht gesondert abgeholt wird, müssen Kompostierungsmöglichkeiten in Eigeninitiative geschaffen werden. In einigen Berliner Hinterhöfen etwa wird nicht nur Gemüse angebaut, sondern auch Kompost erzeugt. Unsere Nachbarn haben auf dem flachen Teil des Daches eine Kompostkiste eingerichtet.

Im Winter setzen die Regenwürmer ihre Arbeit im frostfreien Keller oder auf dem Dachboden fort, wenn auch etwas langsamer. Perfekter, geruchsfrei und für Mäuse und Ratten nicht erreichbar sind einige weiterentwickelte Kompostsysteme (→ 3). Selbst in perforierten Plastiksäcken ist die Humusproduktion möglich.

Krach um »Ökohaufen«

Für den Finanzmakler Otto Steiniger gibt es Sachen, »die mit den Bedürfnissen des Lebens in unversöhnlichen Widerspruch treten«. Er prozessierte gegen den 30 cm hohen Komposthaufen seiner Nachbarin. Das gerichtliche Sachverständigengutachten, das das Regensburger Amtsgericht erstellen ließ, kam zu dem Ergebnis, der Kompost »roch, wie bei guter Kompostierung üblich, nach frischer Walderde. Es sei das Beste, was man einem Boden antun kann.«

Vielleicht erinnert den Makler der Haufen an Zersetzung, an Verrottung, an die eigene Vergänglichkeit. Herr S. ging in die 3. Instanz, nachdem er die bisherigen Prozesse verloren hatte.[11]

Hügelbeet aus China

Wohin mit Ästen und Zweigen nach dem Schnitt von Bäumen und Sträuchern? Verbrennen oder zum Osterfeuer bringen? Nein! Schichten Sie das Material lieber zu einem Haufen auf, in dem Igel Unterschlupf finden, oder legen Sie ein Hügelbeet an. Dann verpufft die im Holz festgelegte Energie nicht, sondern heizt den Boden durch die langsam freigesetzte Verrottungswärme. Durch die verlängerte Wachstumszeit kann früher und länger von einem Hügelbeet geerntet werden. Besonders für kleine Gärten ist es empfehlenswert, denn durch die Form vergrößert es die Anbaufläche. Außerdem machen Staunässe und schlechter Bodenzustand über Jahre hinweg keine Probleme mehr. Bei der Umstellung auf biologischen Anbau ergibt ein Hügelbeet schon im ersten Jahr reiche Erträge, während die größeren Flächen durch Gründüngung und Kompostgaben reaktiviert werden.

Vor acht Jahren legten wir ein Hügelbeet an, in Nord-Südrichtung, damit der Hügel gleichmäßig besonnt wird. In einer Länge von etwa zwei Metern und einer Breite von etwa eineinhalb Metern stachen wir die Grassoden in Spatentiefe ab und legten sie zur Seite. Armdicke Äste bilden die lockere Grundlage, dazwischen Staudenstengel und Zweige, alles etwa einen halben Meter hoch aufgeschichtet. Jetzt die Grassoden darüber, die Wurzeln nach oben zeigend, dann eine spatendicke Laubschicht und als vierte Schicht angerotteter Grobkompost. Ein Erdmantel aus reifem Kompost und Muttererde, gut angeklopft, bildete die Abschlußschicht. Die in der Mitte gezogene Gießrinne jedoch ließ das Wasser zu rasch über den ganzen Hügel schießen, und es versikkerte am Fuß des Beetes. Mit eingegrabenen großen, tönernen Blumentöpfen lösten wir das Problem. Sie lassen das Wasser langsam ins Innere sickern. In den ersten beiden Jahren sind die Bedingungen für flachwurzelnde Starkzehrer, wie Kohl, Gurken, Zucchini und Tomaten, auf dem Hügelbeet günstig. Sie nehmen viel Nitrate auf, speichern sie aber nicht und sind im Wurzelbereich unempfindlich gegen Rottevorgänge. Als kurzlebige Zwischenkulturen eignen sich Radieschen und Kohlrabi. Nach einem Jahr schon hatte sich eine Wühlrattenfamilie warm und mollig im Hügel eingerichtet. Im darauffolgenden Jahr ebneten wir es ein. Beim nächsten Mal würde ich die ausgehobene

Beet in Hochform

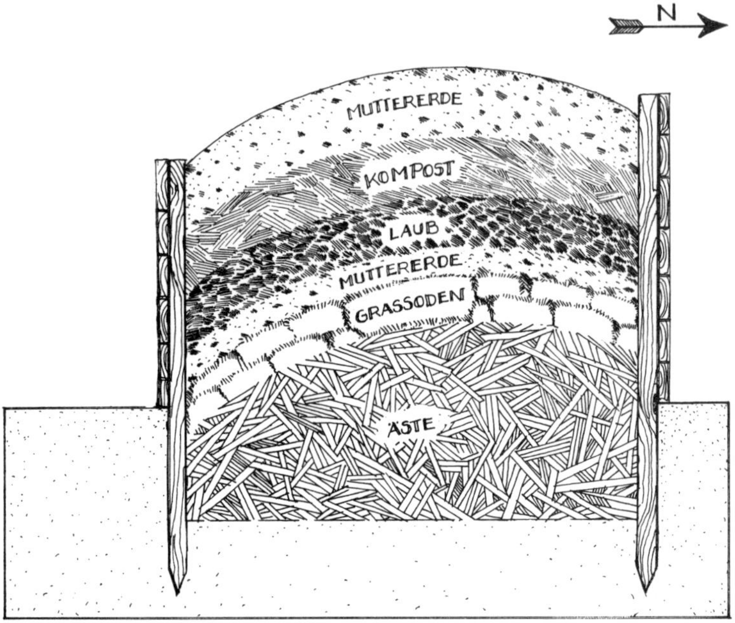

Mulde zuerst mit Maschendraht auslegen. Tujazweige (Lebensbaum) sollen die Nager nicht mögen.
Gärtnern Sie gerne im Sitzen? Das Hochbeet mit seiner Einfassung aus Holzstämmen bietet neben den Vorteilen des Hügelbeetes gleichzeitig Sitzmöglichkeiten und erleichtert das Gärtnern im Rollstuhl.[12] An den Seitenflächen können rankende Pflanzen wie Gurken und Melonen gut herunterwachsen. Ist die Bodenoberfläche im Vergleich zur Hügelform auch geringer, das Hochbeet trocknet nicht so schnell aus.

Übrigens stammen diese klug durchdachten Kulturformen aus China. In dem bevölkerungsreichen Land haben Menschen schon seit vier Jahrtausenden aus der Not der Bodenabschwemmung und der Hungersnöte die Tugend entwickelt, kompostierbares Material zu sammeln und zu verwerten. Eine traditionelle und gleichzeitig zukunftsweisende Möglichkeit, die Bodenfruchtbarkeit zu erhalten und zu verbessern, die Ernährung von Bodenlebewesen und Menschen langfristig zu sichern.[13]

Düngen: Viel schadet viel

Berliner Kleingärtner geben jährlich etwa 1900 DM für Düngung pro Hektar aus.

Gärtner wollen Boden und Pflanzen Gutes tun. In der Annahme, daß viel ›Pflanzenfutter‹ viel hilft, streuen sie ›noch ein Pfund‹ drauf. Untersuchungen von Gartenerde ergaben Phosphatgehalte, die für Jahrzehnte ausreichen. Folglich wurde auch Cadmium nachgewiesen. Die Versorgung der Böden mit Kalium ist so reichlich, daß die Gefahr der Auswaschung besteht. »Die Magnesiumwerte lagen so hoch, daß die Gefahr verminderter Calciumaufnahme mit der Komplikation geringerer Erträge von minderer Qualität zu erwarten ist... Die Nitratgehalte der Pflanzen (Salate, Stielmangold, Rettich, Radieschen, Fenchel...) waren so hoch, daß bei einem Verzehr dieser pflanzlichen Nahrung die von der WHO (Weltgesundheitsorganisation) als unbedenklich geltende Höchstmenge schnell überschritten ist.«[14]

Vom Blaukorn zur Blausucht

Seit hundert Jahren gibt es diese Mittel, die Wunder wirken. Sie kommen aus der Tüte oder aus der Flasche. Ihr Verbrauch ist ständig gestiegen. Sie bringen optimales Pflanzenwachstum und verdoppeln Ernteerträge. Gezielt und bedarfsgerecht ist ihr Einsatz, sicher ihre Wirkung, ideal die Körnung, günstig der Preis. Wie teuflisch diese Wundermittel sind, zeigt sich erst viel später[15]:

- Wenn Pflanzen anfälliger für Krankheiten und Schädlingsbefall werden,

- wenn Obst und Gemüse wäßrig und nicht mehr lagerfähig sind und nach nichts schmecken,

- wenn im Topf der Kohl dampft und stinkt,

- wenn Spinat, Salat und Rote Bete hohe Nitratmengen enthalten, die sich durch Speichel in Nitrit und im Magen und Darm in krebsauslösende Nitrosamine verwandeln,

- wenn Trinkwasser untrinkbar ist, weil Auswaschungen des Stickstoffdüngers zu Nitratgehalten führen, die Grenzwerte weit überschreiten,

- wenn Kleinkinder durch Sauerstoffmangel innerlich erstikken und blau anlaufen, weil Nitrit die roten Blutkörperchen besetzt,

- wenn Kinder unkonzentriert und ohne Grund aggressiv werden, weil der Phosphatgehalt der Nahrung zu hoch ist,

- wenn Kreislauf- und Rheumaerkrankungen zunehmen, weil die Mineralienzusammensetzung der Nahrung unausgewogen ist,

- wenn Tiere krankheitsanfällig und unfruchtbar werden, weil stickstoffhaltige Futterpflanzen wenig Spurenelemente enthalten,

- wenn Böden mit Cadmium vergiftet sind, obwohl weit und breit keine Industrieabgase die Luft trüben (dann wurde mit Phosphatdüngern das Schwermetall in den Boden gestreut),

- wenn Böden leblos, verhärtet und versalzen sind und wie Rauschgiftsüchtige immer mehr Stoff brauchen, damit keine Entzugserscheinungen auftreten.

Es bleibt nicht bei einzelnen negativen Auswirkungen. Sie wirken wechselseitig und verstärken sich gegenseitig:
Damit die Erträge nicht sinken, wird mehr Mineraldünger gestreut. Je mehr gedüngt wird, desto mehr Bodenlebewesen sterben ab, desto weniger tote organische Substanz kann abgebaut werden. So verarmen und verhärten und versalzen Böden und sind der Wind- und Wassererosion ausgesetzt. Also muß mehr gedüngt werden. Doch je mehr Mineraldünger produziert wird, desto mehr Energie wird verbraucht, desto mehr Schadstoffe werden freigesetzt, und die reichern sich letztendlich wieder im Boden an. Gleichzeitig verwandeln sich Flüsse und Seen in nährstoffreiche Gewässer, die im Sommer ›umkippen‹ ... Ein Netz von verhängnisvollen Kreisen, voller Sachzwänge, ist geknüpft.

Chemische Mittel und Kunstdünger züchten dumme Bauern.
Sicco Mansholt

Die komplizierten Wechselwirkungen von Mineralien und

der Herde unter der Erde störe ich möglichst nicht. Ich füttere die Bodentiere, lasse sie arbeiten und arbeite mit ihnen zusammen. Sie sind Spezialisten mit hunderttausend Jahren Berufserfahrung.

Jauchen

Natürlichen und schnellwirkenden Dünger gewinnt man durch in Wasser vergorene Kräuter und durch tierische Ausscheidungen. Hühner- oder Rindermist werden in einem Faß mit Wasser angesetzt. Bakterien beginnen mit der Aufspaltung, dabei werden Ammoniak und Schwefelverbindungen frei. Eingestreute Gesteinsmehle und Brennesseln verringern die Geruchsentwicklung. Von Zeit zu Zeit umrühren. Nach etwa 14 Tagen kann der Flüssigdünger mit Wasser zehnfach verdünnt bei bedecktem Himmel um den Wurzelhals von Starkzehrern (Tomaten, Gurken, Kohl) gegossen werden. Mist sollte nur in verkompostierter oder verjauchter Form auf den Boden gebracht werden. Er wirkt ›ätzend‹ auf das Bodenleben.

Der chinesische Landmann sagt: Jeder Gast, der sich häuslich zeigt und die häuslichen Einrichtungen fleißig benutzt, zahlt dem Wirt ein Drittel der durch ihn entstandenen Kosten zurück. Freiherr von Puttkammer, um 1900

Guano, den Kot von tropischen Seevögeln, verwende ich nicht, den brauchen die Bauern in der Dritten Welt selbst.

Mist in Tüten

Entnimmt der Mensch keine Pflanzen dem Kreislauf der Natur, so entstehen nur durch Auswaschungen Nährstoffverluste. Mit abgestorbenen Pflanzenteilen, Urin, Kot und Leichen wird eine Vielzahl von Mineralien in einem ausgeglichenen Verhältnis dem Boden zurückgegeben, durch Verwitterung und Wurzelausscheidungen, durch Bindung von Luftstickstoff und mit dem Regenwasser werden weitere Mineralien zugeführt. In der Natur ist die Bilanz weitgehend ausgeglichen. Biologisch arbeitende Gärtner(innen) geben die bei der Ernte entnommenen Mineralien durch Mulchen und Gründüngung, durch Kompost und Jauchen dem Boden zurück. Zusätzlich führen sie Blut-, Knochen- und Hornmehl aus Schlachterabfällen, mit hohen Stickstoff-, Phosphor- und Kalianteilen, sowie vermahlene Algen als organische Düngemittel zu.

Bio-Dünger

Bio-Dünger sind gefragt. Drei bis sieben Mark kostet das Kilo getrockneter Kot, vermischt mit Schlachtabfällen. Die Stiftung Warentest untersuchte den Inhalt der Tüten, meist ein Gemisch von Blut- und Knochenmehl, Hornspänen, Rinderdung, Guano und Aktivhumus.[16] »In einem Viertel aller Proben wurden Salmonellen festgestellt, die im schlimmsten Fall tödlich verlaufende Darmerkrankungen verursachen... Prinzipiell sollte jeder Kontakt zwischen Bio-Düngern und Küche vermieden werden. Es empfiehlt sich, beim Hantieren mit Bio-Düngern immer Wegwerfhandschuhe zu tragen, die man beim Ausziehen umstülpt, damit keine Keime und Sporen auf die Haut gelangen können.«

Gesteinsmehle

Feinstvermahlene Basalt- und Urgesteinsmehle enthalten alle wichtigen Spurenelemente. Pflanzen benötigen sie nur in kleinsten Mengen, doch ihr Fehlen führt zu Wachstums- und Stoffwechselkrankheiten. Geschwächte Pflanzen erkranken schneller oder werden von Schädlingen befallen. Gesteinsmehle gibt man Kompost und Jauche zu oder streut etwa 5 bis 10 kg je 100 Quadratmeter im Frühjahr auf den Boden oder direkt in die Saatrillen. Auf Obstbäume und Beerensträucher sollten 300 g Gesteinsmehl, in 10 l Wasser gut verrührt, fein gespritzt werden, das fördert die pflanzlichen Abwehrkräfte (→ 8).

Die Hauptnährstoffe

Nährstoff (chem. Bez.)	Wirkung	Anzeichen bei Mangel	Anzeichen bei Überschuß	Vorkommen Natur	Vorkommen Handelsprodukt
Stickstoff (N)	Bestimmt Trieb- und Blattwachstum, Baustein von Eiweißen, Enzymen und Vitaminen.	Blaßgrüne bis gelbe Blätter, von der Spitze her vergilbend, später absterbend, zuerst an älteren Blättern.	Geringe Lagerfähigkeit von Gemüse und Obst. Größere Anfälligkeit gegenüber Krankheiten, Schädlingen, hoher Wasser- und Nitratgehalt.	In der Luft; gebunden von Knöllchenbakterien, Gründüngung, Kompost, Stallmist.	Blutmehl, Hornmehl, Hornspäne, Schweineborsten.
Phosphor (P)	Fördert Wurzelwachstum, Blüte, Fruchtbildung und Reife, wichtiger Baustein.	Ältere Blätter dunkelblaugrün bis violett und rotbraune Blätter, gehemmtes Wachstum, geringe Wurzelbildung, geringer Fruchtansatz.	Blockierung der Aufnahme von Spurenelementen, z. B. Eisen, Kupfer und Zink.	Rohphosphat, Knochen, Hühnermist, verjaucht, Schweinemist, verkompostiert.	Knochenmehl, getrockneter Hühnermist, Thomasmehl, Algenphosphat.
Kalium (K)	Fördert Wachstum, Festigkeit des Zellgewebes, Widerstandsfähigkeit gegen Frost und Krankheiten.	Schlechtes Wachstum, hell- bis dunkelbraune Verfärbung der Blattränder, Beeinträchtigung des Geschmacks.	Schlechter Wuchs und Ertrag durch Blockierung der Magnesium- und Calciumaufnahme.	Mist und Gülle, Holzaschen, Granitstaub, Laubkomposte, Beinwell.	Patenkali, Holzasche, einige Basaltmehle.
Calcium (Ca)	Gegenspieler des Kaliums, Erhöhung des pH-Werts, Baustein wichtiger Verbindungen.	Bewurzelung und Wachstum, versauerter Boden, Vergilbung jüngerer Blätter, Blütenendfäule bei Tomaten.	Zu starker Humusabbau, Eisenaufnahme blockiert.	Mergel, Jurakalk, Dolomit, Eierschalen.	Düngekalk, Thomasmehl, Algenkalk.
Magnesium (Mg)	Baustein des Blattgrüns, Aktivierung von Enzymen.	Gelbgrüne Verfärbung der Blätter von der Mitte her und zwischen den Adern, verringerte Kohlenhydratebildung.		Holzasche, Algen, Magnesiumsalze, Speckstein.	Algenmehl, einige Gesteinsmehle.

Quelle: nach Gerhard Schmidt, Düngen wir korrekt?, Heim und Garten Heft 10, 1984

Bedeutung der Spurenelemente

Element	Mangel	Überschuß	Vorkommen
Eisen (Fe)	Blätter werden gelb zwischen den Adern (Chlorose)		Kalk bindet Eisen, saure Laubkomposte verringern den pH-Wert und machen Eisen pflanzenverfügbar
Kupfer (Cu)	Junge Blätter sind weißlich verfärbt, oft vertrocknet, verdreht		reichlich sind die verschiedenen Spurenelemente enthalten in: Blutmehl, Hühnermist
Bor (B)	Junge Blätter werden zuerst dunkelgrün und tragen dann gelbliche und rötliche Flecken	schädlich, Wurzel grau und faulig	Holzasche, Gesteinsmehle, Thomasmehl
Mangan (Mn)	auf überkalktem Boden, Fleckenbildung, selten auftretend		
Zink (Zn)	Zwischen Blattadern gelb, kleine, büschelförmige Blätter		
Molybdän (Mo)	Blätter gelb verfärbt, Kohl löffelförmig verkrümmt, eingerollt, auf sauerem Boden	schädlich für Tiere	
Chlor (Cl)	Chlorliebende Arten: Kohlarten, Spinat, Sellerie	empfindliche Arten: Kartoffeln, Bohnen, Obst und Wein	
Schwefel (S)	Bleichsucht		

Boden analysieren

Exakte Bestimmung der Nährstoffbilanzen von P, K, Mg und Ca werden vollautomatisiert am Fließband der halbstaatlichen landwirtschaftlichen Untersuchungs- und Forschungsstationen (Lufas) durchgeführt. Dabei ist es gleichgültig, ob es sich um lebenden Boden oder um sterilisierten Sand handelt. Er wird als Behälter gesehen, dem die Pflanze Stoffe entnimmt und die von außen wieder zugesetzt werden müssen. Meist bekommt man eine Düngeempfehlung gegen Gebühr mitgeliefert. Kritiker bemerken, daß der Bedarf für Phosphat und Kalium von den ›Lufas‹ zu hoch angesetzt wird. Bei einer halben Million jährlich untersuchten Bodenproben hat der hohe Sollwert beträchtliche Auswirkung. Die Mineraldünger-Industrie kann Mehreinnahmen in Höhe von 1,2 Milliarden Mark verbuchen.[17]

In Ballungszentren und in durch Industrie belasteten Gebieten ist es sinnvoll, Erde von Nutzgärten auf giftige Schwermetalle (Blei, Cadmium, Quecksilber, Arsen) hin untersuchen zu lassen, um eventuell den Anbau daraufhin abzustimmen. Doch kostet jede Einzeluntersuchung etwa 30 bis 80 Mark. Analysen über Rückstände von Pflanzen- und Tiervernichtungsmitteln (Biozide wie chlorierte Kohlenwasserstoffe) sind noch kostenintensiver. Hier lohnt es sich, erst die entsprechenden Gebührenverzeichnisse zu vergleichen.

Private, unabhängige Labors berücksichtigen die besonderen Interessen des biologischen Gartenbaus.[18] Sie ermitteln auch den Humushaushalt und Säure-Basen-Haushalt (→ 9).

Inzwischen sind eine Reihe Chemikalien-Sets zur Bestimmung des Nährstoffgehalts auf dem Markt. Einige arbeiten sehr ungenau, andere wiederum sind sehr teuer, so daß die Stiftung Warentest von der Anschaffung eher abrät.[19]

Bodenuntersuchungen sind sinnvoll, wenn ein Garten neu angelegt, wenn ein Ziergarten in einen Nutzgarten verwandelt, auf biologischen Anbau umgestellt wird oder wenn aus unerklärlichen Gründen Wachstumsstörungen auftreten. Dabei sollte die geplante Nutzung angegeben werden.

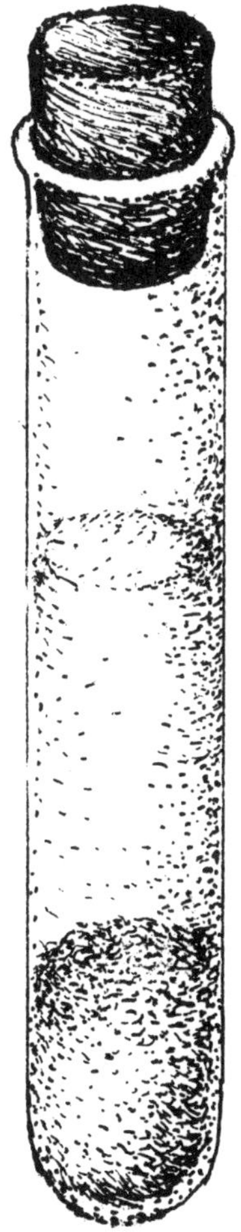

Gemüse anbauen auf belasteten Böden

Haben Bodenanalysen einen Schwermetallgehalt ergeben, der die Höchstmenge der Klärschlammverordnung überschreitet – und die Werte sind schon sehr hoch angesetzt –, sollten Sie den Anbau auf Pflanzen beschränken, die wenig Schadstoffe in die zu erntenden Pflanzenteile einbauen. Welche Gemüse- und Obstarten geeignet und welche zu meiden sind, können Sie der Tabelle des Umweltschutzreferates München entnehmen.[20]

Gemüse, die zum Anbau auf belasteten Böden			
... nicht geeignet sind			
Blatt- und Stengelgemüse		**Wurzelgemüse**	
Mangold		Chicorée	Radieschen
Spinat		Kartoffeln	Rettich
Blattsalat		Knoblauch	Rote Bete
Steckrüben		Lauch	Schwarz-
Kresse		Möhren	wurzeln
Küchenkräuter		Pastinak	Sellerie
		Petersilien-	Spargel
		wurzel	Zwiebeln
... bedingt geeignet sind		**... geeignet sind**	
Blatt- und Stengelgemüse		**Fruchtgemüse**	
Blumenkohl	Weißkohl	Buchweizen	Paprika
Fenchel	Wirsing	Buschbohnen	Ackerbohnen
Grünkohl	Spitzkohl	Erdbeeren	Stangen-
Kohlrabi	Broccoli	Getreide	bohnen
Rosenkohl	Rhabarber	Gurken	Tomaten
Rotkohl		alle Obst-	Zucchini
		arten	

Die Anbauempfehlungen decken sich weitgehend mit anderen Untersuchungen. Erbsen allerdings würde ich nach Lektüre des Artikels von Erdmann Wingert in ›natur‹[6] nicht mehr empfehlen: »Erbsen lieben Cadmium.« Auf einem Boden mit

0,51 ppm Cadmium gewachsene Erbsen lagerten die neunzehnfache Menge als auf 0,17 ppm belasteter Erde gewachsene ein. Das heißt, daß eine Verdreifachung der Bodenbelastung eine Vervielfachung der Gemüsebelastung mit sich bringen kann.

Pflanzen mit großer Blattoberfläche (Grünkohl, Feldsalat) nehmen viel Schadstoffe aus der Luft auf. Die äußeren Blätter von Kohl und Salat sind deutlich höher belastet als die inneren Teile. Sie sollten immer entfernt werden. »Waschen Sie Ihren Salatkopf mit Pril, Sie waschen dann viel mehr Dreck herunter«, empfahl Prof. Klokes auf einer Veranstaltung mit Gärtnern aus der Nähe der Akkumulatorenfabrik ›Sonnenschein‹. Der Rhabarber hatte 67 Milligramm Blei und 2,9 Milligramm Cadmium pro Kilogramm auf und in sich.[21] Aufgelagertes Blei kann zum größten Teil abgewaschen werden, »mit einem Schuß Essig im Waschwasser«, empfiehlt die Abtei Fulda in ihren »Winken«.[22]

ERDE SEHEN, RIECHEN, FÜHLEN

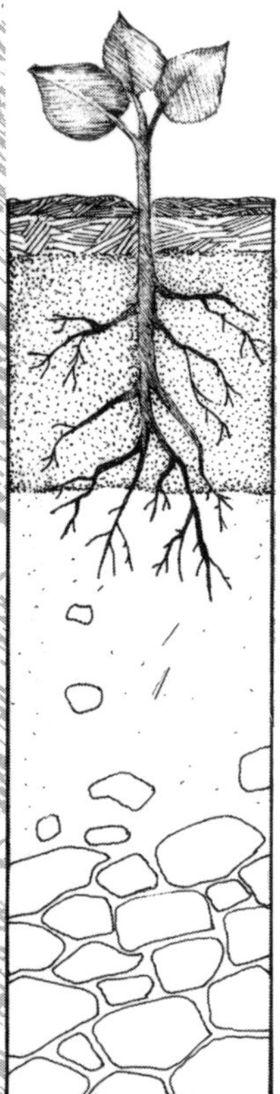

Nicht in Labors zu ermitteln sind die Schichtungen des Bodens. Verdichtungs- und Hemmzonen entscheiden mit über das Wurzelwachstum und die Nährstoffversorgung. Mit Hilfe eines Spatens kontrolliert Gerhardt Preuschen die Bodenfruchtbarkeit[23]. Er empfiehlt, an einer gut bewachsenen Stelle – besonders geeignet ist der Bewuchs mit Leguminosen und Wildkräutern – ein Bodenprofil herauszuheben. Der günstigste Zeitpunkt ist der Herbst, wenn es leicht geregnet hat. Mit einem Gartenspaten eine Grube von 50 cm Länge, 35 cm Breite und 35 cm Tiefe ausheben, danach ein Bodenprofil von 10 bis 20 cm Dicke abstechen. Ein Brett hält das Profil fest, während der Spaten gekippt wird (zu zweit arbeiten). Das vorliegende Profil wird dann unter folgenden Gesichtspunkten untersucht:

Grobstruktur

Schon beim Einstechen des Spatens sind verdichtete Zonen und Steine spürbar. Jetzt können Sie die Erde zwischen den Fingern zerbröseln und feststellen, ob der Boden sandig, lehmig oder tonig ist. Danach stellen Sie die einzelnen Schichtungen fest. Am besten zeichnen Sie den Aufbau in ein Boden-Kontrollbuch, so daß ein Vergleich zwischen verschiedenen Jahren möglich wird. Die Rotteschicht fällt durch eine dunklere Färbung auf, darunter liegt die Humusschicht. Rotbraune Farbtöne deuten auf Eisenverbindungen.

Blau- bis schwarzverfärbte Schichten, die nach Fäkalienabwässern riechen, deuten auf Zersetzung unter Abschluß von Sauerstoff hin. Häufig entstehen sie durch aufsteigendes Wasser von unten. Wurzeln werden hier vergiftet. Unter der Humusschicht liegt meist der hellere Unterboden.

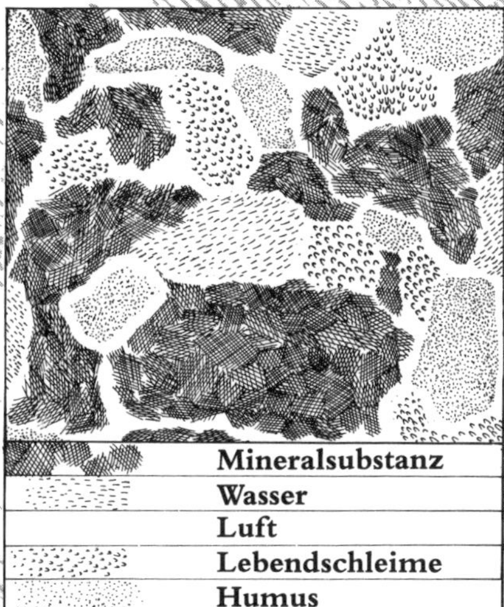

Feinstruktur

Zerfällt die Erde gleichmäßig in feine Krümel von zwei bis drei Zentimeter Durchmesser und ist von vielen feinverzweigten Hohlräumen durchzogen, so deutet das auf einen gut durchlüfteten, garen Boden hin. Auch beim festen Zusammenpressen der Erde tritt kein Wasser aus, da es in Lebendschleimen gebunden ist. Verdichtete Strukturen mit nicht zersetzten organischen Teilen deuten auf das Fehlen von Bodenorganismen hin.

Wurzeln und Bodentiere

Mit einer kleinen Kralle lösen Sie den Boden und legen das Wurzelwerk frei. Die wichtigsten Wurzelzonen der meisten Gartenpflanzen liegen bei 20 bis 30 cm unter der Oberfläche. Wachsen Pfahlwurzeln gleichmäßig senkrecht nach unten oder breiten sich Wurzeln gleichmäßig strahlenförmig aus und sind voller Haarwurzeln, so sind die besten Voraussetzungen für das pflanzliche Wachstum gegeben. Der gleichmäßige Besatz von Leguminosenwurzeln mit Knöllchen, in denen luftstickstoffbindende Bakterien hausen, ist ein gutes Zeichen. Sind größere Wurzelbereiche frei von Knöllchen, so deutet das auf unbelebte Bodenschichten hin. Nur in verdichteten oder vergifteten Zonen knikken die Wurzeln horizontal ab oder wachsen gar nach oben. Absterbende, verfärbte und verdickte Bereiche sind ein Hinweis auf Wurzelschädlinge.

Mit den Fingerspitzen die Bodenart bestimmen

Bodenart Korngröße	**Vorteile**	**Nachteile**	**Verbesserungsmöglichkeiten**
Sandboden 2–0,2 mm zerrieselt zwischen den Fingern	luft- und wasserdurchlässig, erwärmt sich schnell, leichte Bodenbearbeitung auch bei Nässe	geringer Mineraliengehalt, geringe Wasserspeicherfähigkeit, kühlt und trocknet schnell aus, Mineralien waschen leicht aus, Gefahr der Winderosion	Ton- und Gesteinsmehle, Bodenbedeckung, Humusversorgung
Lehmboden 0,02–0,002 mm samtartig bis mehlig, einzelne Teilchen haften an Fingerrillen	speichert gut Wasser, Luft und Wärme durch engmaschige Plättchenstruktur, ideale Bedingungen für Bodenlebewesen	neigen zur Verschlämmung und Wassererosion, hohe Wasserverdunstung, neigt evtl. zur Staunässebildung	Sand als Lockerungsmittel, Mulchen, Kompost, ganzjährige Begrünung, Boden lockern
Moorboden läßt sich schwammartig zusammendrücken	locker, ideal für säureliebende Moorbeetpflanzen	sauer und feucht, arm an Mineralien	Ton- und Gesteinsmehle, Thomasmehl, langsames, stufenweises Aufkalken

Zeigerpflanzen

Ich fluchte über Vogelmieren, deren lange, dünne Sprossen auch im Winter wachsen und wachsen – ›Hühnerdärme‹ weit und breit. Nur mit Gewalt weichen sie im Frühjahr von den Beeten. Inzwischen betrachte ich sie als winterlichen Erosionsschutz auf nicht abgedeckten Flächen. Ihr Wachstum ist ein gutes Zeichen. Sie deuten auf humus- und stickstoffreichen Boden hin, wie auch Taubnesseln und Brennesseln, die außerdem auf einen hohen Eisengehalt hinweisen.

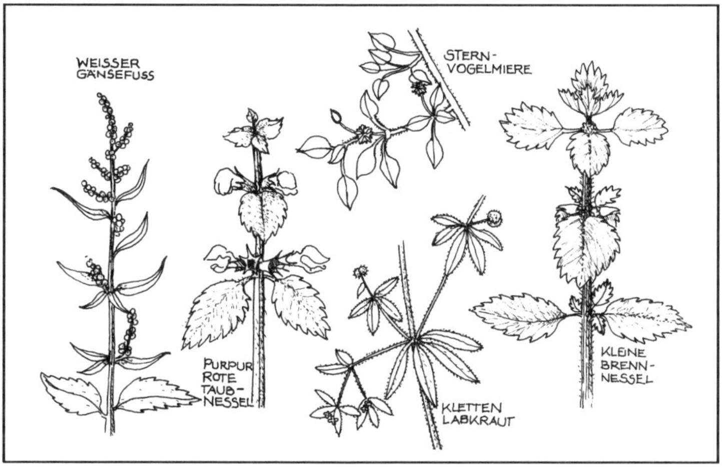

Manche Pflanzen sind Allerweltspflanzen. Sie gedeihen überall. Andere wiederum benötigen ganz bestimmte Bodenverhältnisse. Mit ihrer Hilfe lassen sich Rückschlüsse auf Humus- und Nährstoffgehalt, auf Säuregehalt und Wasserdurchlässigkeit des Bodens ziehen. Es sind Zeigerpflanzen. Mit Hilfe nachstehender Tabellen können sie die Sprache der Wildkräuter übersetzen. Allerdings reicht das Vorkommen einer einzigen Art, auch wenn sie gehäuft auftritt, nicht aus für eine sichere Beurteilung des Bodens. Dazu sind mehrere Zeigerpflanzen innerhalb eines Standortes notwendig. Das Erkennen und Benennen erfordert Geduld und Zeit. Doch Sie ersparen sich so kostenaufwendige Bodenuntersuchungen, die ohnehin nur einen Mittelwert darstellen und die vielfältigen Strukturen innerhalb eines Gartens, besonders aber Humusgehalt und Bodenverdichtungen nicht erfassen.

Zeigerpflanzen

Für Bodenstruktur	Stauende Nässe	Ackerminze Binse Gänsefingerkraut Kriechender Hahnenfuß
	Gut durchlüftete, feuchte bis frische, beste Gartenböden	Ackerkratzdistel Ackervergißmeinnicht Efeu-Ehrenpreis Erdrauch
	Lockere, leichte Böden	Feldbeifuß Weiße Lichtnelke Saatwucherblume
	Austrocknende, steinige Böden	Schierlingsreiherschnabel Schnittkresse Sichelmöhre
	Schwere Verdichtung	Breitwegerich Fuchsschwanz strahlenlose Kamille
Für Stickstoffgehalt	Stickstoffarme Böden	Hasenklee Einjähriger Knäuel Frühlingsspörgel Wilde Möhre
	Mittlerer Stickstoffgehalt	Mehrjähriges Gänseblümchen Rainfarn Löwenzahn Schafgarbe
	Stickstoffreiche Böden	Kleine Brennessel Gemeines Kreuzkraut Rote und Weiße Taubnessel Vogel-Sternmiere
Für pH-Wert	unter 7 kalkarm, sauer	Ackerstiefmütterchen Hederich Kleiner Sauerampfer Ackerschachtelhalm
	über 7 kalkreich, basisch	Ackersenf Ackersteinsame Huflattich Gartenwolfsmilch

erstellt in Zusammenarbeit mit Herrn Lünz, Lüchow

Torf gehört ins Moor

»Die industrielle Torfgewinnung ist heute die Basis einer gesunden und rationellen Pflanzenzucht für unsere Ernährung, für die Schaffung eines kleinen Gartens Eden im privaten Bereich und nicht zuletzt zur Begrünung des Betons unserer Städte.«

So die Einleitung einer aufwendig gestalteten Broschüre der »Torfforschung GmbH«, einer Einrichtung der Torfindustrie, die ihre Umsätze gefährdet sieht durch die Aufrufe vom »Bund für Umwelt und Naturschutz«. Die Aufforderung: »Torf gehört ins Moor« ist bei vielen Gärtnern noch nicht angekommen. Kleingärten sind reichlich mit Torf eingedeckt, eine dicke Schicht unter den Sträuchern, eine dünne zwischen den Erdbeeren, den Rest im Gemüsebeet fein eingearbeitet – viele Hobby- und Erwerbsgärtner handeln im Glauben, daß Torf »ein hochwertiger Humusspender« sei und »die wasserhaltende Kraft des Bodens langfristig verbessert«. Sie wissen wenig über die Lebensbedingungen im Moor. Ein Stück Moor verschwindet täglich – abgepackt in Plastiksäcke. 500–1000 ha Moorfläche werden jährlich trockengelegt und abgetorft, in Fußballfeldern ausgedrückt: über 1000. Die Torfschicht wächst etwa 1 mm im Jahr. Das nach unten hin absterbende Torfmoos kann an nassen Standorten wegen des mangelnden Sauerstoffs nicht mehr abgebaut werden.

Kein einziges Hochmoor im Lande ist noch intakt, Wollgras, Moosbeere, Brachvogel und Hochmoorgelbling sind bedroht. Der fliegenfressende »Sonnentau«, benannt nach den in der Sonne schimmernden Verdauungssäften, weist darauf hin, daß im Moor große Mineraliennot herrscht.[24] Angsteinflößend ist das morastige Moor. Schritten und Tritten gibt es keinen Halt. Sanft und feucht federt es nach.

Moorboden ist nährstoffarm und sauer. Der pH-Wert liegt bei 4. Aufdrucke auf Plastiksäcken deuten darauf hin: ›Schwarztorf mit Mineraldüngergemisch‹, ›Torf aufgekalkt, mit Rindendung‹. Der ordentliche, humusähnliche

Nährstoffgehalt von Rindenhumus im Vergleich zum Torf:

	Rindenhumus	Torf
Stickstoff	200	10
Phosphor	120	20
Kalium	420	40

Anschein des mit Torf bedeckten Rosenbeetes hilft nichts – der Boden versauert und macht die Rosen anfällig gegen allerlei Pilzerkrankungen.

Abdeckungen mit Rindenhumus und Rindenmulch sind moor- und gartenfreundlicher. In großen Mengen fallen in Sägewerken Rinden an. Sie werden zerkleinert und verkompostiert, doch hoffentlich ist der Wald nicht gegen Borkenkäfer imprägniert worden. Harze und Phenole im Rindenmulch unterdrücken Wildkräuter. Drei bis vier Jahre deckt er den Boden ab, dann wird er zu Humus.

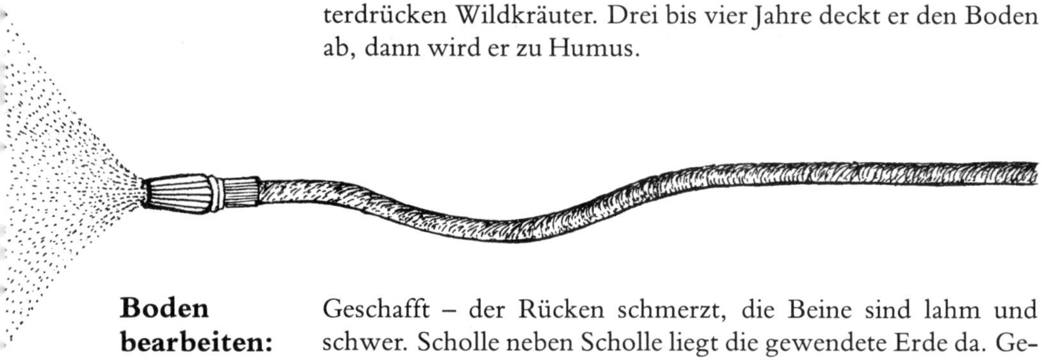

Boden bearbeiten: Das Werkzeug

Geschafft – der Rücken schmerzt, die Beine sind lahm und schwer. Scholle neben Scholle liegt die gewendete Erde da. Geschafft sind auch die Bodentiere. Die sauerstoffliebenden Bakterien aus der Oberschicht ersticken in der Unterschicht. Die in Dunkelheit und unter Sauerstoffmangel lebenden Bewohner der Unterschicht verblassen im hellen Sonnenlicht. Die nackte Erde verschlämmt beim nächsten Regen und wird leicht ausgewaschen. Schwere Lehm- und Tonböden sind durch Frost nicht kleinzukriegen. Die dauerhafte, echte Krümelstruktur wird biologisch, nicht mechanisch erzeugt. Das mühsame, ach so nützliche Umgraben hinterläßt eine zerstörte Bodenstruktur, und bis zum Frühjahr ist eine festgeklebte Schicht entstanden und bringt mehr Schaden als Nutzen. Es dauert Monate, bis sich aus eingekapselten Pilz- und Bakteriensporen wieder ein lebendverbauter, lockerer Boden entwickelt.

Umgraben mit dem Spaten ist nur auf stark verdichteten Böden nützlich. Um Rasen und Wiesen in Beete zu verwandeln, gibt es zwei Möglichkeiten. Den Rasen mit den Wurzeln flach abschälen und verkompostieren und gleich darauf Gründüngepflanzen einsäen oder im Sommer die Fläche mit einer schwarzen Silofolie abdecken. Gräser wie Wildkräuter verbleichen und

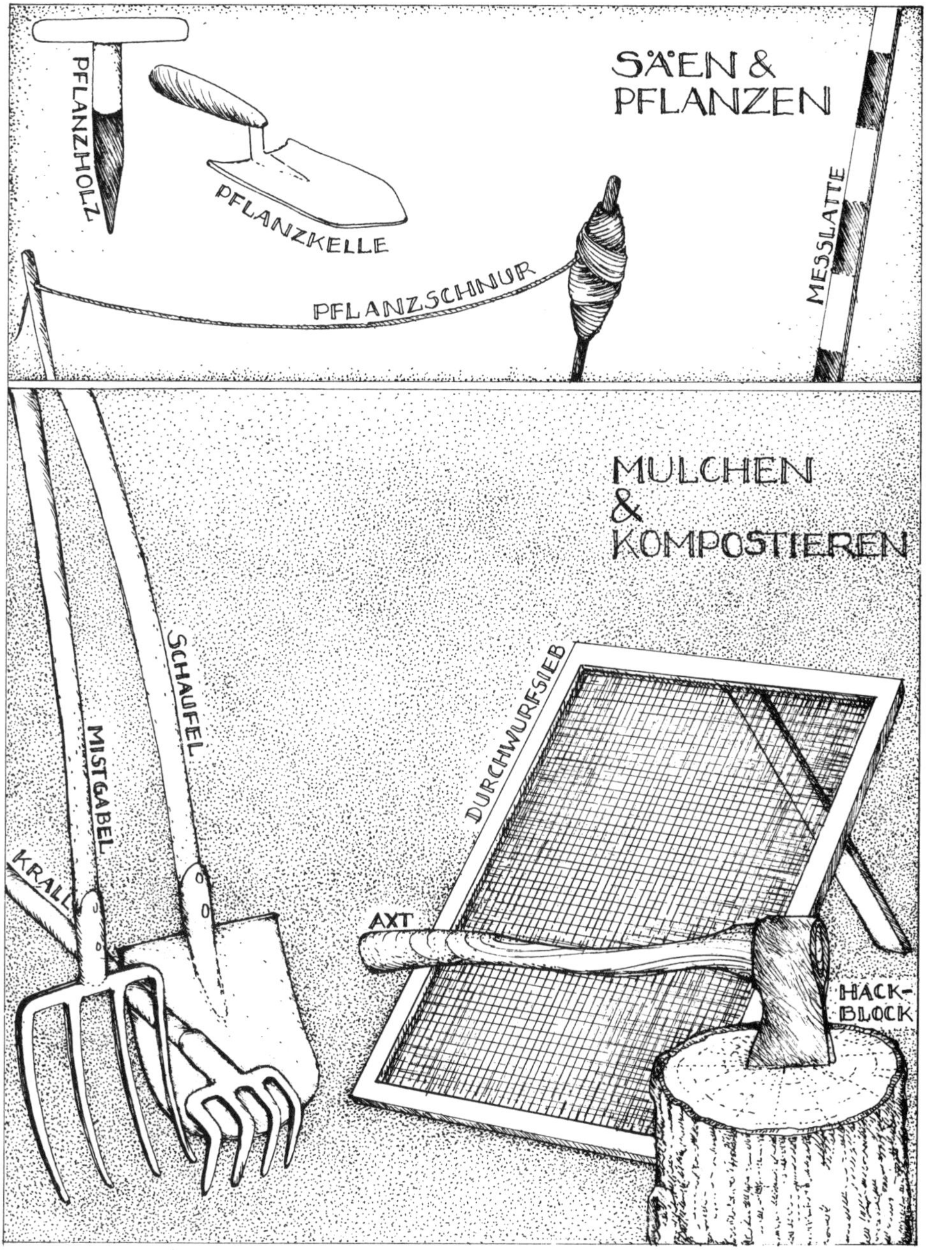
SÄEN &
PFLANZEN
PFLANZHOLZ
PFLANZKELLE
PFLANZSCHNUR
MESSLATTE
MULCHEN
&
KOMPOSTIEREN
SCHAUFEL
MISTGABEL
KRALL
DURCHWURFSIEB
AXT
HACK-
BLOCK

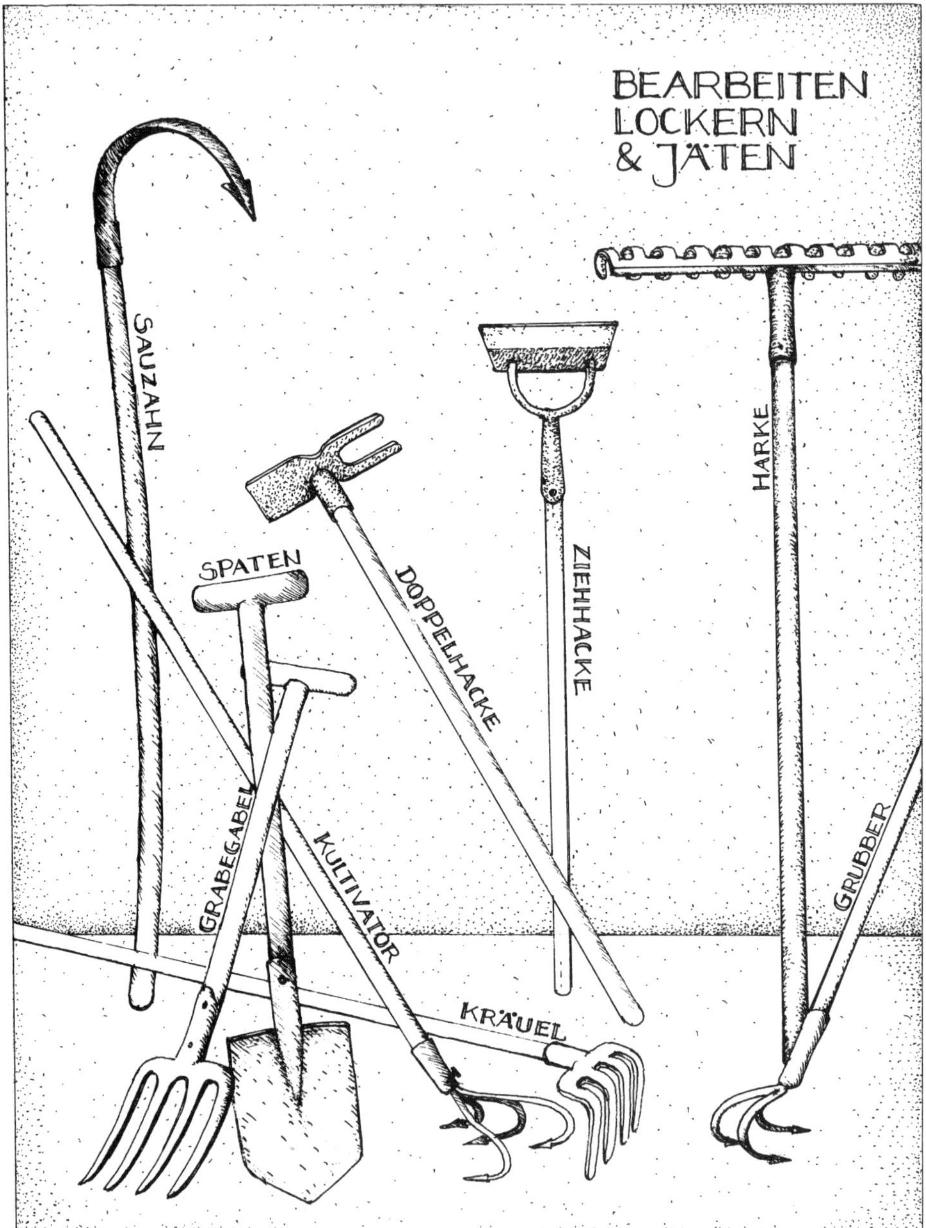
BEARBEITEN
LOCKERN
& JÄTEN
SAUZAHN
HARKE
ZIEHHACKE
DOPPELHACKE
SPATEN
GRABEGABEL
KULTIVATOR
GRUBBER
KRÄUEL

werden bei den hohen Temperaturen schnell zersetzt und die Samen zerstört. Im nächsten Frühjahr liegt wildkrautfreie, feinkrümelige Erde darunter.

Grabegabel

Im Öko-Garten ersetzt die Grabegabel mit vier starken Zinken den Spaten. Sie wird im Abstand von zehn Zentimeter senkrecht, möglichst tief in den Boden gestochen und vorwärts und rückwärts bewegt. Das lockert und lüftet die Erde, ohne daß Schichten durcheinandergeworfen oder die Wurzeln zerstochen werden. Die weißlichgelben Kriechwurzeln von Quecken können aus dem herausgehobenen und gelockerten Boden als Ganzes gezogen werden. Im Frühjahr darf nicht mehr tiefgründig gelockert werden, sonst dringt das Wasser nicht mehr durch die haarfeinen Poren in die oberen Schichten.

Sauzahn und Kräuel

Der Sauzahn ist zum Erkennungswerkzeug von Öko-Gärtner(innen) geworden (→ 10). Die krumm gebogene Stahlspitze, am besten verkupfert, lockert den Boden beim Durchziehen. Auf großen Flächen zieht man den Sauzahnwühler kreuzweise diagonal, so daß ein Jägerzaunmuster entsteht. In tief gelockertem Boden bilden Pflanzen ein größeres Wurzelwerk aus.

Ziehhacke (Schäl- oder Bügelhacker)

Auf schweren Böden ist der Kräuel (Vierzinkhacke) oder der Handkultivator mit abnehmbaren Zinken leichter zu handhaben. Er ist geeignet, um aufgehende Wildkräuter abzuschälen und um Verkrustungen zu brechen. Im Gehschritt wird er durch die Reihen gezogen.

Doppelhacke

Mit den beiden Zinken lassen sich Wurzelbereiche gut lockern, mit der Hacke können die verschiedenen Hackarbeiten durchgeführt werden.

Wenn die ersten Laubblätter sich entwickeln, beginnt das wöchentliche Lockern, zuerst ganz leicht mit dem Kräuel, später mit dem Sauzahn. Nasse, schmierende Böden sollen nicht betreten und bearbeitet werden, sonst besteht die Gefahr der Verkrustung. Nebeneinander wachsende Tief- und Flachwurzler ergänzen die mechanische Bodenbearbeitung.

LITERATUR

1 Stern-Report, »Rettet den Boden – wie die neue Umweltkatastrophe noch zu verhindern ist«, Hamburg 1985.
Ein sehr gut geschriebener und bebilderter Sammelband.

2 H.-D. Schulz, H. Klemp, »Da wird Regenwasser-Steuer fällig«, in: Natur und Umwelt Nord, 4/1984.

3 Umweltbehörde Hamburg, »Bodenschutz in Hamburg«, 1986, kostenlose Broschüre. Steindamm 22, 2000 Hamburg 1.

4 »Abfallwirtschaft im Garten«, kostenlose Informationsbroschüre der Umweltbehörde Hamburg, Steindamm 22, 2000 Hamburg 1
»Kompostfibel«, kostenlose Broschüre: Bundesumweltamt, Bismarckplatz 1, 1000 Berlin 33.

5 Jochen Bölsche, »Was die Erde befällt. Nach den Wäldern sterben die Böden«, Reinbek 1984
Eine Bestandsaufnahme von Spiegel-Autoren über Ursachen und Folgen der schleichenden Katastrophe.

6 Erdmann Wingert, »Stirbt nach dem Wald nun auch der Boden?«, natur 3/83.

7 Frankfurter Rundschau vom 12. Juli 1986.

8 »Das Milliardending« – Bodenschutz, in: Wirtschaftswoche 12/85.

9 Stiftung Warentest, Heft 2/83 und Gartensonderheft 4/86 mit vielen nützlichen Hinweisen, zu beziehen bei Stiftung Warentest, Lützowplatz 11–13, 1000 Berlin 30.

10 Gustav von Heyer, »Der Regenwurm – Dein Freund und Helfer«, Eigenverlag Gustav von Heyer, Bildermannplatz 29, 2000 Hamburg 76 (kleines, informatives Heft).

11 Rupp Doinet, »Krach um Kompost«, Stern 14/84.

12 Gustav von Heyer, »Gärtnern für Behinderte«, Eigenverlag, siehe 10.

13 Hertha Kalaus-Zimmermann, »Gärtnern am Hochbeet«, München 1986.

14 Gerhard Schmidt, »Düngen wir korrekt?« in: Heim und Garten X/85.

15 Willy Bierter, Ekkehard von Komeke, »Zur Problematik des Stick-

stoffdüngers in der Landwirtschaft, Freiburg 1982, Ökoinstitut; öko-Bericht Nr. 11.

16 Stiftung Warentest, »Mist in Tüten« Heft 5/84.

17 H. C. Fründ, »Krume auf dem Prüfstand«, in: Stern Report siehe 1.

18 »Besuch im Labor Dr. Balzer: Bodenuntersuchungen«, in: Biogarten, Heft 14, Juni-Juli 86.

19 Stiftung Warentest, »Nur wenige helfen dem Gärtner«, Gartensonderheft 4/1986.

20 Landeshauptstadt München, Umweltschutzreferat, »Schwermetalle im Garten. Was soll man tun?«, kostenloses Faltblatt, Dezember 1986.

21 Birgit Loff, »Waschen Sie Ihren Salatkopf in Pril«, Frankfurter Rundschau vom 3. Juni 1985.

22 »Winke der Abtei Fulda«, erscheint dreimal im Jahr, 13 DM Jahresbeitrag.

23 Gerhardt Preuschen, »Die Kontrolle der Bodenfruchtbarkeit – Eine Anleitung zur Spatendiagnose«, Kaiserslautern (Gebühr in Briefmarken beilegen + 50 Pf. Porto).

24 Bernd Gerken, »Moore und Sümpfe«, Freiburg 1983. Ein beeindruckender Fotoband.

ADRESSEN

1 Calcitest der Firma Neudorff

2 Naturvlies, Siber Hegner Textil AG, Eichweg 3, CH-4410 Liestal.

3 Ein großes Angebot von Kompostsilos sind im Katalog vom Bio- und Gartenmarkt Keller enthalten, Konradstr. 17, 7800 Freiburg.
Thermo-Komposter mit Styroporisolierung und Bio-Kompost-Sack, beides Neudorff GmbH, 3254 Emmerthal.
Einen speziellen Wurm-Komposter aus Recycling-Kunststoffen hergestellt sowie Würmer können bezogen werden bei: HERWI-RECYCLING-GMBH, Röllf. Str. 17, D-8761 Röllbach.

4 Humofix-Kräuterzusatz, Abtei Fulda, Postf. 126, 6400 Fulda.

5 Handgartenhäckseler siehe Gartenfachgeschäft.

6 Öko-Müller, Leo Pröstler, Postf. 753, 7811 Sulzburg.

7 Regenwürmer können bezogen werden bei: Hans-Gerhard Starck, Wurmvater, Rosenheimer Str. 27, 1000 Berlin 30, Tel. 030/2137142. (Er versendet Würmer per Schnellpäckchen in perforierter Plastiktüte).
Deutsches Institut für Regenwurmkulturen, Abt. KR, Hasthausstr. 22, 4240 Emmerich (Regenwurm-Eier und Kraftfutter im Set).
Regenwurm-Farm O. Angst, Gryphiusweg 15, 6800 Mannheim 31.

8 Gesteinsmehle sind am günstigsten beim örtlichen Landhandel zu beziehen, am besten tun sich einige Gärtner zusammen für eine Großbestellung. Falls vor Ort nicht erhältlich, können sie bei Cohrs, Postf. 1165, 2720 Rotenburg / Wümme oder bei Blauettikett-Bornträger, 6521 Offstein, bestellt werden, doch kommen hohe Frachtkosten zu den eh schon hohen Preisen (evtl. nach Auslieferungslagern fragen).

9 Bodenanalysen:
Dr. Volker Rusch, Institut für mikrobiologische Bodenuntersuchung, Am Hintersand, 6348 Herborn. Messung der Aktivität des Bodenlebens, keine Nährstoffuntersuchung.

Labor für Bodenuntersuchungen und Spurenmetall-Analytik Dr. Fritz Balzer, Oberer Ellenberg 5, D-3551 Amönau.
Untersuchung auf Nährstoffe, pH, Humus, Spurenelemente.

Labor für Bodenmikrobiologie, Bodenbiologische Untersuchungen, Burggarten 9, 3554 Kirchvers.

Grunduntersuchung (Humusgehalt, Dehydrogenate-Aktivität, pH-Wert). Spezielle Bakterienarten. Kompostuntersuchung (Desulfuration und Azobakter).

Bremer-Umwelt-Institut, Wielandstr. 25, 2800 Bremen. Schwermetalle, Pb, C, Cu, Ni, Zn, Cr, Pestizide + PCB's.

Labor Dieter Schopohl, Schnelltest-Analysen, Sandgasse 36, 6103 Griesheim. Grunduntersuchung – Kalium, Phosphor, Magnesium, pH-Wert, Salzgehalt.

Umwelt-Analytik-Labor, BUND, Prinz-Eugen-Str. 19, 7730 Villingen. Grunduntersuchung NPK. Schwermetalle, Chlorierte Kohlenwasserstoffe.

Wartig Chemieberatung GmbH, Ketzerbach 27, 3551 Lahntal-Stozhausen. Pestizide auf Anfrage.

Messzelle e. V., A. Kreuzmann, Eosanderstr. 5, 1000 Berlin 10. Schwermetalle – Pb, C, Cu, Zn. Preisrabatt für Sammeluntersuchungen.

Institut für ökologische Chemie e. V., Königsstr. 125, 8510 Fürth. Schwermetalle, Pestizide – HCH (Lindan), DDT.

Die preisgünstigsten Untersuchungen führt durch: Hessische Landwirtschaftliche Untersuchungsanstalt, Am Versuchsfeld 11–13, 3500 Kassel–Harleshausen.

10 Sauzahn zu beziehen bei Cohrs, siehe 8, oder Keller, siehe 3.

KRÄUTER
DÜNGEN UND DUFTEN, WÜRZEN UND HEILEN

Unkraut vergeht nicht

Früher habe ich meinen Ärger, meine Wut und auch meine Langeweile an Unkräutern ausgelassen. Schimpfend riß ich Franzosenkraut und Vogelmiere, Quecke und Löwenzahn, das wilde, kleine Stiefmütterchen und Vergißmeinnicht[1] aus und warf sie in den Mülleimer, damit sich weder Wurzeln noch Samen weiter ausbreiten können, bis nach dem nächsten Regen die unerwünschten Pflanzen wieder ins Kraut schossen und meinen Ärger auf sich zogen. Sie nahmen »meinen« Pflanzen Licht, Luft, Wasser und Mineralien weg.

Inzwischen bin ich schlauer geworden. Wenn mir Zeit und Lust zum Wildkrautjäten fehlen, laß ich sie halt wachsen bis zu einem warmen, trockenen, sonnigen Tag. Wenn ich mit dem Sauzahn oder der Harke zwischen den Reihen durchziehe, dann trocknen ausgerissene Wurzeln und Kräuter rasch. Bei bedecktem Himmel und feuchtem Wetter würden sie schnell wieder anwachsen. Die angetrockneten Wildkräuter bilden eine ideale Bodenbedeckung. Sie schützen meine Kulturpflanzen wie auch die Bodenlebewesen vor dem Austrocknen und vor Platzregen; sie düngen langfristig. Biologen und Pflanzenkundler verwenden den Begriff Un-Kraut bewußt nicht. Sie sprechen von Begleit- und Wildkräutern, Kultur- und Nutzpflanzen.[2] Der Begriff »Kraut« wird für den oberirdischen Teil einer Pflanze verwendet, das heißt für Stengel (Sproßachse), Blätter und Blüten. Am Ende der Vegetationsperiode sterben sie ab. Inzwischen weiß ich, daß Wildkräuter nicht notwendigerweise mit Nutzpflanzen konkurrieren: In der Nachbarschaft von Brennesseln steigt der Ertrag von Senf und Koriander bis zu 30 Prozent, der Wirkstoffgehalt von Baldrian, Salbei und Eibisch nimmt um 10 bis 20 Prozent zu.

Wurzel(un)-kräuter

Wurzel(un)kräuter wie Quecke und Giersch machen Gärtnern zu schaffen, denn jeder kleine Wurzelabschnitt wächst innerhalb kurzer Zeit zur vollständigen Pflanze heran und breitet sich nach allen Seiten hin aus. Giersch soll zwar rheumatische Schmerzen lindern und kann als Spinat und Salat laufend gegessen werden, und Queckenwurzeltee ist eine geeignete Entwässerungs- und Blasendurchspülungstherapie. Das läßt diese unerwünschten Kräuter in einem anderen Licht erscheinen. Doch Ernten, Jäten und Harken helfen da langfristig genausowenig wie Herbizide, die in 20 cm Tiefe nicht die tödliche Dosierung erreichen. Entweder müssen Spatenstich für Spatenstich die Wurzeln ausgelesen werden, oder aber es kann der betroffene Boden mit einer schwarzen Silofolie luft-, licht- und wasserdicht abgedeckt werden. Die Fläche kann dann allerdings erst im nächsten Frühjahr bestellt werden, doch dann ist der Boden locker, und die Wildkräuter sind zu Humus geworden.

Wo Wildkräutern ein Lebensraum gegeben wird, kann nur von Fall zu Fall entschieden werden.

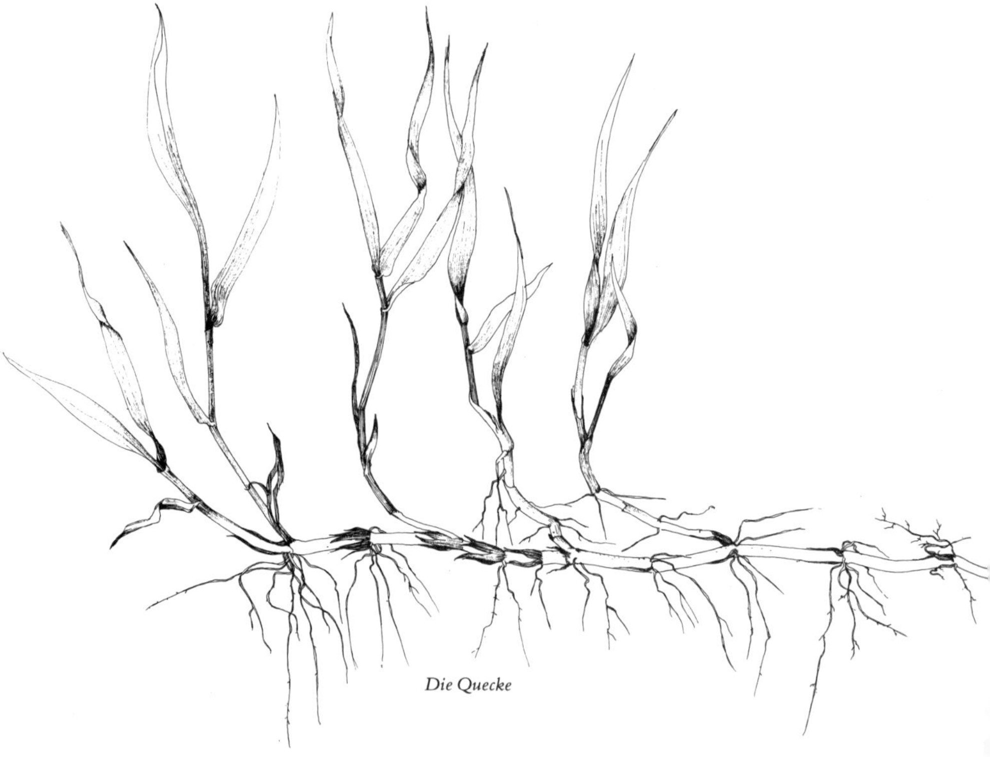

Die Quecke

In Gemüsereihen stört ihr massenhaftes Aufwachsen, doch unter Sträuchern und Bäumen, an Wegrändern und Zäunen[3] brauchen sie nicht dem Ordnungssinn geopfert werden. Und sie bieten eine ganze Menge Vorteile:

Der Giersch

- Sie wirken einer Bodenverschlechterung (z. B. Versauerung) entgegen und verbessern den Stickstoff- (Wicken, Klee) und Kaligehalt (Gänsefuß) des Bodens;
- Schutz des Bodens vor Austrocknung, Wasser- und Winderosion;
- Der Boden wird für Nutzpflanzen aufgeschlossen, die Distel fördert z. B. die Durchlüftung;
- Die gejäteten, angetrockneten Pflanzen sind eine günstige Bodenbedeckung und dienen den Bodenlebewesen als Nahrung;
- Überschüssiger Stickstoff wird z. B. in Brennesseln gebunden, dadurch wird der Nitratanreicherung im Grundwasser entgegengewirkt;
- Sie sind Grundlage für Kräuterjauchen und -tees zur Düngung und zum Pflanzenschutz;
- Futterpflanzen für Schmetterlinge und Insekten (Brennessel für Tagpfauenauge, Admiral und Kleinen Fuchs);
- Sie sind Nektar- und Pollenpflanzen für Bienen und Schmetterlinge;
- Zeigerpflanzen weisen auf Bodenverhältnisse hin.

TARAXACUM OFFICINALE – SO LAUTET SEIN
BOTANISCHER NAME • OFFICIN BEDEUTET
-MEDIZIN- FACHKUNDIGE ALLER NA-
TIONEN WISSEN WER GEMEINT IST •
500 DEUTSCHE NAMEN SOLL ER HA-

BEN. EINHEIMISCHE WISSEN MÖNCHS-
KOPF IST : DER LÖWENZAHN •
SEINE BLÄTTER SIND WIE DES GEL-
BEN LÖWEN ZÄHNE GEZACKT •
BUTTERBLUME • SCHMALZBLUME KUH-
BLUME • KÜHE MÖGEN IHN HABEN SIE
IHN GEFRESSEN GEBEN SIE GELBE MILCH •
KETTENBLUME • EIN KINDERSPIEL •
PISSBLUME DEUTET AUF DIE WIRKUNG HIN •

DER LÖWENZAHN ZUM BEISPIEL

Viele biologisch wirksame Inhaltsstoffe finden sich im Löwenzahn. Die Wurzel enthält den Gallenwirkstoff Cholin, den Diabetikerzucker Insulin, Bitterstoffe. Blüten und Blätter haben zahlreiche Karotinoide (Vorstufe zum Vitamin A), die Vitamine A, B, C und D sowie antibiotisch wirksame und blutreinigende Substanzen in sich. Pißblume, einer der fünfhundert deutschen Namen, deutet auf die entwässernde Wirkung hin.[4]

Löwenzahntee

Einige Blätter bzw. Wurzeln oder beides zusammen werden mit einem Liter Wasser übergossen. Trinken Sie 3 Tassen täglich.

Löwenzahnhonig

Zwei Hände voll Blüten werden in einem Liter Wasser gekocht und durchgeseiht. Dann fügen Sie 500 Gramm (braunen) Zucker und den Saft einer großen Zitrone hinzu. Danach weiterkochen, bis der Saft dicklich wird. Ein leckerer Brotaufstrich.

Löwenzahnblüten

in Butter gebraten ist eines meiner Lieblingsgerichte im Mai.

Löwenzahnwurzeln

– färben unterschiedlich vorgebeizte Wolle helloliv, grün, hellgrün,
– können geröstet als Kaffee-Ersatz verwendet werden.

Löwenzahnsalat

Im Frühjahr werden die jungen Blätter fein geschnitten. Sie enthalten dreimal soviel Vitamin C wie Kopfsalat. Im Sommer schmecken die Blätter bitter, wird jedoch ein Eimer über die Rosette gestülpt, wird er bleich und zart wie Endivien.

»Kultivierter Vollherziger«

heißt die in Frankreich gezüchtete Sorte zum Aussäen im Frühjahr mit entbitterten Blättern.

Löwenzahn-Chicorée

Beide Pflanzen gehören zur Familie der Korbblütler. Die Wurzeln werden im November ausgegraben, die Blätter 2 cm oberhalb des Blattansatzes abgeschnitten und aufrecht, dicht nebeneinander in Sand gesteckt. Sie treiben dann im Winter aus.

Und schließlich düngt die

Löwenzahn-Jauche

1 kg Blätter und Wurzeln werden in 10 Liter Wasser eingeweicht. Nach einigen Tagen kann die vergorene Jauche über Pflanzen gegossen werden. Sie wirkt wachstumsfördernd.

Pflanzensaft gibt Pflanzen Kraft

Kräuter haben es in sich: Mineralien und Kalk, Vitamine und Enzyme, Gerbstoffe und Bitterstoffe, ätherische Öle und Schleimstoffe. Verkompostiert bereichern sie den Humus. Wirkungsvoller ist die Lösung der pflanzlichen Inhaltsstoffe in Wasser – und es geht schneller. Vom Frühjahr bis zum späten Herbst sollten die düngenden und schützenden Jauchen zur Bodenpflege und -verbesserung und zur Schädlingsbekämpfung zur Verfügung stehen. In hölzernen Fässern oder tönernen Töpfen werden die Kräuter mit Wasser angesetzt. Kunststoffbehälter aus Polyäthylen sind auch geeignet, ebenso Sauerkrautfässer aus dem Reformhaus. Polyvinylchlorid (PVC) dagegen, aus dem viele Kunststoffbehälter bestehen, gibt ständig Chlor ab.[5]

Kraft kann Pflanzen in folgender Zubereitung gegeben werden:

Tee wird mit kochendem Wasser überbrüht und zieht ca. 3 Minuten.

Brühe wird 24 Stunden in kaltem Wasser angesetzt und danach bei mäßiger Hitze eine halbe Stunde gekocht. Dadurch lösen sich die Inhaltsstoffe besonders gut, Vitamine werden allerdings zerstört.

Jauche 1 kg Kraut oder 100–200 Gramm getrocknete Pflanzen in 10 Liter Wasser ansetzen.

Das Gefäß wird locker mit Brennesseln gefüllt. Regenwasser oder abgestandenes Wasser aus der Leitung darübergegossen – bis 5 cm unter den Rand. Der Behälter wird mit Sieb oder Deckel luftdurchlässig abgedeckt. Tägliches Umrühren fördert den Gärungsprozeß. Geruchsmindernd wirken eine Handvoll Gesteinsmehl oder eine Prise Humofix. An einem sonnigen Platz wird die Zersetzung beschleunigt, und nach ca. 14 Tagen kann die Jauche ausgebracht werden.[6]

Beißende Jauche wird auf die gleiche Weise angesetzt. Sie darf nur zwei bis drei Tage gären und wird danach durchgesiebt. Die Reste können für den Kompost oder zur Bodenbedeckung verwendet werden.

Kräuter gegen Schädlinge

Wehret den Anfängen, gilt für die Schädlingsabwehr. Je früher saugende Insekten wie Läuse mit beißender Jauche besprüht werden, desto geringer sind ihre Ausbreitungschancen. Bei fortgeschrittenem, starkem Befall sollte die Anwendung jeden zweiten Tag wiederholt werden.

Die folgende Tabelle erleichtert Ihnen das Experimentieren mit Wildkräutern. Die Zahlenangaben sind Richtwerte – hier gilt: probieren geht über studieren. Schrumpeln die Blätter nach dem Guß oder fallen sie gar ab, so war die Jauche zu konzentriert. Dickblättrige Kohlblätter vertragen höhere Konzentrationen, zartblättrige Bohnen oder Salate sind empfindlich. Kurz vor der Ernte sollten Blätter und Früchte nicht mehr gejaucht werden (Infektionsgefahr).

Die gelösten und teils vergorenen Wildkräuter schrecken den Unerfahrenen durch ihren charakterischen Jauche-Geruch ab. Aber eine ganze Reihe von Vorteilen sprechen für die Kräuterjauche:

- Pflanzen werden gedüngt, in ihrem Wachstum gefördert und gestärkt, so daß sie vor Schädlungsbefall besser geschützt sind,
- das Bodenleben wird gefördert,
- Schädlinge und Krankheiten werden ferngehalten oder vertrieben,
- die Herstellung verursacht wenig Mühe und keine Kosten. Fertigpräparate hingegen sind oft sehr teuer.

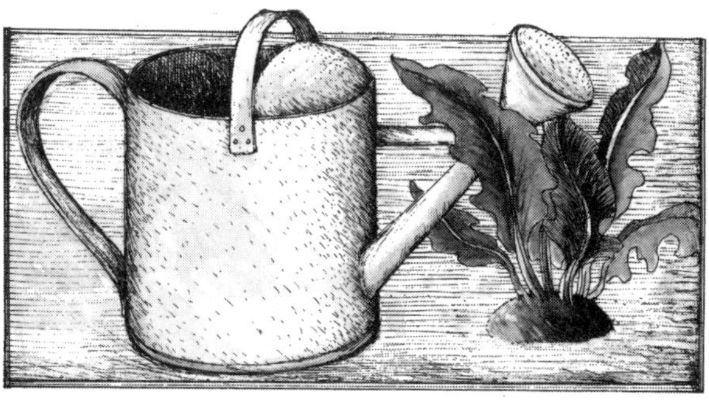

Kräuter-Jauchen

Kraut	Wichtigste Inhaltsstoffe	Ansatz (f = frisch oder g = getrocknet)	Form	Verdünnung
Acker-schachtel-halm Zinnkraut	Kiesel, Kalk, Schwefel, Natrium, Kalium, Mangan, Magnesium	1 kg (f) / 10 l Wasser 150 g (g) / 10 l Wasser in diesem Fall: kochen, schon einmal 5fach verdünnen, gären lassen zu Jauche, dann nochmals verdünnen	Jauche Jauche Jauche	5fach 5fach 5fach
Baldrian	Baldrianöl, Duftstoffe	Blüte (f) zu Saft pressen 1 Tropfen / 1 l Wasser 5 Min. rühren	Auszug	unverdünnt
Brennessel	Kieselsäure, Ameisensäure, Eisen, Gerbstoffe	1 kg (f) / 10 l Wasser 100 g (g) / 10 l Wasser	Jauche beißende Jauche	10fach unverdünnt
Farnkraut Wurmfarn	Spurenelemente, Kalium, insekten-abweisendes Öl	1 kg (f) / 10 l Wasser 100 g (g) / 10 l Wasser 5 g (g) / ½ l Wasser	Jauche Auszug	unverdünnt leicht verdünnt
Hirtentäschel	Kalium, Calcium, Natrium	1 kg (f) / 10 l Wasser	Aufguß	5fach
Holunder, Schwarzer	Salpeter, Sambucin, starker Geruch	1 kg (f) / 10 l Wasser aus Blättern	Auszug	5fach
Kamille	Azulen (ätherisches Öl), Linolsäure, Duftstoffe	100 g (g) / 10 l Wasser	Tee Brühe	5fach 5fach

Ort	Zeitpunkt	Anwendung
Boden, Pflanze	das ganze Jahr (sobald frostfrei)	bodenheilend, pflanzenstärkend
Boden, Pflanze	Ende September bis Dezember	vorbeugend bei Pilzkrankheiten
Pflanze	das ganze Jahr (sobald frostfrei) alle 3 Wochen an 3 aufeinanderfolgenden Tagen nachmittags	bei Pilzkrankheiten; mit Rainfarn- und Brennesseljauche bei Stachelbeermehltau; gegen Schädlinge, beispielsweise Apfelwickler, Kirschenfruchtfliege, Lauchmotten, Spinnmilben
Pflanze	vor Blüte, bei der Fruchtbildung, vor Frost	fördert Blüten- und Fruchtbildung als Frostschutz bei Obstbäumen, Beerensträuchern
Boden, Pflanze	ab Frühjahr	nur bei bedecktem Himmel anwenden, bei kümmernden Pflanzen, stärkt Widerstandskraft bei Chlorose (Gelbsucht); 1 × wöchentlich
Pflanze	bei Befall	gegen Blattläuse, Schildläuse, Spinnmilben
Boden	bei Befall	Ameisenstraßen
Pflanze	Winterspritzung	gegen Schild- und Blutläuse
Rinde von Obstbäumen	bei Befall	abgebürstete Krusten bepinseln gegen Schildläuse
Boden, Pflanze	bei Bedarf	bei einseitig beanspruchten Böden über Pflanzen und Boden sprühen
Pflanze	vorbeugend und bei Befall	gegen Kohlweißling, Erdraupen
Pflanzensamen	vorbeugend und bei Bedarf	desinfiziert und erhöht die Keimkraft von Samen (15 Minuten im Tee liegen lassen); Baumwunden vor dem Verschließen damit auswaschen
Pflanze	an 3 aufeinanderfolgenden Tagen mehrmals im Abstand von 14 Tagen (sobald frostfrei)	gegen Himbeerrutenkrankheit

Kraut	Wichtigste Inhaltsstoffe	Ansatz (f = frisch oder g = getrocknet)	Form	Verdünnung
Kapuzinerkresse	strenger Geruch	Pflanzen auspressen	Extrakt	unverdünnt
Knoblauch	Schwefel, Vitamine	Knolle zerkleinert 75 g / 10 l Wasser	Tee	unverdünnt
		Blätter, Schalen 500 g (f) / 10 l Wasser 200 g (g) / 10 l Wasser	Jauche	10fach
Pfefferminze	ätherisches mentholhaltiges Öl	1 kg (f) / 10 l Wasser 100–150 g (g) / 10 l Wasser	Tee	unverdünnt
Rainfarn giftig	ätherisches Öl, Vitamine, starker Geruch	300 g (f) / 10 l Wasser	Brühe	unverdünnt
		30 g (g) / 10 l Wasser von Kraut und Blüte evtl. 100 g Kochsalz / 10 l Wasser beigeben	Brühe	2fach
			Tee	2fach
			Tee	2fach
			Tee	2fach
			Tee	2fach
Rhabarber	Oxalsäure, Gerbstoffe, Blätter giftig	500 g (f) / 3 l Wasser	Auszug	unverdünnt
		Blätter	Tee	unverdünnt
Schafgarbe	ätherisches Öl, Kieselsäure, Kalium, Schwefel	1 kg (f) / 5 l Wasser 100 g (g) / 5 l Wasser (Juni bis September ernten)	Auszug	10fach
Tomaten	Vitamin C und andere, Mineralien, starker Geruch	30 g Geize / 2 l Wasser	Auszug	2fach

Ort	Zeitpunkt	Anwendung
Rinde	bei Befall	Blutlauskolonien einpinseln
Pflanze	vorbeugend und bei Befall	gegen Pilzkrankheiten; gegen Möhrenfliege, Erdbeer-, Spinnmilben
Boden	vorbeugend und bei Befall	gegen Pilzkrankheiten
Boden	bei Bedarf	auf Ameisenlaufstraßen gießen
Pflanze	bei Befall 2mal pro Woche	gegen Erdflöhe
Pflanze	an 3 aufeinanderfolgenden Tagen mehrmals im Abstand von 14 Tagen (sobald frostfrei)	gegen Gespinstmotte, bei Bohnen- und Johannisbeerrost
Pflanze	an 3 aufeinanderfolgenden Tagen mehrmals im Abstand von 14 Tagen (sobald frostfrei)	gegen Mosaikkrankheit s. Ackerschachtelhalm; mit Schachtelhalm- und Brennesseljauche bei Stachelbeermehltau; gegen Insekten, beispielsweise Möhrenfliegen, Sägewespen; gegen Erbsenwickler s. Brennessel, gegen Blattläuse s. Ackerschachtelhalm
Wurzelhals	bei Befall	gegen Dickmaulrüßler
Pflanze	kurz vor und während der Flugzeit	gegen Erbsengallmücke, Zwiebelfliege, Kohlgallenrüßler, Möhrenfliege
Pflanze	bei Befall	gegen Lauchmotte, Blattrandkäfer (2mal)
Pflanze	bei Befall	gegen Schwarze Bohnenblattläuse
Pflanze	bei Befall	gegen Lauchmotte
Pflanze	an 3 aufeinanderfolgenden Tagen mehrmals im Abstand von 14 Tagen (sobald frostfrei)	gegen Blattflecken- und Kräuselkrankheit, Echten Mehltau und Wurzeltöterkrankheit, Monilia
Pflanze	kurz vor und während der Flugzeit	gegen Erbsenwickler, Erdraupen, Kohlweißling
	bei drohendem Befall	gegen Kartoffelkäfer

Grün düngen

Phacelia

Düngung ersetzt Nährstoffe, die dem natürlichen Kreislauf entnommen wurden. Lebende Pflanzen lösen mit ihrem weitverzweigten Wurzelwerk Mineralien aus Gesteinen und Lehm und bauen sie in ihren Körper ein. Werden sie gemäht oder frieren ab und bleiben an Ort und Stelle liegen, so düngen sie den Boden. Als Gründüngerpflanzen eignen sich alle Arten aus der Familie der Schmetterlingsblütler, auch Hülsenfrüchte, Leguminosen genannt. Klee und Wicken, Erbsen und Lupinen beispielsweise beherbergen Knöllchenbakterien in ihren Wurzeln. Diese haben die Fähigkeit, Stickstoff aus der Luft chemisch zu binden. Den geben sie auch an ihre Wirtspflanzen weiter. Sie bekommen dafür eine schützende Wurzelhülle und Zucker. Beide

Partner ziehen Vorteile aus der Lebensgemeinschaft (Symbiose). Den Vorteil hat auch der Gärtner, denn auf einem Quadratmeter Boden sammeln sie ein bis vier Gramm reinen Stickstoff. Arten aus der Familie der Kreuzblütler (Senf, Ölrettich, Raps u. a.) sind selbst an ärmste Standorte gut angepaßt. In kürzester Zeit bilden sie eine dichte Gründecke und lassen keine anderen Wildkräuter aufkommen. Sie hinterlassen ein lockeres, sauberes Saatbeet. Besonders geeignet im Garten ist Senf, denn er keimt schnell, und das ausströmende Senföl macht müde Böden munter.[7]

Gründüngepflanzen (→ 1) eignen sich als Vorsaat, wenn ein Beet beispielsweise erst im Mai für Tomatenpflanzen benötigt wird, und als Zwischensaat, wenn ein Beet nicht gleich wieder genutzt wird, oder auch als Nachsaat, wenn im August die Bohnen abgeerntet sind. Als Untersaaten zwischen Tomaten und Beerenkulturen sind Weißklee, Erdklee und Steinklee günstig, der sogar Mäuse vertreiben soll.

Vor und neben dem Anbau von Kohlarten müssen Kreuzblütler gemieden werden, denn es sind Konkurrenten aus derselben Familie. Außerdem wirken sie fördernd auf das Wachstum von Kohlhernie (Schleimpilze) und Nematoden (Fadenwürmer). Sie sollten nicht vor und neben Spinat, Mangold und Rote Bete gesät werden. Statt dessen verwendet man Phacelia, die eine blaublühende Bienenweide bilden. Über Unverträglichkeiten von Schmetterlingsblütlern ist nichts bekannt.

Saatgutmischungen von Gründüngungspflanzen wirken sich besonders günstig aus (Rotenburger Kombigemenge, Landsberger Gemenge).

Durch Gründüngung:
- wird der Boden gelockert, aufgeschlossen und aktiviert (Rotklee, Serradella und alle Kreuzblütler durchwurzeln das Erdreich bis in eineinhalb Meter Tiefe, die Pfahlwurzel der Luzerne reicht fünf Meter tief);
- werden Wildkräuter unterdrückt.
- werden Mineralien in der Grünmasse angereichert, gebunden und nicht ausgewaschen.
- wird der Boden vor Erosion geschützt.

Die wichtigsten Gründüngungspflanzen für den Gemüsebau

(von Otto Schmid und Ruedi Kläy)

Pflanze	**Saatmenge g/m^2**	**Kultur-dauer**	**Saat-tiefe**	**Bemerkungen**
Vorsaaten im Frühjahr (Vorsaaten ab Anfang März)				
Saatsenf	2–4	3–5 Wochen	1–2 cm	rasch wachsend, nicht zu häufig, nicht vor Kohlgewächsen
Phacelia	2–4	6–9 Wochen	1–1,5 cm	Bienenweide, gute Bewurzelung
Ackerbohne	15–20	6–9 Wochen	8–10 cm	frosthart (frühe Saat)
Spinat	3–4	4–7 Wochen	1–2 cm	auch als Mischkultur sehr geeignet
Halb- oder ganzjährige Gründüngung (Saat März bis Mitte August)				
Alexandriner-, Perserklee	5–6	6–9 Wochen	1–2 cm	mehrere Schnitte notwendig
Hafer	6–10	6–9 Wochen	3–4 cm	mehrere Schnitte notwendig
Wicke, Erbsen	15–25	8–12 Wochen	3–4 cm	gutes Gemenge (nicht vor Bohnen und Erbsen)
Nicht winterharte Nachsaaten (Saat bis Anfang September				
Platterbsen / Grünschnitterbsen	15–25	6–9 Wochen	3–5 cm	auch als Untersaaten bei Kohl, Mais u. a. guter Stickstoffsammler
Sommerwicke	10–20	6–8 Wochen	3–4 cm	erträgt Frühfröste, guter Stickstoffsammler
Bitterlupinen (bis Anfang August)	20–30	9–10 Wochen	2–3 cm	Tiefwurzler, für leichte, saure und warme Böden, guter Stickstoffsammler
Phacelia	2–4	6–9 Wochen	1–1,5 cm	Bienenweide, gute Bewurzelung
Ölrettich (bis Anfang September)	2–4	5–8 Wochen	2–3 cm	sehr guter Tiefwurzler, nicht vor Kohlgewächsen
Saatsenf (bis Mitte September)	2–4	3–5 Wochen	1–2 cm	rasch wachsend, nicht zu häufig, nicht vor Kohlgewächsen
Überwinternde Gründüngung (Saat bis Mitte Oktober)				
Zottelwicke (bis Anfang September)	20–30	bis Ende April	1–3 cm	Stickstoffsammler
Landsberger Gemenge (bis Mitte September)	8–10	bis Ende April	2–3 cm	gut vor späten Karotten
Winterroggen (bis Mitte Oktober)	15–20	bis Ende April	1–3 cm	gut für späte Saat im Herbst
Winterrüben, Winteraps	2–4 4–6	bis Ende April	1–2 cm	gute Tiefwurzler (nicht vor Kohlpflanzen, im Gemüsebau nicht zu häufig), frühzeitig einarbeiten

Quelle: nach Helmut Voitl / Willi Guggenberger, Das große Buch vom biologischen Land- und Gartenbau, Wien 1980

WEISSKLEE
LUPINE
SENF
LUZERNE

Küchenkräuter

Ein Schmeckerchen Kamille, ein Rüchlein Rosmarin, und daß es heil' und stille, die Minz zwischendrin.
Josef Weinheber

Die Würzkunst wurde in vergangenen Jahrhunderten von Frau zu Frau weitergegeben – des guten Geschmacks und der täglichen Gesundheitsvorsorge wegen. Von meiner Mutter oder Großmutter konnte ich das Würzen nicht mehr lernen. Industrialisierung und Instantgewürze, Fachmänner und eine Vielzahl von Medikamenten haben Wissen und Fertigkeiten verkümmern lassen. Sie wurden un-modern, un-praktisch. Die verschütteten Kenntnisse habe ich mir durch Abgucken, Versuch und Irrtum nach und nach angeeignet.
Am Anfang wuchsen Petersilie- und Schnittlauchpflanzen – zuerst im Blumentopf[8], dann im Garten. Im nächsten Frühjahr säte ich Salbei und Thymian, Dill und Baldrian in Kistchen, ab Mai wurden sie ins Freie versetzt, an den Rand meiner Gemüsebeete. Später folgten Pimpinelle, Kerbel.[9] Im Geburtstagskörbchen schenkte man mir Pfefferminze, Melisse, Estragon, Liebstöckel. Ableger und selbstausgesäte Jungpflanzen verschenke ich weiter.

Die hochwüchsigen, mehrjährigen Kräuter wie Liebstöckel, Baldrian, Estragon und der einjährige, sich selbst aussäende Koriander und Boretsch bilden eine blühende Beeteinfassung – Windschutz und Bienennahrung zugleich. Dank ihres besonderen Aromas vertreiben sie Schädlinge und fördern Kulturpflanzen in ihrem Wachstum. Gleichzeitig erhält die Gartenarbeit an jeder Stelle ihre besondere Duftnote.

Bewährt haben sich die Kombinationen:

Basilikum	neben	Gurken
Bohnenkraut	neben	Bohnen und Rote Bete
Boretsch	neben	Kohl
Dill	neben	Gurken, Salat und Möhren
Kerbel	neben	Salat und Bohnen
Lavendel	neben	Rosen
Petersilie	neben	Tomaten
Ringelblumen	neben	Tomaten
Salbei	neben	Rosen

Die wärmeliebenden, langsam wachsenden Gewürzkräuter aus dem Mittelmeerraum litten allerdings unter den Randbedingungen: Thymian wurde überwuchert, abgeschattet. Er bekam einen sonnigen Extraplatz. Der Rosmarin erfror. Er braucht im Winter die Wärme des Hauses. Meine fünfjährigen Lavendel- und Salbeisträucher überlebten den eiskalten, langandauernden Winter 1984/85 nicht. Die Strohabdeckung war zu dünn – vielleicht verdursteten sie auch in der tiefgefrorenen Erde.

Ein Platz an der Sonne und lockerer, schwachgedüngter Boden hilft den Küchenkräutern, ihr würziges Aroma zu entwickeln. Gutgedüngte, feuchte Standorte lassen sie zwar ins Kraut schießen, doch das üppige Grün schmeckt eher wie ein Kräuterbund aus dem Supermarkt. Nur einheimische Arten gedeihen im Halbschatten: Baldrian, Boretsch, Kümmel, Pfefferminze und Sauerampfer.

Neben Reihen- und Mischkulturen in Gemüsebeeten, neben Randbepflanzung und Rabatten kann nach dem Vorbild alter Bauern- und Klostergärten[10] ein besonderes Kräuterbeet angelegt werden, eine Kräuter-Insel.

EIN KRÄUTERBEET ANLEGEN

Das Anlegen eines Kräuterbeetes beginnt mit der Suche nach einem sonnigen Platz, der auch ein wenig Halbschatten aufweisen sollte. Die Größe des Beetes wird mit den Füßen bestimmt. Und die Form – Achteck, Dreieck, Rechteck oder Kreis? Den geringsten Umfang und die größte Innenfläche hat der Kreis. Eine runde Sache.

Vom Kreisrand aus Grassoden abstechen, eine Vertiefung ausheben, Äste und Reste, Rasen- und Heckenschnitt hineinwerfen, Grassoden und Muttererde mit Gesteinsmehl darüber. Eindringende Wildkräuter werden durch eingegrabene Holzreste und eine Feldstein-Wegeinfassung behindert. Mittendurch trampeln Sie einen Weg und noch einen quer dazu. Vier übersichtliche, gut zu erreichende Viertel entstehen durch dieses Wegkreuz – das Gestaltungsprinzip des alten Bauerngartens. Innerhalb der klaren Grenzen kann es bunt durcheinanderwachsen.

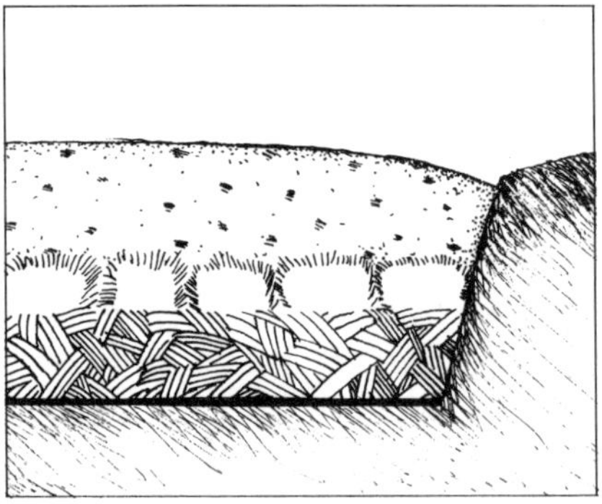

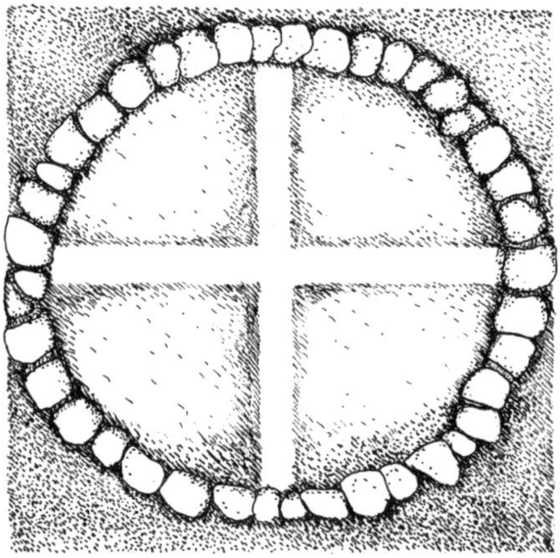

Nach ihrem Gebrauchswert, nach Wachstumshöhe und Ansprüche erhalten Samen und Pflanzen ihren festen Wohnsitz im: Salatkräuter-Viertel, Gewürz-Viertel, Tee-Viertel, Heilkräuter-Viertel, die hochwachsenden in der Mitte, die niederen im Außenbezirk.

Bei der Planung sollten Sie das Ausdehnungsbedürfnis beispielsweise von Salbei oder Beinwell vor Augen haben.[11] Im Lauf der Jahre wachsen Kräuter zu Sträuchern heran. Einjähriger Dill oder Boretsch füllen in der Zeit die Zwischenräume.

Die Kräuterspirale
Oben wachsen die wärmeliebenden, unten die schatten- und feuchtigkeitsliebenden.

Kräuter im Salat

Blaue, manchmal auch violett schimmernde Himmelssterne, goldgelbe Sonnenstrahlen zwischen krausen, grünbraunen Pflücksalatblättern – aufblitzende Farbtupfer im Salat lassen manchen Besucher entsetzt in die Schüssel gucken: »Blumen essen?« Allerdings, denn Boretschblüten sind nicht nur eine »Augenzier«, sondern »erquicken Herz und Geist«, so ist's in alten Kräuterbüchern zu lesen. Auch die behaarten, blutreinigenden Blätter des Boretsch, die feinen, verdauungsfördernden Dillblätter, ein schildförmiges appetitanregendes Kapuzinerkresseblatt, der aromatische, harntreibende Kerbel, eine gepreßte, entschlackende Knoblauchzehe, einige nach Zitronen duftende Melissenblätter, die entwässernde Petersilie und Pimpinelle, der blutbildende Schnittlauch und eine kleine Zwiebel sollten in der Salatsauce nicht fehlen. Alles fein geschnitten, damit die in Sekretbehältern und Zellen eingeschlossenen Inhaltsstoffe freigesetzt werden: die duftenden ätherischen Öle, die appetitanregenden Bitterstoffe, Vitamine und Spurenelemente. Sie verleihen Speisen den besonderen Geschmack und unterstützen unsere inneren Organe bei ihren vielfältigen Aufgaben.

Alte Gewürzregeln: nicht weniger als drei, nicht mehr als neun Kräuter, je stärker das Aroma, desto weniger nehmen.

Kräuteressig

Je einige Stengel Dill, Estragon, Thymian, Melisse und Pimpinelle in eine Buntglas-Flasche legen. Am besten Weinessig darübergießen. Zum Ausziehen wird die verkorkte Flasche einige Tage an die Sonne gestellt.

Kräuter eingesalzen

Bleibt mal keine Zeit oder fehlt die Lust zum Kräuterschnippeln, bin ich froh, auf mein Eingesalzenes zurückgreifen zu können. Auf Reisen und im Winter sind sie das gewisse grüne Etwas. 100 Gramm feingeschnittene Kräuter werden mit 25 Gramm Salz im Glas oder Steingutgefäß vermischt und mit luftdurchlässigem Tuch verschlossen.

Salat-Kräuter

⊙ **einjährig** ⊚ **zweijährig** ● **Staude**	**Standort**	**Pflanz-monat (P) Saat-monat (S)**	**Misch-kultur**	**Verwendung**	**Wirkung**
Boretsch ⊙	sonnig, sandig	S 3–4 S 10	Rote Bete	Blatt: Salat, Quark, Kohl Blüte: Tee	blutreinigend, nervenberuhigend
Dill ⊙	sonnig, sandig	S 4	Gurken, Salat, Karotten	Blatt: Salat, Quark, Fisch Samen: Gurken	regt Magenschleimhaut an, krampflösend
Estragon ●	sonnig, humusreich	P 3–4 P 9–10	Liebstöckel, Erbsen, Gurken	Blatt: Salat, Gurken, Gemüse, Suppen	verdauungsfördernd, harntreibend
Kapuziner-kresse ⊙	sonnig bis halbschattig, humusreich	S 5	Obstbaum-scheiben	Blatt: Salat, Quark, Brot Knospen: Kapernersatz	antibiotisch, kräftigend, leicht abführend
Kerbel ⊙	halbschattig, hunmusreich	S 3–4	Bohnen, Salat	Blatt: Rohkostsalate, Suppen, Grüne Sauce	stoffwechselanregend, blutreinigend
Knoblauch ⊙	sonnig, halbschattig, humusreich	P 9–10 P 3–4	Rosen, Obstbaum-scheiben	Knolle: Salat, Quark, Braten, Saucen	antibiotisch, pilzhemmend, blutdrucksenkend, herzkräftigend
Petersilie ⊚	sonnig, feucht, humusreich	S 3–4	Radieschen, Salat, Tomaten	Blatt: zu allem, für alles, mäßig aber regelmäßig	harntreibend, blutreinigend
Pimpinelle ●	trocken, sonnig, humusreich	S 3–4 P 4–5		Blatt: Rohkostsalate, Kräutersuppen, Rührei	appetitanregend, entwässernd, «Kehrbesen»
Schnittlauch ●	halbschattig, feucht, humusreich	S 3–4 P 5	Rosen, Erdbeeren	Blatt: Quark, Eierspeisen, Salat, Suppen	appetitanregend, blutbildend, magenstärkend
Zwiebel ⊙	trocken, humusreich	P 3–4	Karotten	Knolle: Braten, Suppe, Salat	blähungstreibend, beruhigend

Von Pizza- und Lebkuchengewürzen

Früher banden sich Bäuerinnen Lavendel und Salbei, Rosmarin und Eberraute zum Kirchstrauß – ein frischer Duft in manch muffiger Kirche, bei manch einschläfernder Predigt. »Schmeckblatt« nannten sie die im Gesangbuch getrockneten Blätter.

Mit siebzehn leistete ich mir Miràcoli und war fasziniert von dem geheimnisvollen Geschmack aus der plastikverschweißten Saucentüte. Damals suchte ich vergeblich nach der Zutatenliste. Erst nach und nach entdeckte ich das Geheimnis von Majoran und Thymian, von Rosmarin und Basilikum. Heute stehen die Ferienmitbringsel aus Mittelmeerländern auf der Küchenfensterbank.

Gewürz-Kräuter

⊙ einjährig ⊙̈ zweijährig ● Staude	Standort	Pflanzmonat (P) Saatmonat (S)	Mischkultur	Verwendung	Wirkung
Basilikum ⊙	sonnig, humusreich	P, S ab 5	Gurken, Tomaten	Blatt: Suppen, Gemüse	entkrampfend auf Darm und Magen
Bohnenkraut ⊙	sonnig, humusreich	S 4–6	Bohnen, Rote Bete, Salat	Blatt: Hülsenfrüchte, Kohl, Pilze, Tomaten	entkrampfend, verdauungsfördernd, magenstärkend
Koriander ⊙	sonnig, humusreich	S 3–4		Samen: Lebkuchen, Kohl, Fleischbeizen	blähungstreibend, leberstärkend
Kümmel ⊙̈	halbschattig, feucht	S 3–4	Bohnen, Erbsen, Kohl	Samen: Kohl, Käse, Brot, Tee	magenstärkend, verdauungsfördernd
Liebstöckel ●	halbschattig, humusreich	P 3–4	keine, wachstumshemmend	Blatt: Suppen, Gemüse, Fleisch	harntreibend, menstruationsfördernd
Majoran ●	sonnig, humusreich	S ab 5	Zwiebeln, Salbei	Blatt: Saucen, Pizza, Wurst, Tee	magenstärkend, fäulnishemmend
Meerrettich ●	feucht, sandig, humusreich	P 3–4	Kartoffeln, Obstbaumscheiben	Wurzel: Rindfleisch, Fisch, Gurken	stoffwechselanregend, appetitfördernd, schleimlösend
Rosmarin ●	trocken, sonnig, sandig	S, P 5	Salbei	Blatt: Saucen, Pizza, Hammel	kreislaufanregend, kräftigend
Thymian ●	trocken, sonnig, sandig	S, P 3–4	Kohl	Blatt: Gemüsesuppen, Saucen, Pizza, Fleisch	krampflösend, harntreibend, desinfizierend
Ysop ●	trocken, sonnig	S 5		Blatt: Suppen, Braten	magenstärkend, verdauungsfördernd

Backen
Anis, Fenchel, Koriander (Lebkuchen), Kümmel, Waldmeister.

Braten
Basilikum, Beifuß, Bohnenkraut, Estragon, Liebstock, Majoran, Paprika, Petersilie, Salbei, Thymian, Wacholder (nur gering).

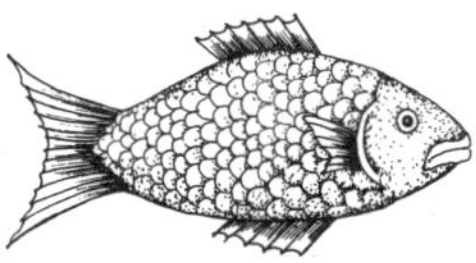

Fisch
Basilikum, Bohnenkraut, Dill, Liebstock, Meerrettich, Petersilienwurzel, Rosmarin, Salbei, Sellerie, Senfmehl, Zwiebel.

Geflügel
Basilikum, Beifuß, Bohnenkraut, Dill, Liebstock, Majoran, Rosmarin, Thymian.

Gemüse
Anis, Basilikum, Bohnenkraut, Boretsch, Estragon, Kerbel, Koriander, Liebstock, Majoran, Melisse, Petersilie, Salbei, Sauerampfer, Schnittlauch, Wacholder, Weinraute, Zwiebel.

WÜRZEN

Gewürzsalz
Estragon, Petersilie, Porree, Sellerie (Blätter und Knollen), Zwiebel – getrocknet und fein gemahlen.
75 Teile Salz – 100 Teile Kräuter, gut mischen. Kühl und luftig aufbewahren, nicht in Schraubgläsern.

Käse
Estragon, Kümmel, Paprika, Petersilienwurzel, Salbei, Schnittlauch, Sellerie, Senf, Rosmarin, Zwiebel.

Soßen
Basilikum, Bohnenkraut, Liebstock, Majoran, Melisse, Pfefferminze, Sauerampfer.

Suppen
Basilikum, Bohnenkraut, Dill, Kerbel, Lauch, Liebstock, Paprika, Pastinake, Petersilienwurzel, Portulak, Sauerampfer, Sellerie.

Wild
Basilikum, Bohnenkraut, Koriander, Liebstock, Majoran, Rosmarin, Thymian, Wacholder.

Tee statt Cola

An Kräutertee haftet der Ruch des Altbackenen, des Armeleutegetränks. Blümchentee erinnert an Kinderheim oder gar an Kriegszeiten. Heute können wir uns Besseres leisten:

Zum Aufwachen Bohnenkaffee – 164 l
zum Wachbleiben schwarzen Tee – 50 l
zur Erfrischung Limonade – 69 l
zur Entspannung Bier – 144 l
zum Beisammensein Wein – 21 l

Durchschnittsverbrauch eines
Bundesbürgers 1983

Kräutertee hat Vorzüge, ich weiß, was ich zusammenbraue. Beim Trinken kann ich empfindliche, geschwächte Organe meines Körpers gezielt unterstützen:
Melissen- und Baldriantee beruhigen die Nerven, Rosmarintee regt an, Hopfen- und Kamillentee stärken den Magen, Birken- und Liebstöckeltee unterstützen die Blase. Weißdorntee ist hilfreich gegen Kreislaufstörungen. Sammle ich Kräuter der Saison, so sind im Laufe eines Jahres alle Organe bedacht. Die Wirkstoffe entfalten sich am besten geschnitten – getrocknete Kräuter werden zerbröselt und mit kochendem Wasser überbrüht. Länger als vier Wochen sollte der gleiche Tee nicht getrunken werden – sonst können neben die Wirkungen unerwünschte Nebenwirkungen treten.
Teekräuter wachsen vor Ort.[12] Lange, energieverschwendende Transporte wie bei Kaffeebohnen, Fruchtsäften, Limokonzentraten werden hinfällig. Einige Millionen Tonnen werden jährlich um die halbe Welt in die Bundesrepublik transportiert. Die rohstoff- und energieverschwendenden Alu-Dosen, Tetrapacks- und Glasflaschen samt der Müllbeseitigungsprobleme entfallen. Auf Kaffee-, Tee-, Maracujaplantagen könnten hungernde Menschen in Afrika wie Südamerika Lebensmittel statt Exportartikel anbauen.

Mäßig, aber regelmäßig
2 Teelöffel frische oder 1 Teelöffel getrocknete Kräuter mit ½ l kochendem Wasser übergießen, 10 Minuten ziehen lassen.
Im Frühjahr Brennnessel- und Birkenblättertee,
Im Sommer Schafgarbe- und Johanniskrauttee,
im Herbst Fenchel- und Hagebuttentee,
im Winter getrocknete Mischungen.

Tee-Kräuter

⊙ einjährig ⊙ zweijährig ● Staude	Standort	Pflanzmonat (P) Saatmonat (S)	Mischkultur	Verwendung	Wirkung
Baldrian ●	trocken, halbschattig, humusreich	S 3–4 P 5		Wurzel: Tee	beruhigend für Herz und Nerven
Fenchel ●	trocken, sonnig, humusreich	S 3–4 P 6–7	Gurken, Salat, nicht nach Kohl	Samen: Gurken, Gemüse, Rohkostsalat, Tee	verdauungsfördernd
Kamille ⊙	trocken, sonnig, humusreich	S 3–4		Blüte: Tee, Gesichtsdampfbad	schweißtreibend, entzündungshemmend, krampfstillend
Melisse ●	halbschattig, humusreich	P 3–4 P 8–9	Kohl, Obstbaumscheiben	Blüte: Tee, Quark, Salat	beruhigend, krampflösend, antibiotisch
Pfefferminze ●	feucht, humusreich	Ableger 3–4 8–9	Kartoffeln, Salat, Baumscheiben	Blatt: Tee, Mintsauce	magenfördernd, Leber und Galle anregend
Salbei ●	trocken, sonnig, humusreich	S 2–3	Buschbohnen	Blatt: Tee, Gewürz, Mundwasser	antibakteriell, schleimlösend

Heilen

Hinter mittelalterlichen Kloster- und Gartenmauern inmitten von Fulda, umgeben von Burgen aus Beton, leben und arbeiten und beten mehr als 50 Nonnen in einer Benediktinerinnen-Abtei. Sie geben seit längerem Schriften zum biologischen Gartenbau heraus, unter anderem die Zeitschrift *Winke*. Daraus ein Rezept für eine Ringelblumensalbe:

Ringelblumensalben

»Beim Imker oder im Reformhaus kaufe ich mir Bienenwachs (50 g). Etwa 3 Eßlöffel Distelöl (ich gebrauche es zu Salat, da es den Cholesterinspiegel in Ordnung hält) erhitze ich in einem kleinen Topf, nehme 3–4 Stengel der Ringelblume mit Blüten und Blättern und lasse sie darin aufwallen. Jetzt lasse ich den Topf etwa 24 Stunden stehen, nehme die Blumen heraus in ein Sieb und presse das Öl zu dem im Topf. Nun wird das Öl noch einmal erwärmt in Dosen gefüllt. Es ergibt eine sehr schöne Salbe. Sollte sie zu dünn sein, gibt man noch etwas Wachs dazu, im umgekehrten Falle noch etwas Öl.«

Rauhe Gärtner(innen)-Hände, Verletzungen, schlecht heilende Wunden, Schorf, Geschwüre und von Fußpilz befallene Haut heilen besser, werden sie mehrmals täglich mit der Salbe eingerieben.

Ich habe das Rezept ausprobiert. Die heilenden Ringelblumen säumen meine Gemüsebeete, wachsen zwischen Rosen und Tomaten. Sie ersetzen an verregneten Sommertagen die Sonne. Sind ihre Blütenkörbchen zwischen 7 und 9 Uhr morgens noch geschlossen, deutet das auf Regen im Laufe des Tages hin.

Ein Imker schenkte mir Bienenwaben. Bis die Salbe richtig schmierte, brauchte ich mehr Distelöl als angegeben. Einfacher geht es mit Vaseline (erhältlich in Drogerien und Apotheken). Diese Salbengrundlage hat von vornherein die richtige Konsistenz und wird wie oben beschrieben zusammen mit den Blüten erhitzt (100 g auf eine Handvoll Blüten). Im Kühlschrank aufbewahrt, hält sich die Kräutersalbe länger.

Heilkräuter

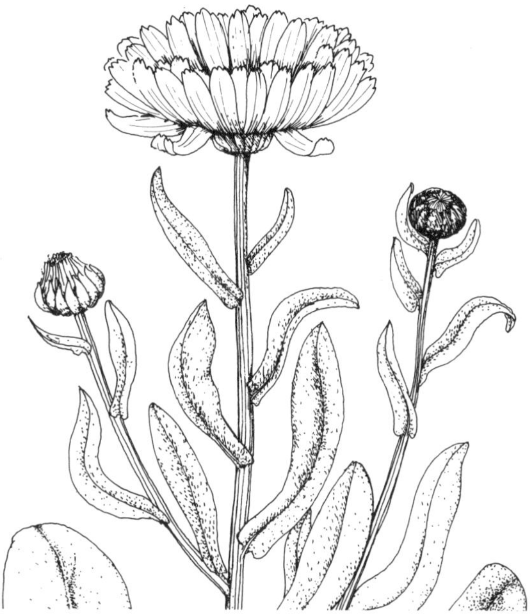

⊙ einjährig ⊙ zweijährig ● Staude	Standort	Pflanzmonat (P) Saatmonat (S)	Mischkultur	Verwendung	Wirkung
Beinwell ●	halbschattig, feucht	P 11–5		Blatt: für Umschläge	gelenkheilend, wundheilend
Eibisch ●	sonnig, fördern	S 3–4 P 4–5		Blatt: Tee Wurzel: Tee	erweichend bei Entzündungen
Lavendel ●	trocken, sonnig, humusreich	S 3–4 P 11–5	Rosen	Blatt und Blüte: Tee, Tinktur, Öl, Badezusatz	beruhigend, krampflösend, Mottenschutz
Ringelblume ⊙	sonnig, humusreich	S 3–4	Erdbeeren, Tomaten	Blütenblatt: Tee, Salat, Salbe	leicht abführend, wundheilend
Schafgarbe ●	sonnig	S 3–4		Blüte: Tee	blutreinigend, magenstärkend
Weinraute ●	sonnig	P 5		Blatt: Tee	anregend, kräftigend für Magen und Darm
Wermut ●	sonnig trocken,	P 5	Johannisbeeren, sonst alleinstehend	Blatt: Tee, Likör	appetitanregend, verdauungsfördernd

Vorsicht Giftpflanzen

Mit den allerorts wachsenden Heilkräutern ist's wie mit Pilzen: Ohne sichere Kenntnis, ohne Beobachtung und ohne genauen Vergleich mit Beschreibungen in Kräuterbüchern kann es zu tödlichen Verwechslungen kommen.

Nicht alles was im Garten wächst, ist ohne Nachwirkungen zu genießen. Die grünen Bohnen roh gegessen, Blätter, Blüten und Beeren von der Kartoffel oder die roten Beeren von Spargel enthalten giftige Substanzen, die zwar nicht tödlich sind, jedoch Bauchschmerzen und Durchfälle hervorrufen. Zu den hochgiftigen Pflanzen, die außerhalb der Reichweite von Kindern zu pflanzen sind, gehören beispielsweise der leuchtendrote Fingerhut, der dunkelblaue Eisenhut, Goldregen, dessen Samen und Hülsen besonders giftig sind, und der Seidelbast.[13]

Giftige Bäume und Sträucher

Name	Giftige Pflanzenteile	Vergiftungsanzeichen
Besenginster	Alle	Kreislauf- und Darmstörungen.
Buchsbaum	Blätter	
Eibe	Alle, außer dem roten Samenmantel	Herzrhythmusstörungen, Übelkeit, Erbrechen, Durchfall, sofort zum Arzt.
Faulbaum	Alle	Durchfälle
Glyzinie	Samen	
Goldregen	Alle	Übelkeit, Erbrechen, Speichelfluß, Kollapserscheinungen, Bewußtlosigkeit, sofort zum Arzt.
Aprikosen, Lorbeerkirsche, Zwetschgen	Kerne blausäurehaltig	
Lebensbaum	Alle	Magen- und Darmstörungen, Krämpfe, Nierenschmerzen.
Oleander	Alle	Kopfschmerzen, Übelkeit, Brechdurchfälle, Herzrhythmusstörungen, sofort zum Arzt.

Name	Giftige Pflanzenteile	Vergiftungsanzeichen
Pfaffenhütchen	Alle, besonders Samen	Nach 15 Stunden einsetzende Koliken, blutige Durchfälle, Krämpfe.
Rizinus, Wunderbaum	Samen	Übelkeit, Durchfall, Darmkrämpfe, sofort zum Arzt.
Sadebaum, Stinkwacholder	Alle	Magen- und Darmstörungen. Bewußtlosigkeit – sofort zum Arzt.
Schneeball	rote und schwar-ze Früchte	Durchfall, Erbrechen
Seidelbast	Alle	Rötung und Schwellung der Schleimhäute, Koliken, Durchfall, sofort zum Arzt.
Stechpalme	Rote Beeren	Erbrechen, Leibschmerzen, sofort zum Arzt.
Giftige Stauden und Kräuter		
Christrose	Alle – hauptsächlich Wurzeln	Haut- und Nierenreizungen, Lähmungserscheinungen, sofort zum Arzt.
Eisenhut	Alle	Brennen im Mund, Schweißausbrüche, Koliken, Durchfall, Herz- und Kreislaufstörungen, sofort zum Arzt.
Fingerhut	Alle	Übelkeit, Erbrechen, Schwindelanfälle, Herzrhythmusstörungen, sofort zum Arzt.
Herbstzeitlose	Alle	Erst nach Stunden einsetzendes Brennen im Mund, Erbrechen, Koliken, Durchfall, sofort zum Arzt.
Maiglöckchen	Alle	Übelkeit, Erbrechen, Durchfall, Sehstörungen, Schwindelanfälle.
Lupine	Alle	Kreislauf- und Darmstörungen, Harndrang.
Stechapfel	Alle	Glanz-Augen, heiße und trockene Haut, Sprach- und Schluckbeschwerden, Krämpfe, sofort zum Arzt.

LITERATUR

1 Dietmar Aichele, »Was blüht denn da?«, Stuttgart 1977.

2 »Un-Kraut in Feld und Acker«, Basel 1982, herausgegeben und erhältlich beim Sekretariat Schweizerischer Bund für Naturschutz (SBN), Postf. 73, 4020 Basel, Fr. 2 + Porto.

3 »Die Pflanzenwelt der Äcker, Rain- und Ruderalplätze, Gefährdung – Erhaltung – Pflege«, 1982, und »Lebensrecht für die Natur«, Broschüren. Herausgeber und Bezugsquelle: Deutscher Naturschutzring, Bundesverband für Umweltschutz, Postf. 320210, 53 Bonn 3.

4 Manfred Bocksch, Bott, Zucchi, »Das Öko-Kräuterbuch«, Frankfurt 1983.

5 Ingrid Gabriel, »Gesunde Pflanzen im Biogarten«, Niedernhausen / Ts, 1984.

6 Abtei Fulda, »Pflanzensaft gibt Pflanzen Kraft – pflanzliche Gieß- und Spritzmittel«, Fulda 1983.

7 G. und M. Probst, »Praktische Gründüngung«, München 1982.

8 Brunhilde Thauer, »Kräutergarten auf der Fensterbank, Küchenkräuter von Anis bis Zitronenmelisse«, München 1983.

9 Marie-Luise Kreuter, »Kräuter und Gewürze aus dem eigenen Garten. Naturgemäßer Anbau, Ernte, Verwendung«, München 1984.

10 Werner Dittrich, »Bäuerliche Gärten«, Stuttgart 1984.
Wolf-Dietmar und Ursula Unterweger, »Schöne alte Bauerngärten«, Würzburg 1984.

11 Marie-Luise Kreuter, »Ein Platz für Gewürze und Heilpflanzen«, in: »kraut und rüben«, Heft 3, 1985.

12 Georges Boros, »Heil- und Teepflanzen«, Stuttgart 1980.

13 W. Fesseler, »Vorsicht Giftpflanzen – Eine Bestimmungstafel der verbreitetsten Arten in Natur und Garten«, Ravensburg 1984.

ADRESSEN

1 Saaten für Gründüngung sind günstig über den Landhandel zu beziehen, teils werden sie in Gartengeschäften nach Bedarf abgewogen (Preisvergleiche lohnen sich), sonst bei: Ernst Cohrs, Postfach 1165, 2720 Rotenburg (Wümme).
Bio- und Gartenmarkt Keller, Konradstr. 17, 7800 Freiburg.

2 Kräutersamen: Heinrich Bornträger, Postfach 3, 6521 Offstein.

3 Abtei Fulda, Nonnengasse 16, Postfach 126, 6400 Fulda.

IM SCHATTEN HOHER BÄUME IM SCHUTZE GRÜNER HECKEN

Die Zauberfichte

Es lebte einmal ein alter Mann mit seiner Frau nahe am Walde. Ihre Hütte lag am Ende des Dorfes.

Eines Tages war den beiden das Holz ausgegangen. Nichts mehr war da, um den Ofen zu wärmen. Da sagte die Alte zu ihrem Alten: »Geh doch in den Wald Holz schlagen!«

Der Alte machte sich auf den Weg. Er kam in den Wald, sah sich überall um und suchte nach einem Baum. Es standen aber lauter junge und schöne Bäume ringsum. Dem Alten tat es leid, sie schlagen zu müssen. ›Mögen sie wachsen und gedeihen!‹ dachte sich der Alte. ›Ich will mir lieber einen alten Baum aussuchen, um den es nicht schade ist.‹

Als er sich umsah, stand eine stämmige Fichte vor ihm. Die war uralt. Er holte weit mit der Axt aus und wollte den Baum fällen. Da sprach die Fichte zu ihm mit Menschenstimme: »Schlage mich nicht, Alter! Ich will es dir vergelten. Verlange von mir, was du willst!«

Der Alte brauchte aber Holz. Er sagte also: »Ich will dich schlagen, weil ich kein Holz mehr zu Hause habe.« »Geh nach Hause«, flüsterte die Fichte, »dort wirst du Holz finden.«

Der Alte kam nach Hause, da lagen rings um die Hütte zwei Reihen Scheitholz aufgestapelt. Der Alte ging in den Hof. Seine Frau stand beim Holz und wunderte sich, woher so viel Holz käme.

»Das hat mir eine uralte Fichte gegeben«, sagte der Alte und erzählt ihr alles. Da ärgerte sich die Frau.

»Die Fichte hat doch gesagt: ›Verlange, was du willst‹, und du hast bloß Holz verlangt. Im Wald ist doch Holz, soviel du haben willst. Hättest du wenigstens weißes Mehl verlangt, dann hätte ich Kuchen backen können.«

»Was soll ich jetzt tun?«

»Geh noch einmal zur Fichte!«

»Und wenn sie es mir nicht gibt? Woher soll die Fichte das Mehl nehmen?«

»So drohe mit der Axt!«

Der Alte kam zur Fichte. Die Fichte rauschte im Winde. Der Alte trat an sie heran und bat sie: »Liebe Fichte, gib mir weißes Mehl! Meine Frau, weißt du, hat Appetit auf Kuchen.«

»Oje, du verlangst Schwieriges, Alter! Woher soll ich das Mehl nehmen?«

Aber der Alte holte mit der Axt aus und drohte: »Gibst du mir keines, so schlage ich dir deine Äste ab!«

Da rauschte die Fichte, und ihre Nadeln zitterten: »Geh nach Hause«, flüsterte sie, »du sollst Mehl haben.«

Der Alte kam nach Hause, da stand die Alte beim Mehlkasten und tat weißes Mehl in den Topf. Sie machte eben den Hefeteig an und wollte den Kuchen backen. Als sie den Alten kommen sah, begann sie zu schelten: »Das Mehl ist verbraucht, und die Fichte gibt vielleicht keines mehr her. Du hättest sie lieber um Gold bitten sollen, dann könnten wir Mehl genug kaufen. Geh nur gleich und verlange von der Fichte einen Scheffel voll Gold!«

»Hör auf, Alte!« sagte der Mann. »Woher sollte die Fichte das Gold nehmen?«

»Nein, nein, geh nur und drohe ihr mit der Axt!« Der Alte ging und kam wieder zur Fichte. Die Fichte rauschte und schwankte im Winde, von der Wurzel bis zum Wipfel. Der Alte trat vor sie hin und sagte: »Liebe Fichte, gib uns Gold!«

Da sprach die Fichte: »Weh, Alter, du verlangst gar Schweres. Woher soll ich das Gold nehmen?« Der Mann aber holte mit der Axt aus. »Wenn du es mir nicht gibst, schlage ich zu!« drohte er, wie es die Alte gesagt hatte.

Da rauschte die Fichte noch lauter, und ihre Nadeln zitterten. »Geh nach Hause, ihr sollt das Gold haben.«

Der Alte kommt nach Hause. Da sitzt die Alte beim Tisch. Auf dem Tisch aber liegt eine Last Goldes. Die Alte läßt es von einer Hand in die andere rinnen.

»Wo sollen wir das viele Gold verstecken?« jammert die Frau. »Die Räuber werden kommen und das Gold stehlen und uns umbringen«, schimpft sie. »Geh gleich zur Fichte, sie soll machen, daß die Leute Furcht vor uns bekommen.« Der Alte läuft zur Fichte. Er hat es sehr eilig. Er glaubt, die Räuber sind schon hinter ihm her und nehmen ihm das Gold weg. Er kommt zur Fichte. Die Fichte rauscht im Winde. Doch kaum hat der Alte ein Wort gesprochen, so hört sie auf zu rauschen. Sie steht da, ohne sich zu rühren, und sagt dem Alten kein Wort.

»Fichte, hörst du nicht? Wie? Mach, daß die Leute Furcht vor uns haben und nicht uns in Nähe kommen!« wiederholt er und schwingt die Axt, wie ihm die Alte geheißen hat.

»Weh, Alter, gar Schreckliches verlangst du! Es wird dich gereuen«, flüsterte die Fichte. Der Alte ließ die Axt sinken.

»Geh nach Hause, es soll nach deinem Wunsch geschehen. Die Leute sollen Furcht vor euch bekommen.«

Der Alte läuft nach Hause. Er kommt an die Tür, stolpert über die Schwelle, fällt zu Boden. Er will aufstehen, kann die Hände nicht vom Boden heben. Er will die Alte rufen. Aber wie er den Mund auftut, so fängt er an zu brüllen. Es ist nicht seine Stimme, es ist die Stimme eines wilden Tieres. Er sieht auf seine Hände. Die sind auf einmal zottig und rauh. Die Nägel sind lange Krallen geworden. Der Kopf streckt sich vor, bleibt zu Boden gesenkt. Der Alte ist ein Bär geworden, wild und zottig. Man muß ihn fürchten. In der Stube sitzt die Alte und wühlt in dem Gold. Sie sieht nach der Tür. Sie erwartet den Alten. Die Tür tut sich auf. Ein Ungeheuer kriecht herein.

Da erschrickt die Alte und springt auf und schreit. Das Gold fällt zu Boden. Sie will es aufheben, aber ihre Hände sind wie angewachsen am Boden. Und auch die Alte wird zu einem Bär, wild und zottig. Sie heulen und stürzen durch die Tür hinaus in den Wald.

Dort steht die uralte Fichte und schwankt und stöhnt, und ihre Nadeln zittern.[1]

Alles hat seinen Preis

Im Märchen wie im Leben bekommt man manchmal das, was man sich von Herzen wünscht. Welcher Gärtner wünscht sich nicht die dicksten Bohnen, die meisten Kartoffeln, die schönsten Äpfel, Bäume, die im Herbst kein Laub abwerfen. Doch in der Regel bekommt man all dies nur, wenn man einen hohen Preis zu zahlen bereit ist. Äpfel ohne Wurmstiche, Kartoffeln so reichlich wie Heu – dazu braucht's viel mineralischen Dünger und allerhand Gifte, und die schaden Pflanzen wie Konsumenten. Wenn Bäume gefällt werden, weil sie Laub abwerfen oder der wirtschaftlichen Nutzung des Bodens im Weg stehen, wenn Hecken umgelegt werden, weil sie Platz brauchen, dann wird's im Sommer heiß, und im Winter pfeift der Wind um so kälter. Dann bleiben die Vögel aus, es fehlen die Äste zum Nestbauen. Werden als Ersatz pflegeleichte Nadelbäume gepflanzt, dann gibt's weder Blüten noch Früchte für Insekten und Vögel. Ihr Singen verstummt, der Garten wird ordentlich und leer. Wenn tropische Regenwälder mit gigantischen Maschinen hektarweise gerodet werden, um Platz für die Viehhaltung zu schaffen und unseren Fleischbedarf zu befriedigen, dann wird die verbleibende dünne Humusschicht nach wenigen Jahren weggespült und weggeweht sein, weil die unersetzlichen Sauerstoffspender fehlen und das Wasser nicht mehr gespeichert wird. Nur wenige Jahre können die Kühe weiden, bevor ganze Landstriche zu Wüsten werden.

Willst Du den Wald bestimmt vernichten, pflanze nichts als reine Fichten. Willst Du den Wald dem Tod ausliefern, pflanze nichts als reine Kiefern.

Inschrift auf einem Gedenkstein, 1903 von einem Förster gesetzt.

7000 Eichen

Joseph Beuys ist tot. Das Kunstwerk ›Joseph Beuys – 7000 Eichen‹ lebt, das 1982 mit der Documenta 7 begann. 7000 Basaltsäulen wurden auf die Wiesen des Friedrichsplatzes geladen. »Steine des Anstoßes« für die Stadtverwaltung – in der die CDU anfragen ließ, ob eine Sondernutzungsgebühr berechnet würde –, »ein Trümmerhaufen« für den Volksmund. Er wird abgetragen: Für jeden gepflanzten Baum verschwindet ein Stein von der Wiese. Er wird zusammen mit einem Baum in Kassels Straßen gepflanzt.

›Stadtverwaldung statt Stadtverwaltung‹

»30 Jahre Fortschritt: Beton, Teer, Gründekoration. Was könnten dagegen 7, 70, 700 oder 7000 Bäume in einer Stadt ausrichten? Und zudem, die Stadt ist kein Wald. Aber im Gegensatz zum Teer wäre zwischen den Bäumen noch viel Platz für Häuser. Und Bäume haben zudem noch einige Vorzüge mehr: sie können alt werden, ins Holz wachsen – wenn man ihnen dazu den Freiraum läßt. Also pflanzt Bäume, ihr Gärtner.«[2]

3,5 Millionen Mark werden dafür benötigt (→ 1). »Die einsichtigen Spender, welche Bäume finanzieren, also Leben, entziehen dem erden- und menschenvernichtenden Kreislauf der übrigen Geldwirtschaft weiteres Kapital. Das ist die eigentliche Botschaft des vielschichtigen Kunstwerkes.«[2] Bäume muß man in Kassel suchen. 16000 wurden 1913 gezählt, heute stehen nur noch 8000. Drei Viertel von ihnen sind krank.[3]

CELLER DICKSTIEL · KÖNIGLICHER KURZSTIEL ·
ULMER POLIZEIAPFEL · DÜTTLI ÖPFEL ·
STERNEWIRTLI ·
STIEL UNVERLETZT
DER NORMAPFEL
OBERFLÄCHE
OHNE SICHTBARE FREMDSTOFFE
OHNE SCHALENFEHLER
FARBE: FARBVORSCHRIFT JE NACH SORTE
Ø MINDESTENS: 65 mm

Vom Baum der Erkenntnis: Der Apfel

»Eva pflückte eine Frucht, biß davon ab und gab sie ihrem Mann, und auch er aß davon«, so steht es in der Heiligen Schrift. Darauf gingen ihnen die Augen auf, und sie wußten alles und konnten ihr Leben selbst in die Hand nehmen.

Wahrscheinlich war die Frucht vom Baum der Erkenntnis kein Apfel, denn der stammt aus Mitteleuropa. In jungsteinzeitlichen Pfahlbauten wurde er schon vor 7000 Jahren gegessen, wie dort gefundene Kerne beweisen.

Wir haben zu viele Äpfel vom verbotenen Baum im Garten Eden gegessen und wollen immer noch mehr. Wir sind Apfelfresser geworden. Das kann unser Ende sein.
Pietro Porcinai

In Deutschland gab es einst tausendundeine Apfelsorte, davon viele Lokalsorten mit prägnanten Namen wie »Düttli-Äpfel«, »Sternewirtli« oder »Ulmer Polizeiapfel«. Inzwischen ist der Apfel, das Symbol der Liebe, langweilig, einfallslos und geschmacklos geworden. Das Angebot in Supermärkten ist auf eine grüne Sorte (»Granny«), auf eine gelbe Sorte (»Golden Delicious«) und eine rote Sorte (»Jonathan«) reduziert – der Fachbegriff dafür: Sortenbereinigung. Im Sechser-Pack sollen sie Käufer verführen. All den marktüblichen Äpfeln ist gemeinsam, daß sie wenig Vitamine in sich tragen und weder nach Apfel schmecken noch danach riechen. Eher haben sie den Duft von Spritzmitteln und Kühlhäusern an und in sich. Unreif geerntet, liegen sie dort monatelang abrufbereit.

Wo stehen noch hochstämmige Streuobstwiesen mit breit ausladenden Ästen? Das Kopfgeld für jeden abgesägten Obstbaum hat Spuren hinterlassen. Heute werden Obstplantagen angelegt, in denen Ingenieure schon vorgerechnet haben, wie der Baum wachsen muß, damit eine hohe Effizienz gewährleistet ist. Günstig sind »0,8 bis 1 Meter« hohe Stämme, mit »drei bis vier« Hauptästen, die unter einem »Winkel von 60 Grad« schräg nach oben ansetzen. Die Auswahl ihrer Eigenschaften, ihre Erbanlagen, ihre Triebe, ihre Wachstumsformen, ihre Pflege ist systematisch geplant unter dem Gesichtspunkt: den höchsten Ertrag in der kürzesten Zeit.

Ihr Leben ist nur von kurzer Dauer.

Doch inzwischen sind die Reiser von alten Sorten wieder gesucht, sie werden auch wieder gepfropft und weitergegeben.[4] Die Nachfrage übersteigt das Angebot. Kurse über Veredelung von Gehölzen finden reges Interesse. »Naturmuseen« mit alten Sorten leben (→ 2).

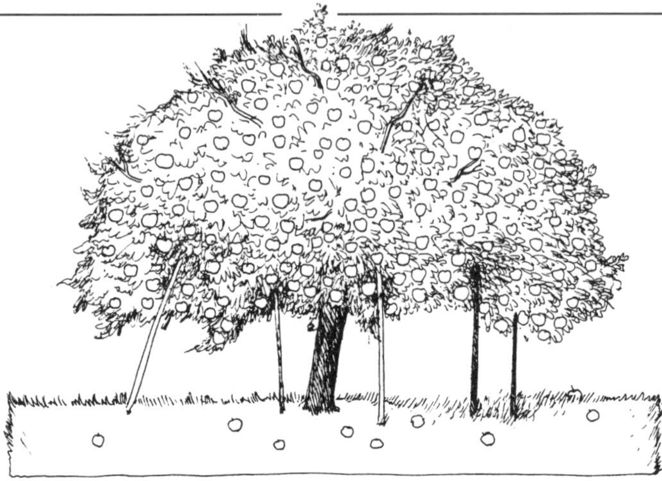

OBST PFLÜCKEN

Man fasse die Frucht beim Pflücken nicht mit den Fingerspitzen, sondern mit der vollen Hand. Die Fingerspitzen hinterlassen Druckflecke, die ganze Hand umschließt die Frucht sanft und vorsichtig; das gilt für alles Obst mit kurzem Stiel, für Pfirsiche, Aprikosen usw. Früchte mit langem Stiel, z. B. Birnen, werden natürlich nur am Stiel gefaßt.
Gartenbuch für Anfänger, Berlin 1915

Doch der Kostenfaktor Mensch soll bald ganz wegfallen. In Holland wird zur Zeit eine Apfelerntemaschine entwickelt, die
1. Arbeitsgang – aus einem »selbstdenkenden« hydraulischen Impulsschüttler,
2. Arbeitsgang – einer Serie von beweglichen Auffangflächen.
3. Arbeitsgang – einem Förderband zum Sammeln der Früchte, und
4. Arbeitsgang – einem Großkistenabfüller, besteht.
»Mit dieser Maschine können zwei Mann einen Hektar in einem Tag abernten«, versprechen freudig die Ingenieure.
An der Universität Hohenheim bei Stuttgart wurde versucht, Elektrizität als »Pflücker« einzusetzen. Dazu wird Strom durch die Äste gejagt. Da in den Stielen der Widerstand am größten ist, schmoren sie als erste durch, die Früchte fallen herunter.
natur, November 1982

Gebräuchlichste Apfelsorten im biologischen Gartenobstbau

Sorte / Name	Frucht-eigenschaften	Anfälligkeit (bes. Krankheiten) usw.	Gute Befruchtersorten	Bemerkungen
Klarapfel * Juli–August	saftig, rasch mehlig, druckempfindlich	gering, etwas Mehltau, krebsanfällig bei schweren Böden, Blutläuse	James Grieve, Glockenapfel, Jonathan	guter Verjüngungsschnitt, ab Baum eßreif, auch für höhere Lagen, mehrmals überpflücken
James Grieve * Sept.–Okt.	saftig, säuerlich, rasch mehlig, druckempfindlich	gering, Monilia, Fleischbräune	Spartan, Klarapfel, Jonathan, Glockenapfel	früh ernten, wenig düngen, Gravensteinerersatz, auch für höhere Lagen, zweimal überpflücken
Gravensteiner Sept.–Nov.	sehr saftig	Schorf und Mehltau, Stippe, vorzeitiger Fruchtfall, Alternanz	Klarapfel, James Grieve, Jonathan, Glockenapfel	nur gute Lagen, gründiger Boden, frostempfindliche Blüte, schlechter Pollenspender, zweimal überpflücken
Spartan * Okt.–Dez.	saftig, süß, wenig Vitamin C	gering, etwas Schorf, mäßig Krebs	James Grieve, Glockenapfel, Idared, Jonathan	guter Fruchtholzschnitt im Alter, neigt zu Kleinfrüchtigkeit
Berlepsch Nov.–Febr.	saftig, würzig, reich an Vitamin C	Krebs, etwas Schorf, Winterfrost, schwefelempfindlich, Hautbräune, Kragenfäule	Jonathan, Glockenapfel, Klarapfel	warme, windgeschütze Lagen, nicht zu trockene Böden, neigt zum Schrumpfen
Ontario Nov.–März	saftig, säuerlich, reich an Vitamin C	gering, druckempfindlich, krebsanfällig bei schweren Böden	Glockenapfel, Jonathan	nur für sehr gute, sonnige Lagen, spät ernten
Boskop * Dez.–Febr.	saftig, würzig, etwas säuerlich	gering, etwas Schorf, Stippe, Alternanz, Haut- und Fruchtbräune	Glockenapfel, Idared, Berlepsch, Jonathan	robuste Sorte, frostempfindliche Blüte, als Kochapfel geeignet, schlechter Pollenspender, auch für höhere Lagen
Schweizer Orange Nov.–Feb.	würzig, saftig, knackig	Mehltau (mittel), schwefelempfindlich, etwas Schorf, Alternanz	Berlepsch	nur für warme Lagen, starke Unterlage, neigt zu Kleinfrüchtigkeit, guter Fruchtholzschnitt
Jonathan Nov.–Feb.	saftig, aromatisch, wenig Vitamin C	Mehltau (stark), Fleischbräune, Jonathanspot	Klarapfel, Glockenapfel, Idared, Berlepsch, Ontario	nur warme Lagen, gute Pflege, Mehltau-Schnitt
Glockenapfel Dez.–Mai	knackig, säuerlich, wenig Vitamin C	Schorf (stark), etwas Mehltau, Krebs in feuchten Lagen, vorzeitiger Fruchtfall, Stippe, Alternanz	Jonathan, Berlepsch, Klarapfel, Ontario	nur beste Lagen, guter Fruchtholzschnitt, Schorfregulierung, neigt zum Schrumpfen

* = pflegeleichte Sorten (P) = Veredeln mittels Pfropfreiser (kaum von Baumschulen erhältlich)

Sorte / Name	Fruchteigenschaften	Anfälligkeit (bes. Krankheiten) usw.	Gute Befruchtersorten	Bemerkungen
Idared Dez. – März	mäßig süß, reich an Vitamin C, wenig Aroma	Schorf (gering), Mehltau (stark), Jonathanspot	Berlepsch, Spartan, Glockenapfel, Jonathan, Klarapfel, Maigold	nur warme Lagen, Mehltau-Schnitt, Frucht-Ausdünnung
Maigold Jan. – Apr.	süß, reich an Vitamin C	Schorf (stark), Stippe, Hautbräune, Alternanz	James Grieve, Glockenapfel, Idared, Jonathan	nur sehr warme Lagen, bei bester Pflege, eher trockene Böden, guter Sommerschnitt nötig
Weitere, weniger bekannte Apfelsorten (Liebhaber-Sorten)				
Oldenburg Sept. – Okt.	milde Säure, saftig, zucker- und aromaschwach	etwas Schorf, Stippe, Krebs	Klarapfel, James Grieve	ertragreich, (P)
Usterapfel* Sept. – Nov.	süß, kleinfrüchtig	gering		Dörrapfel, Apfelstückli
Ingrid Marie Sept. – Dez.	saftig, süß, mild	etwas Schorf, Krebs, Frost, Alternanz, Kelchrisse	Klarapfel, James Grieve, Jonathan, Glockenapfel	(P)
Sir Prize Okt. – Jan.	saftig, mild, weiches Fruchtfleisch	gering, etwas Mehltau, Stippe		schorfresistente Züchtung (Golden-Delicious-artig)
Ananas-Reinette Okt. – Jan.	stark würzig, kleinfrüchtig	Obstmade, Krebs, Mehltau	Klarapfel	nur für warme, nicht zu trockene Lagen, ausdünnen
Kidd's Orange Okt. – Dez.	aromatisch, saftig	etwas Schorf, Krebs, Stippe, schwefelempfindlich, Hautbräune	Idared, Glockenapfel, Maigold, Spartan	weniger anfällig als Cox Orange, gut für warme Lagen
Berner Rosen Okt. – Jan.	saftig, aromatisch, rasch mehlig	stark Schorf, Mehltau, schwefelempfindlich, Krebs, Alternanz	Klarapfel, Berlepsch, Jonathan, Glockenapfel	in höheren Lagen etwas weniger anfällig, guter Fruchtholzschnitt im Alter
Blenheimer* (Reinette v. Blenheim) Okt. – Dez.	milde Säure	Krebs, schwefelempfindlich, Stippe	Jonathan, Glockenapfel	nur in milden Lagen, gute Böden, unregelmäßiger Träger, schlechter Pollenspender, (P)
Edel-Kräusler* Okt. – Feb.	säuerlich, knackig, aromatisch	gering	Jonathan, Ontario	Spätblüte, (P)

Sorte / Name	Fruchteigenschaften	Anfälligkeit (bes. Krankheiten) usw.	Gute Befruchtersorten	Bemerkungen
Schöner von Kent Okt.–Jan.	großfrüchtig	gering, druckempfindlich		gut für höhere Lagen
Wildmuser * Okt.–Feb.	mild gewürzt, kleinfrüchtig	gering, berostet		sehr fruchtbar, (P)
Jakob Lebel Okt.–Jan.	saftig, etwas sauer	Stippe, Schorf	Klarapfel, James Grieve, Jonathan	auch für höhere Lagen, Kuchenapfel
Sauergrauech Nov.–Dez.	sehr saftig, säuerlich	Schorf, schwefel- und druckempfindlich, Haut- und Fruchtbräune, Alternanz, Zweig-Monilia	Klarapfel, Glockenapfel, Jonathan	auch für höhere Lagen, für kleine Baumformen ungünstig, sehr guter Mostapfel
Thurgauer Borsdorfer * Okt.–Feb.	säuerlich-trocken	gering		(P)
Marmorapfel Okt.–Feb.		gering		(P)
Königlicher Kurzstiel * Dez.–März	aromatisch	gering		schrumpft rasch, Spätblüte, (P)
Damason-Reinette * Dez.–April	süß, würzig, rauhe Haut	gering	Berlepsch, Glockenapfel	guter Lagerapfel, (P)
Portugies. Lederreinette * Dez.–März	süß, kleinfrüchtig	gering		Dörrapfel, Apfelstückli, schrumpft rasch, (P)
Wilerrot Jan.–Feb.	knackend, saftig	gering		Geschmack ähnlich wie Sauergrauech, geringe Haltbarkeit, (P)
Champagner-Reinette März–Mai	saftig, säuerlich	Krebs, etwas Schorf, druckempfindlich		für wärmere Lagen, spät pflücken
Bohnapfel März–Juni	mäßig saftig, säuerlich, herb	Alternanz, Schorf, etwas Hautbräune	Ananas-Reinette, Klarapfel	schlechter Pollenspender, spät ausreifend, guter Mostapfel

Abkürzungen: * = pflegeleichte Sorten
(P) = Veredeln mittels Pfropfreiser (kaum von Baumschulen erhältlich)

Quelle: Forschungsinstitut für biologischen Landbau, Bernhardsberg, CH-4104 Oberwil / Schweiz

Bäume pflanzen

Bäume sind werbewirksam. Hochglänzende Abdrucke von grünen Bäumen werben für Verbundglas, für chemische Produkte, für Buchauslieferungslager. »Die Post macht sich baumstark«, und BILD vermarktet »Das Baumhoroskop der Liebe«. Lebensversicherungen starten Baumpflanzaktionen, Planungsämter weisen für Jungvermählte Hochzeitswälder aus. Und trotzdem wachsen dort keine Wälder. Niemand kümmert sich mehr um die einmal gepflanzten Bäume, sie kümmern, sie verkümmern.

»So laßt uns denn ein Apfelbäumchen pflanzen« lautet der Titel von Hoimar von Ditfurths Bestseller. Vergeblich suche ich darin nach einer Pflanzanleitung.

Wer hat schon Erfahrungen im Pflanzen von Bäumen? Von meiner Mutter habe ich es nicht gelernt. Von meinem Vater, der Gärtner war, auch nicht. Er konnte es selbst so gut, daß er niemanden mitarbeiten ließ. In der Schule? Steht nicht im Lehrplan. Bevor Sie einen Baum pflanzen, sollten Sie einen kleinen Fragekatalog durchgehen:

Wie groß ist der Bedarf?

Der Ertrag einzelner Bäume schwankt von Jahr zu Jahr zwischen 5 und 100 kg und mehr. Er ist abhängig vom Alter, von Nachtfrösten während der Blüte, vom Fraß kleiner Tiere. Deshalb ist es sinnvoll, junge Bäume zu pflanzen, solange die alten noch tragen.

Wann soll geerntet werden?

Um fast während des ganzen Jahres frische Äpfel essen zu können und die Arbeit zu verteilen, sollten Sie Sorten wählen, die sowohl im Sommer als auch im Herbst und Winter reifen. Allerdings muß mit überlegt werden, daß Äpfel vom Blütenstaub anderer Apfelbäume durch Bienen befruchtet werden. Deshalb sollte ein zur gleichen Zeit blühender Baum in der näheren Umgebung stehen.

Wie groß ist der Obstgarten?

Zu dichtes Pflanzen begünstigt die Ausbreitung von Krankheiten. Die Bäume schießen in die Höhe, weil der Raum zum Ausbreiten der Zweige fehlt. Mindestabstände deshalb: 8 × 10 m für Äpfel, Birnen und Kirschen (Hoch- und Halbstamm), 6 × 6 m für Pflaumen, Zwetschgen, Buschformen.

Wie sind die Bodenverhältnisse?

Wächst die ›Goldparmäne‹ auch auf leichten, warmen Böden, braucht der ›Finkenwerder Prinzenapfel‹ schweren, feuchten Boden. Jede Sorte hat ihre speziellen Bedürfnisse. In der Nachbarschaft umsehen und umhören sowie in Baumschulen genau nachfragen lohnt sich.

Welchen Pflegeaufwand kann und will ich erbringen?

Die vielversprechendsten »Extra«-Sorten erfordern oft aufwendige Pflege, da sie anfällig gegen Krankheiten und Schadinsekten sind. Widerstandsfähige, altbewährte Sorten gedeihen meist mit weniger Aufwand. Auch im Obstgarten sind Mischkulturen ratsam. Die Übersicht auf S. 145 ff lindert die Qual der Wahl.

Welche Stammform?

- Hochstämme (ab 150 cm), unter ihnen kann man gehen, liegen, sitzen und Gemüse pflanzen, mit ihnen lassen sich Räume von Licht und Schatten gestalten. Zum Ernten sind Leitern nötig.
- Halbstämme (80–150 cm).
- Spindelbuchformen oder Spalierformen haben nur eine Stammhöhe von 40–60 cm, sie sind pflegeintensiv und krankheitsanfällig.

Wie und wo kaufen?

Die verlockenden bunten Kataloge, die jedes Jahr ins Haus flattern, verführen zum bedenkenlosen, bequemen Bestellen. Viele Versandfirmen versprechen Garantieleistungen, wenn Pflanzen nicht die im Katalog angegebenen Eigenschaften haben, das heißt, innerhalb einer Gewährleistungsfrist können sie umgetauscht werden. Doch das erfordert allerlei Mühe. Die Baumschule vor Ort leistet in der Regel eine bessere Beratung bei der Auswahl (auch hier Vorsicht, daß man sich keine ›Gartenhüter‹ aufschwatzen läßt). Es lohnt sich, Angebote zu vergleichen und zu prüfen. Hier einige Kriterien:

- der Stamm sollte eine glatte, gesunde Rinde haben,
- die Krone sollte vier bis fünf starke Zweige aufweisen,
- die Wurzeln mit vielen feinen Faserwurzeln ausgestattet sein.

WIE PFLANZT MAN EINEN BAUM?

Die beste Pflanzzeit für Bäume ist der Spätherbst oder das Frühjahr, wenn der Boden nicht mehr gefroren ist.

Nach meiner Erfahrung wachsen Obstbäume besser, wenn sie nicht auf Störzonen (Wasseradern, Curry-Streifen) stehen. Eichen oder Efeu gedeihen auf Wasseradern.

Die Pflanzgrube sollte 1 × 1 Meter breit, jedoch mindestens doppelt so breit und doppelt so tief wie das Wurzelwerk ausgegraben werden, den Untergrund am besten mit der Grabegabel lockern. Die Wurzeln gut anfeuchten, abgebrochene, gequetschte oder vertrocknete Wurzelteile abschneiden, verrottbare Ballentücher aufbinden, solche aus Kunststoff entfernen. Von Containern, Folienbeuteln und Gittertöpfen müssen die Wurzeln sofort nach dem Kauf befreit werden.

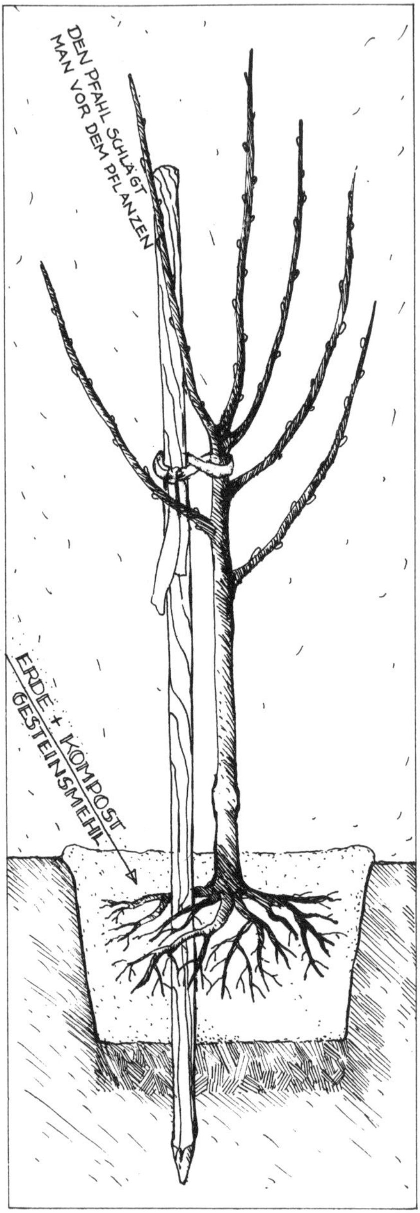

Die Erde mit einem Eimer Kompost und einem Kilogramm Gesteinsmehl langsam um die Wurzeln herum werfen, dabei wird der Stamm senkrecht gerüttelt und geschüttelt, so entstehen keine Hohlräume.

Die Veredlungsstelle (Wulst am Wurzelhals, an der auf die Wurzelunterlage veredelte Reiser gebunden wurden) sollte etwa fünf Zentimeter über der Bodenoberfläche liegen. Ist sie mit Erde bedeckt, trägt der Baum schlecht.

Einen leicht erhöhten Gießrand um die Pflanzgrube aufschütten und dann einmal gründlich wässern. Antreten ist unnötig.

Im Abstand von ein bis zwei Metern um den Baumstamm herum sollten keine Gräser wachsen. Auf diese Baumscheiben säe ich im Frühjahr Gründüngerpflanzen oder einjährige Sommerblumen, wie die Kapuzinerkresse, und stecke einige Knoblauchzehen, die wehren Schädlinge ab.

Der wachsende Baum

Rabbi Uri lehrte: Der Mensch gleicht einem Baum. Willst du dich vor einen Baum stellen und unablässig spähen, wie er wachse und um wieviel er schon gewachsen sei? Nichts wirst du sehen. Aber pflege ihn allezeit, beschneide, was an ihm untauglich ist, wehre seinen Schädlingen, zu guter Frist wird er groß geworden sein. So der Mensch: es tut nur not, die Hemmnisse zu bewältigen, auf daß er zu seinem Wuchs gedeihe; aber ungeziemend ist es, allstündlich zu prüfen, um wieviel er schon zugenommen habe.
Martin Buber

Bäume vermehren und veredeln

Legt man Kerne von Äpfeln oder Birnen, Steine von Kirschen, Pflaumen oder Pfirsichen, Beeren von Stachel-, Him- oder Brombeeren in die Erde (Tiere verbreiten sie sowieso), so kann im darauffolgenden Jahr ein Keimling emporwachsen. Sein Nachteil: er wird mit großer Wahrscheinlichkeit nicht die geschätzten Eigenschaften seiner Eltern haben, denn unsere Obstbäume und Beerensträucher sind veredelt. Von diesen ›Sämlingen‹ oder ›Wildlingen‹ wird der Sproß abgetrennt. Nur das Wurzelwerk wird als ›Unterlage‹, als Versorgungssystem, für den Zweig, den ›Reiser‹, einer ›edlen Sorte‹ benutzt.

Auf schwachwüchsigen Unterlagen entwickeln sich niedere Spindelbuschformen. Schon im zweiten Jahr tragen sie Früchte, haben jedoch nur eine kurze Lebensdauer und sind anfällig gegen Krankheiten. Sie stehen auf Obstplantagen. Ändern sich Verbrauchergewohnheiten, sind die Bäume schnell ausgetauscht.

Mittel- und schwachwüchsige Unterlagen bringen höhere, gesündere und langlebigere Bäume hervor. Sie setzen oft erst nach Jahren Früchte an, die größtenteils mit der Leiter geerntet werden müssen. Sie brauchen mehr Raum.

Absenker und Ableger

Von Johannis-, Stachel- und Himbeeren, von Feigen- und Quittenbaum können seitliche Zweige auf die Erde gelegt und mit Erde bedeckt, evtl. mit Steinen beschwert werden. Aus den Knospen, den ›Augen‹, bilden sich bei Dunkelheit Wurzeln.

Bäume pflegen

Folgende Maßnahmen fördern einen Baum in seiner Entwicklung:

- die Baumscheibe lockern, so daß Sauerstoff und Wasser besser zu den Wurzeln vordringen können.
- Mulchen, Kompost, Gesteinsmehl, Kalk (auf sauren Böden bitte richtig dosieren) verhindern ›Bodenmüdigkeit‹ und geben Mineralien und Spurenelemente zurück.

Mangelerscheinungen sind festzustellen an:

- verkrüppelten, harten Früchten: Mangel an Bor
- geringem Fruchtansatz, kaum Blüten: Zinkmangel

- Wachstumsstörungen: Manganmangel

Diese Erscheinungen können auf zu starke Düngung mit Kalk und Stickstoff zurückzuführen sein, denn dadurch kommt es zur Blockierung von Spurenelementen. Durch Überkalkung können Schäden wie Gelbsucht, Spitzendürre, Schopfigwerden und Fruchtverkrüppelung auftreten.[5] »Eine überreiche und zu späte Stickstoffdüngung verzögert das Ausreifen des Holzes.«[6] Dann gehen die Zweige weich, glasig und brüchig in den Winter. Auf die herannahende Kälte sind sie nicht genügend vorbereitet. Sobald die Winterfröste vorüber sind, reinigt man (am besten an feuchten Tagen) alte Baumstämme von Moos und abgestorbener Borke und streicht den Stamm mit einem Kalk-Lehm-Gemisch ein. Nässende Stammesbereiche müssen dabei bis aufs gesunde Holz freigelegt werden, sonst breiten sich Infektionen weiter aus.

Kalk-Lehmanstrich:

Weißkalk wird mit Wasser verrührt, so daß ein gut streichfähiger Brei entsteht, Lehm oder Kaolin hinzugefügt. Schwefel und Seifenzusätze wirken gegen Pilzerkrankungen.

Baumanstriche schließen am Stamm überwinternde Insekten und ihre Brut ein. Sie werden eingeschlossen und ersticken. Kalk wirkt ätzend auf Algen und Pilze. Außerdem reflektiert der weiße Anstrich das Licht, dadurch sind die Temperaturunterschiede zwischen Tag und Nacht nicht so groß.

Baumanstrich im bio-dynamischen Obstbau:

10 kg Lehm und etwa 5 kg Kuhmist werden mit etwa 7 l Schachtelhalmtee zu einer streichfähigen Masse verrührt.

Leimringe, um den Baumstamm gelegt, verhindern, daß die flugunfähigen Weibchen des Frostspanners ihre Eier in die Winterknospen legen. Ende September wird witterungsbeständiges Raupenleimpapier am oberen und unteren Ende fest um den Stamm gebunden. Frostspannerweibchen sind von Oktober bis Dezember unterwegs, in dieser Zeit sollten die Ringe kontrolliert und evtl. ausgewechselt werden.[7]

Kräuterjauchen wehren Schädlinge ab und stärken Bäume, zum Beispiel hilft Wermutbrühe gegen Obstmaden und Läuse.

Äste schneiden und sägen

Ob man Obstbäume in regelmäßigen Abständen besägen und beschneiden soll oder gar muß und wie man einen Baum am besten schneidet, darüber gehen die Vorstellungen weit auseinander.

Der niederelbische Obstbauer Wilhelm Winckler hat 1948 seine Erfahrungen in dem Grundsatz zum Ausdruck gebracht:

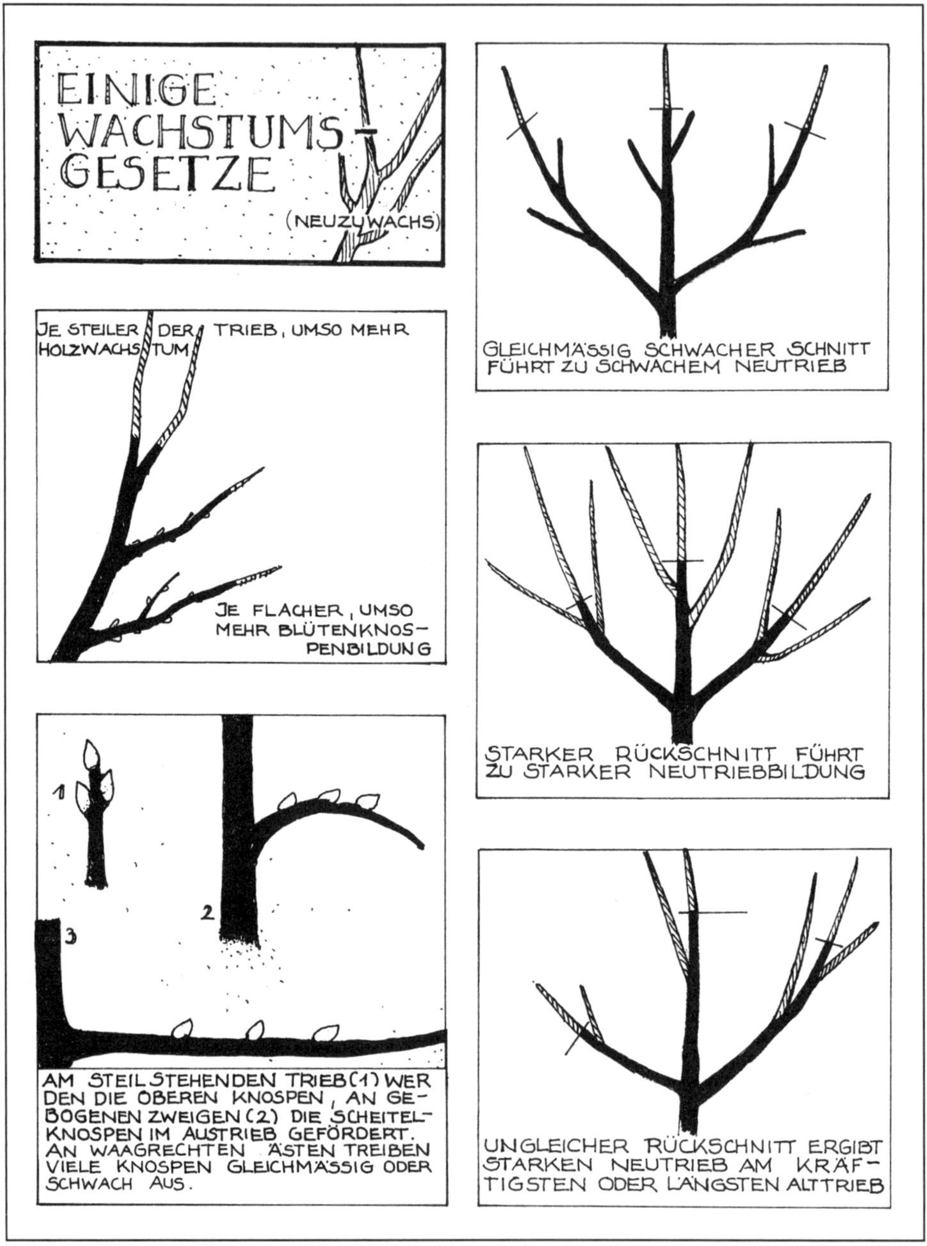
EINIGE WACHSTUMS-GESETZE
(NEUZUWACHS)
JE STEILER DER TRIEB, UMSO MEHR HOLZWACHSTUM
JE FLACHER, UMSO MEHR BLÜTENKNOSPENBILDUNG
1
2
3
AM STEILSTEHENDEN TRIEB (1) WERDEN DIE OBEREN KNOSPEN, AN GEBOGENEN ZWEIGEN (2) DIE SCHEITELKNOSPEN IM AUSTRIEB GEFÖRDERT. AN WAAGRECHTEN ÄSTEN TREIBEN VIELE KNOSPEN GLEICHMÄSSIG ODER SCHWACH AUS.
GLEICHMÄSSIG SCHWACHER SCHNITT FÜHRT ZU SCHWACHEM NEUTRIEB
STARKER RÜCKSCHNITT FÜHRT ZU STARKER NEUTRIEBBILDUNG
UNGLEICHER RÜCKSCHNITT ERGIBT STARKEN NEUTRIEB AM KRÄFTIGSTEN ODER LÄNGSTEN ALTTRIEB

»Nicht die Schere, sondern Licht und Luft sollen dem Apfelbaum seine Form geben.«[8] Seine Bäume unterscheiden sich von dem üblichen Muster im Alten Land, wo der Obstbauer nach dem Sprichwort handelt: Wo man noch eine Mütze zwischen den Baumkronen nach oben werfen kann, da muß unten noch ein Baum hin. Seine Bäume haben niedrige Stämme und mächtig ausladende Kronen, aus der lange, schlangenförmige Zweige bis auf den Erdboden herniederhängen. Der einzelne Baum bildet eine Glockenform:

zweierlei
Handzeichen

ich bekreuzige mich
vor jeder kirche
ich bezwetschkige
mich
vor jedem obstgarten

wie ich ersteres tue
weiß jeder katholik
wie ich letzteres tue
ich allein

Ernst Jandl

»Formierung der Bäume – oder natürlicher Wuchs?
Außer dem einmaligen Rückschnitt beim Anpflanzen rate ich, die Triebe nie einzukürzen, sondern sie zu langen Zweigen auswachsen zu lassen: das danken die Bäume mit um so schnellerer Fruchtbarkeit. Ich versuche nicht mehr zu formieren, seit ich erfahren habe, daß die Natur viel weiser ist. Sobald sich nur zwei Blätter verschiedener Zweige berühren, bilden sich ihre Knospen schon schwächer aus. Welch feine, empfindliche Regulierung kommt in solchen Tatsachen zum Ausdruck! Für mich ist deshalb der Apfelbaum ein lebendes Wesen, den ich nicht anders als einen Menschen achten kann.«

Der Pflanzschnitt

Meiner Erfahrung nach muß ein Baum weiter regelmäßig geschnitten werden, wenn damit einmal begonnen worden ist. Der Baum reagiert auf den Rückschnitt mit der Ausbildung von einer Vielzahl von neuen Trieben. Ein Großteil davon sind ›Wasserschosse‹, das sind Triebe, die senkrecht in den Himmel wachsen und keine Blütenknospen hervorbringen. Also muß im darauffolgenden Jahr wieder geschnitten werden.

»Vor schnittigem Leichtsinn wird gewarnt ... Prinzipiell kommt es darauf an, eine Balance zwischen Wachsen und ›Fruchten‹ zu finden ... Apfel und Birne entwickeln Blütenknospen, vor allem an Enden und Seiten oft älterer ›Kurztriebe‹. Sie sind deshalb den Blattknospen tragenden ›Langtrieben‹ vorzuziehen und zu fördern.«[9]

BÄUME SCHNEIDEN

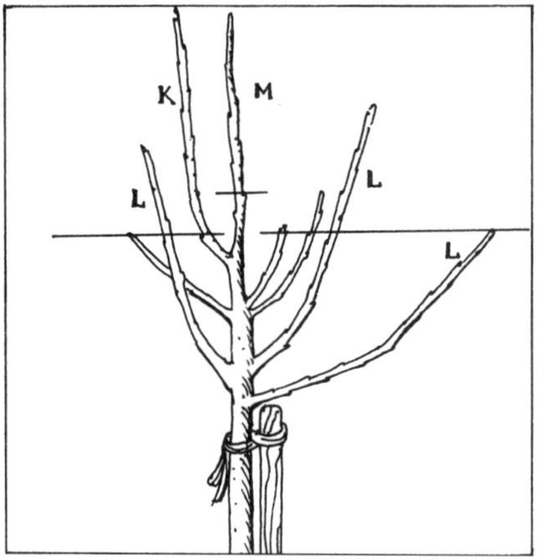

Pflanzenschnitt

Im Jahr der Pflanzung oder ein Jahr danach den Mitteltrieb mit einer zweischneidigen Baumschere um ein Drittel einkürzen. Den Konkurrenztrieb = K entfernen. Drei bis fünf Seitentriebe (Leitäste = L) bleiben stehen. Sie werden so gekappt, daß sie alle in der gleichen Höhe enden. Stehen sie zu steil, kann man sie mit einem zwischen die Zweige geklemmten, eingekerbten Holunderzweig absenken. Der ideale Neigungswinkel liegt zwischen 45 und 90 Grad.

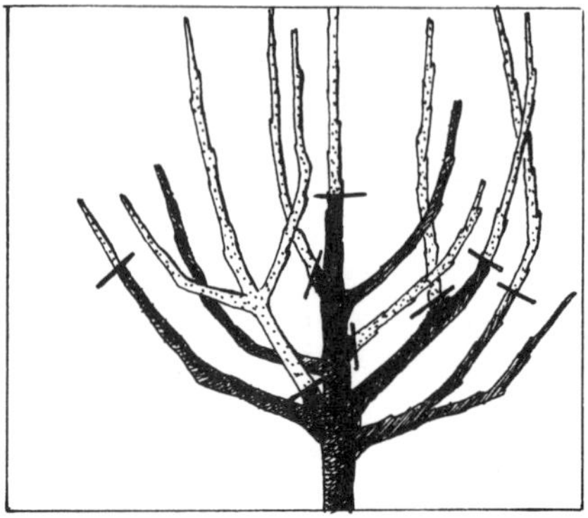

Erziehungsschnitt

In den darauffolgenden drei bis fünf Jahren werden alle Triebe, die nach innen wachsen, entfernt. Haupt- und Seitentriebe werden auf gleicher Höhe eingekürzt.

Auslichtungsschnitt

Nach dem 6. Jahr beseitigt man sich scheuernde und zu dicht stehende Äste und Konkurrenztriebe. Leitäste werden jetzt nicht mehr gekürzt. Die Krone soll gleichmäßig locker und licht aufgebaut sein.

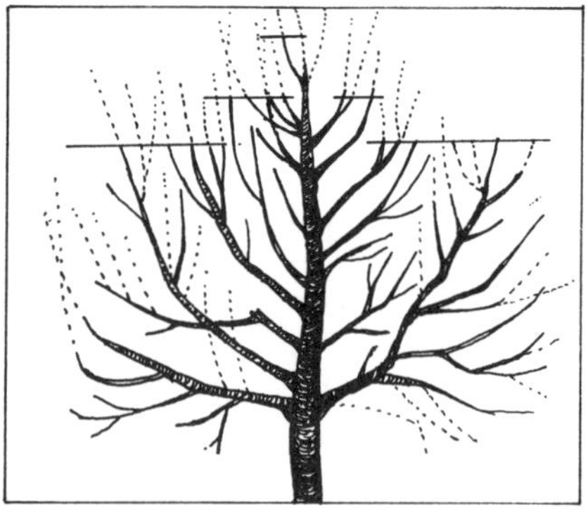

Verjüngungsschnitt

Wenn durch einen alten Baum kein Durchblick mehr ist, wenn sich kaum noch junge Triebe bilden und die Früchte klein werden, sollten alle zu dicht stehenden Äste am Astansatz abgesägt werden. Mittelast, Leit- und Nebentriebe können bis ins acht Jahre alte Holz gekürzt werden.

Schnittregeln

- Schräg an einer Knospe (einem Auge) Zweige abschneiden.

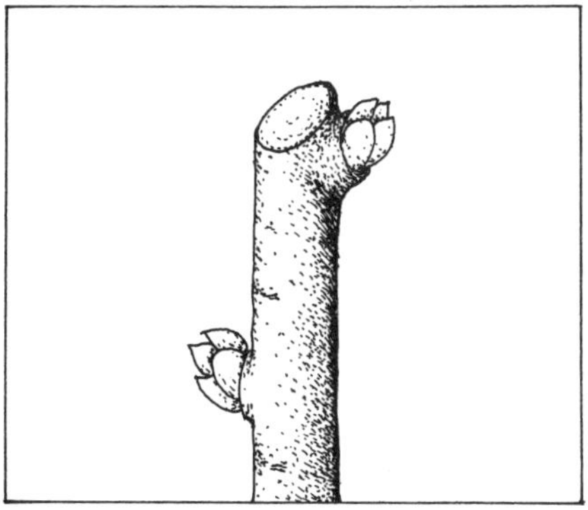

- Dabei keine Zapfen, Stümpfe oder ›Kleiderhaken‹ stehenlassen. Sie werden nicht mehr mit genügend Säften versorgt, dadurch können beispielsweise Pilze (z. B. Nectria cinnabaria, der Erreger der Rotpustelkrankheit) und Bakterien leicht in den Baum eindringen.
- Größere Äste während der Vegetationspause ab November bis März absägen.
- Starke Äste reißen beim Sägen durch ihr Eigengewicht Rindenzungen mit ab. Daher zuerst einen Entlastungsschnitt machen und dann dicht am Stamm sägen.
- Wunden, die größer als ein Hühnerei sind, mit Wundverschlußpaste (künstlicher Rinde) verstreichen, das verhindert Infektionen und den Verlust von Baumsäften.

Gestutzte Eiche

Wie haben sie dich, Baum, verschnitten,
Wie stehst du fremd und sonderbar!
Wie hast du hundertmal gelitten,
Bis nichts in dir als Trotz und Wille war!
Ich bin wie du, mit dem verschnittnen,
Gequälten Leben brach ich nicht
Und tauche täglich aus durchlittnen
Roheiten neu die Stirn ins Licht.
Was in mir weich und zart gewesen,
Hat mir die Welt zu Tod gehöhnt,
Doch unzerstörbar ist mein Wesen,
Ich bin zufrieden, bin versöhnt.
Geduldig neue Blätter treib ich
Aus Ästen hundertmal zerspellt,
Und allem Weh zu Trotze bleib ich
Verliebt in die verrückte Welt.

Hermann Hesse

Hecken – lebende Einfriedungen

Garten – gotisch: gards, garor, bedeutet Zaun, Gehege, Hofraum.

Klug ausgeheckt haben es die Alten, als sie einst lebende Grenzen pflanzten. Die »Knicks« um die großen Felder Norddeutschlands, die »Heck« am Rande der Weinberge Süddeutschlands, die Beerenhecke um alte Bauerngärten schützen vor Wind, Staub und Sicht. Sie sind Regen- und Sonnenschirm zugleich, sie fördern die Taubildung und sorgen für hohe Luftfeuchtigkeit, sind Rückzugsgebiete und Nahrungsquellen für Vögel und Insekten. Hecken gestalten Räume, zwischen ihnen ist es wärmer und gemütlicher. Pflanzen gedeihen dort besser. Auf Dürers Aquarellen durchziehen sie die Landschaft wie dunkelgrüne Bänder und verbinden Felder und Gärten miteinander. Heute sind diese grünen Netze grobmaschig geworden, zerrissen, mancherorts nur noch als Fetzen am Horizont zu erkennen.[10]

»Mit Hecken gegen Wind und Brache für Bodenfruchtbarkeit«

Mit der Zusammenlegung von Ackerflächen konnte auf den leichten Böden der Nordheide der Wind häufig ungehindert sein zerstörerisches Spiel treiben. Teilweise wehte er so heftig, daß die jungen Rübenpflanzen wie mit einem Sandstrahlgebläse zerfetzt wurden. Manche Rübenäcker mußten danach ein zweites Mal bestellt werden. Um dem Wind seine zerstörerische Kraft zu nehmen, pflanzen zahlreiche Landwirte nun Hecken, die quer zur Windrichtung stehen. Die Gehölzstreifen müssen durchblasbar sein, um die Kraft des Windes zu brechen.

Für eine vierzeilige Hecke entstehen dabei Kosten in Höhe von 30 Mark je laufenden Meter, die zu 80 Prozent bezuschußt werden können.

Elbe-Jeetzel-Zeitung vom 2. Juli 1986

Die Befürworter von Monokulturen und Flurbereinigung, die Planer an grünen Tischen, bekunden ihr eindimensionales, kurzsichtiges, materielles Denken, wenn sie schlau argumentieren: Hecken nehmen den Nutzpflanzen Nährstoffe weg und sind Brutstätten von ›Ungeziefer‹, Hecken blockieren wertvolles Ackerland und behindern den Einsatz von großen, rentablen Landmaschinen.

Nicht nur auf Feldern, auch in deutschen Gärten ist es eintönig geworden. Immergrüne Container-Koniferen aus Gartencentern, im Dutzend im Sonderangebot, stehen in Reih und Glied hinter Jägerzäunen. Wachsen sie mit vielen Düngergaben hoch hinaus, wird vielerorts der Wipfel einfach geköpft. Denn bei der tiefstehenden Wintersonne werfen die Immergrünen lange Schatten. Auf meinem Schulweg beobachte ich seit Jahren pflegeleichte Koniferensammlungen um geklinkerte Einfamilienhäuser. Ihre Baumscheiben sind fein akkurat aus dem Rasen ausgestochen und blank von jedem anderen Gewächs. Ob im Frühjahr oder Herbst, die Gärten sehen zu allen Jahreszeiten gleich aus. Nur zu Ostern wird da eine Osterglocke aus dem Treibhaus, dort ein gelbblühendes Stiefmütterchen eingesetzt. Wenn es ›ausgeblüht‹ hat, hat es seinen Dienst getan, wird ausgerissen und in den Mülleimer geworfen. Keine Konifere würde sich freiwillig in unserem Garten ansiedeln, ihre Heimat ist das karge Gebirge. Eher würde da ein Holunder aus den Kernchen der dunkelblauen Beeren, dort ein Haselstrauch von selbst aufgehen, vielleicht aus einem vergessenen Versteck des Eichhörnchens.

Trotz vieler Pflegemittel lassen Koniferen Nadeln fallen, lichten sich und werden braun. Giftbefrachtete Luft und saurer Regen sind eine Ursache, der falsche Standort eine weitere. Wenn Mensch aus Schaden klug wird, nutzt er die entstandene Lücke als Chance und pflanzt einheimische, im Frühjahr blühende und im Herbst fruchttragende Sträucher. Wie wär's mit einem Pfaffenhütchen, einer Kornelkirsche, Himbeeren oder Heckenrose? Suchen Sie in Ihrer Umgebung nach einer wildwachsenden Hecke, fragen Sie, was blüht und grünt denn da.[11] Schneiden Sie Absenker oder Stecklinge vorsichtig ab, dann können Sie die Freude, vielleicht auch Enttäuschungen in Ihrer eigenen ›Straucherschule‹ erleben.

NIEDERE HECKEN

Weitere Arten

Fingerstrauch, Pfeifenstrauch, Schneespiere, Weißdorn, Schlehe und Pfaffenhütchen.

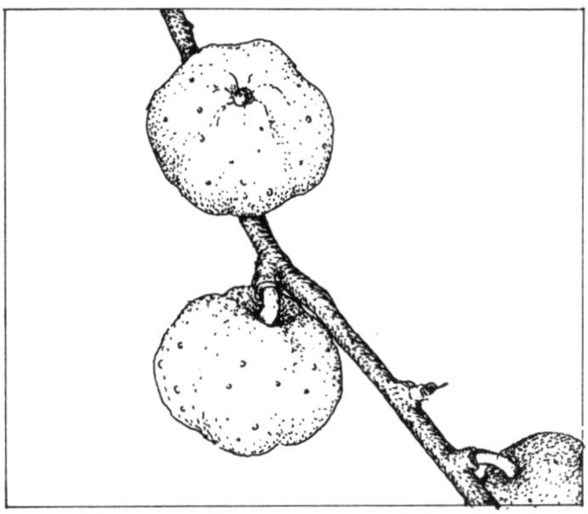

Japanische Quitten

gehören mit ihren zartroten Blüten und ihren apfelartigen, gelbgrünen Früchten (deshalb auch ›Scheinquitte‹ genannt) zu meinen ›Lieblingsbüschen‹. Sie werden 2–3 m hoch und lieben trockenen, guten Boden. Im Frühjahr werden die Kerne der Früchte ausgesät oder Ableger gewonnen.

Sauerdorn

Es gibt sehr viele Arten. Sie sollten jedoch nicht in die Nähe von Getreidefeldern gepflanzt werden, denn sie sind Wirtspflanzen von Rostpilzen. Nur die Früchte sind genießbar und wirken unterstützend bei Nieren- und Leberleiden.

Johannisbeeren

Rote, schwarze, Alpen-, Gold-, Felsen- und Blutjohannisbeere. Aus den traubenförmigen Blütenständen wachsen im Sommer wohlschmeckende, vitaminreiche Beeren.

Sie brauchen humusreichen, feuchten Boden, denn es sind Flachwurzler. Für dichte Hecken sollten sie im Abstand von 75 cm gesetzt werden. Besser tragen sie im Abstand von 1 m.

Zwergmispel

In einem Baumschulenkatalog[12] sind über 20 Arten angegeben, Bodenabdekker wie hochwachsende immergrüne und laubabwerfende Arten. Sie gehören zu den ›industriefesten Gehölzen‹ und fallen durch ihre roten Früchte von September bis Dezember auf. Die ausgereiften Früchte in kalte Kästen gelegt und mit Holz abgedeckt, keimen im Frühjahr.

Felsenbirne

1-2 m hoch, blüht weiß im April/Mai in doldenartigen Trauben. Sie sind gut durch Wurzelausläufer, Ableger und Samen zu vermehren.

MITTELHOHE BIS HOHE HECKEN

Weitere Arten

Silberblättrige Büffelbeere, Traubenkirsche, Weißdorn, Ölweide, Wacholder

Haselnuß

Die Kätzchenblütler und Windbestäuber wollen luftig stehen. Da sie einhäusig sind, müssen mindestens zwei Sorten gepflanzt werden, damit sie Früchte tragen. Wild- und Kulturpflanzen vertragen sich. Die Nüsse, im Frühjahr in die Erde gelegt, keimen im Mai.

Heckenrose

1-2 m hoch und breit, liebt sonnige, trockene Lagen, blüht weißrosa im Juni/Juli. Die roten Hagebutten reifen im Oktober. Dann kann Hagebuttenmarmelade und ›Kernlestee‹ aus den Kernen gekocht werden. Für die Vögel bleiben genügend zum Picken über. Vermehrung durch Saat.

Kornelkirsche

gedeiht auch noch in kalten, hohen Gebirgsgegenden, bevorzugt kalkhaltigen Boden. Sie entwickelt sich langsam, meist strauchartig, wird 2–6 m hoch und bis zu hundert Jahre alt. Sie gibt Bienen Nektar und Pollen. Menschen und Vögel genießen ihre länglichen korallen- bis schwarzrot werdenden Früchte. Die harten Samen werden zu Rosenkränzen verarbeitet, können aber auch gesät werden, nach langer Zeit keimen sie.

Schwarzer Holunder

ein heilender Strauch, ihn auszureißen oder abzusägen, sagt der Volksmund, bringt Unglück. Er wächst überall schnell, wenn man ihn nur läßt. Aus seinen vitaminreichen Beeren lassen sich köstliche Säfte und Marmeladen kochen, mal pur, mal mit Birnen und Äpfeln gemischt.

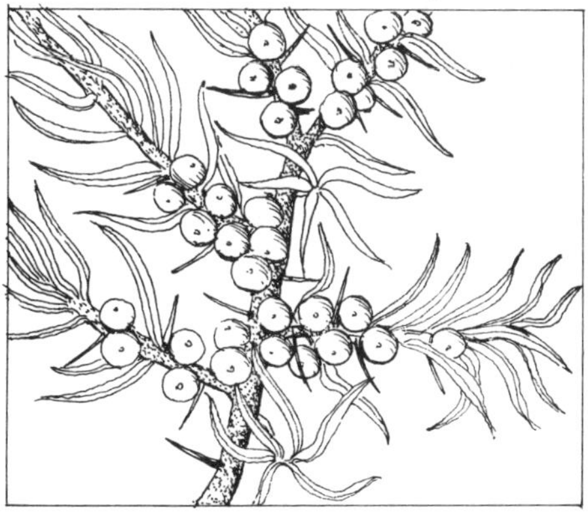

Sanddorn

die dornigen 1–4 m hohen Sträucher gedeihen bestens auf feuchtem Sand. Sie sind zweihäusig, ein männlicher und ein weiblicher Strauch ist zur Befruchtung notwendig. Die orangefarbenen Früchte sind Vitamin-C-Spender und enthalten feine Samen, die im Frühjahr gesät werden und rasch keimen. Steht unter Naturschutz.

Bäume des Lebens – hingerichtet

Einst sorgten Bauern und Adel, daß nicht nur im Haus genügend Holz als Bau- und Brennmaterial vorhanden war, sondern daß auch im Hof und in den angrenzenden Wäldern genügend Holz heranwuchs. Für jeden abgeholzten Baum mußten fünf neue gepflanzt werden. Brannten Häuser oder ganze Dörfer ab, stand das Baumaterial vor Ort. Als Feuer- und Windschutz, als Regen- und Sonnenschirm wurden Eichen, Linden oder Kastanien direkt ans Haus gepflanzt. Bäume waren Zeichen des Reichtums und des Lebens. Sie knüpften ein lebendes Band zwischen vielen Generationen einer Familie. Ihre Geschichten sind verschlüsselt – ablesbar an Blättern, Rinde und, wenn sie tot sind, an den Jahresringen.

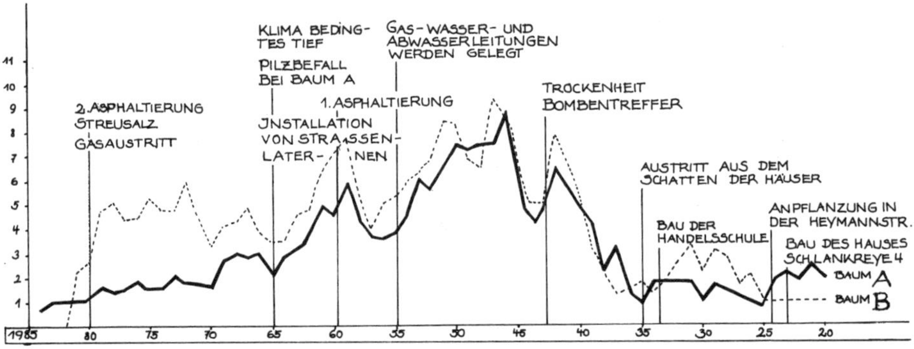

ZUWACHSDIAGRAMM: JÄHRLICHER ZUWACHS DER BEIDEN ROTEICHEN IN MILLIMETERN (DURCHSCHNITTLICHE DICKE DER JAHRESRINGE)

Zwei Hamburger Schülerinnen zeichneten den Lebensweg zweier gestorbener Roteichen vor ihrer Schule nach.[13] Anhand von Baumquerschnitten haben sie den Zuwachs der einzelnen Jahresringe in einem Diagramm dargestellt. Die guten Jahre mit hohem Zuwachs (5–7 mm von 1945 bis 1960) und die schlechten Jahre (weniger als 3 mm ab 1965) stehen in Beziehung zu äußeren Eingriffen, beispielsweise zu Asphaltierungsarbeiten 1960 und 1980, die einen Teil des Wurzelwerks zerstörten. Der Boden wurde versiegelt, so daß kaum noch Regenwasser und Luft eindringen konnten. Wie baumfreundlich ist da das alte Kopfsteinpflaster mit seinen vielen Zwischenräumen für ablaufendes Regenwasser.

Auto-freundlich – baum-feindlich

In den letzten Jahrzehnten waren Bequemlichkeit, Versprechungen und Verführungen der Industrie der Grund für die Umgestaltung von Stadt und Land in autogerechte Verkehrslandschaften. Großflächige Versiegelung für Fahrwege und Abstellplätze, glatt und mit wenig Rücksicht auf alteingesessene Bewohner. Der Preis wurde verschwiegen. Wenn ich nur an den »Salzglaubenskrieg« des Winters 1985/86 in Hamburg denke: Bus und Taxifahrer stellten ihre Fahrten ein. Hamburger Abendblatt und BILD sorgten sich rührend um des Bürgers schnelle, sichere Fahrt zum Arbeitsplatz. Alte Leute zeterten lautstark, weil die Behörde das Salzstreuen weitgehend eingestellt hatte.

Mit Salz sicher durch den Winter! – denn mühelos, in Minutenschnelle taut Streusalz Schnee und Eis von Wegen und Straßen.
Anzeigentext

2–3 Millionen Tonnen Auftausalz werden Winter für Winter gestreut – umgerechnet sind das etwa 100 Kilogramm für jeden PKW. Allein die jährlichen Korrosionsschäden durch Streusalz werden auf 2,5 Milliarden DM geschätzt – das steigert den Umsatz, das Bruttosozialprodukt steigt.

Im Winter Salz – im Sommer kahl

Die Nebenwirkungen werden unversehens zu Hauptwirkungen. Allein Hamburg müßte zur Rettung geschädigter Bäume 27 Millionen DM zur Verfügung haben, um die oberste Schicht der Baumscheiben abzutragen, Nährstofflösungen zur Verdrängung des Streusalzes einzuspülen und Humus aufzubringen. 1,8 Millionen sind dafür zur Zeit jährlich bewilligt.

Jährlich sterben in der Bundesrepublik 20000 Straßenbäume den Salztod. Die ersten Anzeichen: kleine, sich an den Rändern gelb verfärbende Blätter. Da sie Salz statt Mineralien in das Blattgewebe einbauen, werfen sie schon im Sommer die versalzenen Blätter ab. So sind Holzzuwachs und die Speicherung von Reservestoffen gestört. Der Baum geht geschwächt in den Herbst und Winter, in dem hoffentlich nicht wieder Salzwasser seine Wurzeln verätzt.

Nicht nur Bäume sterben, auch Menschen sterben. Herz- und Kreislaufkrankheiten sind die häufigsten Todesursachen. Da hilft nur, den Kreislauf des Todes zu durchbrechen und im Winter Schnee zu schippen, den eigenen Lebenssaft zum Fließen zu bringen und Sand und salzfreies Granulat, beispielsweise gebrochenen Naturstein, zu streuen.[14]

Sterbende Bäume – sterbende Wälder

»Was ist los mit unserem Wald?« so der Titel einer Informationsschrift der Bundesregierung.[15] Die Frage trifft bestensfalls die Symptome, wer den Ursachen auf den Grund gegen wollte, müßte fragen: »Was ist los mit uns?« Denn ohne uns und unsere Luftverschmutzung würde der Wald wunderbar wachsen und gedeihen.

Das »Waldsterben«, viel beschrieben und zitiert (auch in Frankreich wurde der Begriff eingebürgert), ruft kaum noch Besinnen, geschweige denn Handeln hervor. Wer ist schon bereit, auf der Autobahn nicht mehr als Tempo 100 zu fahren? Das Tempolimit wurde nicht eingeführt, das schadstoffarme Auto ist nicht verpflichtend – allenfalls Steuererleichterungen, nicht aber das Leiden der Bäume, beeinflussen unsere Kaufentscheidungen für das Katalysator-Auto. Der schweizerische Autoaufkleber: »Mein Auto fährt auch ohne Wald« zeigt die Ignoranz und den grenzenlosen Egoismus, mit denen wir der Natur gegenübertreten.[16]

Raubbau an tropischen Regenwäldern, Zerstörung der Pflanzengemeinschaften in einheimischen Mischwäldern, Anpflanzung von gewinnversprechenden, schnellwachsenden Nadelbäumen in Reih und Glied an für sie ungeeigneten Orten, Vergiftung der Luft mit Schwefeldioxid, Salpeter, Stickoxyden u. a., das sind die Umgangsform von zivilisierten, industrialisierten Völkern mit den ihnen anvertrauten natürlichen Schätzen.

Die Folgen des Baumsterbens:

- Verringerte Sauerstoffkonzentration, gleichzeitig erhebliche Anreicherung von Kohlendioxid und anderen Spurenstoffen in die Atmosphäre, führen zu klimatischen Veränderungen. Vermutete Folgen: Treibhauseffekt auf der Erde mit Temperaturerhöhungen, evtl. Schmelzen von Polareis, Überschwemmungen. Unklar sind die genauen Auswirkungen und die unüberschaubaren Wechselwirkungen.
- Regenwasser wird nicht mehr genügend im Waldboden gespeichert; dadurch ist langfristig unser Trinkwasser in Gefahr.

- Besonders in Hang- und Gebirgslagen halten Baumwurzeln Humus und Geröll, Schnee und Wasser fest. Bodenerosion, Sturzbäche und Lawinengefahr drohen zunehmend.
- Die Luft wird schlechter, denn Staub und Gifte filternde und Luft befeuchtende Blätter fehlen.

Die wahrscheinlichsten Auswirkungen des Sauren Regens auf Pflanzen sind in der Zeitung »metall«[17] kurz und verständlich dargestellt worden:

Die Belastung des Waldbodens mit Schwefel- und Salpetersäure löst eine Kettenreaktion aus. Die sauren Niederschläge lösen giftige Metalle wie Aluminium, die wiederum das Feinwurzelwerk schädigen, das die Bäume schützt und nährt. Über die Wurzeln ins Stammholz eingeschleust, wirkt Aluminium als tödliches Zellgift.

Zugleich greift der Säureniederschlag die Bäume über das Blattwerk an und stört den Prozeß der Photosynthese, mit dem Pflanzen Licht, Wasser und Kohlendioxid in Zucker und Sauerstoff umwandeln. Die so gestreßten Bäume erweisen sich durchweg als besonders anfällig gegenüber konventionellen Bedrohungen wie Frost und Dürre, Schmarotzerpilzen und Schadinsekten.

Waldforscher fürchten denn auch, daß künftige Dürreperioden vielen vorgeschädigten Forsten den Rest geben werden – zumal der saure Regen offenbar auch noch auf andere Weise als über die Bodenversauerung wirkt.

Wenn nämlich Stickoxide aus dem Autoauspuff und Kohlenwasserstoffe bei intensivem Sonnenschein zusammenkommen, entstehen das Baumgift Ozon und verwandte Verbindungen, darunter der sogenannte photochemische Smog, der die schützende Wachsumhüllung von Pflanzen zerstört. In hohem Stickoxid-Ausstoß und langen Schönwetterperioden sehen einige Umweltforscher die Ursache dafür, daß im Sommer letzten Jahres vor allem in Teilen Nordrhein-Westfalens schlagartig Waldschäden bislang unbekannten Ausmaßes auftraten.

Saubere Luft statt Samenbank

Anfang der siebziger Jahre protestieren Forstleute, Natur- und Umweltschützer gegen das Waldsterben. Doch statt »entschwefeln statt zu schwafeln« läuft das große Geschäft mit der Verwaltung der Zerstörung. Kalk- und Düngemittelhersteller verdienen sich goldene Nasen, Firmen lagern Saatgut von Bäumen ein und spekulieren auf den Profit, den ihnen der Mangel eintragen wird, denn es ist damit zu rechnen, »daß in 20 bis 30 Jahren in weiten Regionen Europas kein brauchbares Saatgut mehr vorhanden« sein wird.[18] Für diesen Fall läßt der Bundesinnenminister heute schon Samentütchen verteilen. Doch fragt sich, wo das »eigene Stückchen Natur« denn wachsen soll, das wir »aus diesem Fichtensamen ziehen« können, wenn die Luft weiterhin Transportmittel, der Boden weiterhin Ablagerungsstätte für Gifte ist?

In der Zwischenzeit brüstet sich der Forschungsminister mit gentechnologischen Experimenten zur Züchtung von giftresistenten Bäumen. Doch Forstgenetiker erklären, es gebe keine realistische Chance, Bäume zu züchten, die widerstandsfähig gegen Umweltgifte sind. Und in einigen Jahren, so die staatliche schwedische Samenbank in Jönköping, wird möglicherweise kaum noch brauchbarer Boden vorhanden sein, um sie einzupflanzen.

Mit technologischen Mitteln sollen Schäden bekämpft werden, die durch eben sie entstanden sind, auf daß die Teufelskreise sich weiter ausbreiten und die Geschäfte nicht aufhören.

Ein Hoffnungsschimmer

»Flechten, eine Lebensgemeinschaft aus Pilzen und Algen, reagieren empfindlich auf Schadstoffe aus der Luft und hatten in den letzten Jahrzehnten in vielen Ballungsgebieten ihren Rückzug angetreten. In den Innenstädten, den Kernbereichen höchster Immissionsbelastung, entstanden so regelrechte ›Flechtenwüsten‹. Nachdem die Luft vielerorts wieder besser geworden ist, sind auch die Flechten wiedergekommen, so auch im Ruhrgebiet, wie eine jüngste Erhebung zeigt.«

Frankfurter Rundschau vom 12. Juli 1986

Leben
einzeln und frei
wie ein Baum
und brüderlich
wie ein Wald
ist unsere Sehnsucht
Nazim Hikmets

LITERATUR

»Im Schatten hoher Bäume« – lautete der Titel einer Ausstellung der Malerei der Ming- und Quing-Dynastien (1368–1911) aus der Volksrepublik China, die 1985 im Museum für Kunst und Gewerbe, Hamburg, zu sehen war.

1 Die Zauberfichte, ein russisches Volksmärchen, nach der Erzählung von Gertrud Hempel, Lüchow.

2 K. H. Hülbusch, N. Scholz, »Joseph Beuys' 7000 Eichen – zur documenta 7 in Kassel, Stadtverwaldung statt Stadtverwaltung, ein Erlebnis- und Erfahrungsbericht, Kasseler Verlag 1984, Herkulesstr. 31, 3500 Kassel.

3 Der Senator für Stadtentwicklung und Umweltschutz Berlin, »Baum Stadt Straße«, Berlin 1985, eine sehr anschauliche, gut geschriebene Broschüre.

4 Dr. Lucke, »Rettung und Neupflanzung wertvoller Lokalsorten«, in: Obst und Garten, Januar 1986, Organ des Landesverbandes für Obstbau, Garten und Landschaft Baden-Württemberg e. V., Stuttgart.

5 Voitl/Guggenberger/Willi, »Das große Buch vom biologischen Land- und Gartenbau«, Wien 1980.

6 Horst Noak, »Mit ausgereiftem Holz in den Winter«, in: Gartenpraxis Heft 11, 1985.

7 »Jetzt gehen die Schädlinge auf den Leim«, in: Kraut & Rüben Heft 5, 1985.

8 Wilhelm Winckler, »Erfahrungen im Obstbau – Das Buch eines Bauern, voll revolutionierender Anregungen für den praktischen Obstbau«, Lüneburg 1948.

9 Reinhard Witt, »Nicht in den Himmel wachsen lassen«, Biogarten-Ecke in: natur Heft 11, 1985, und Werner Funke, »Der Obstgehölzschnitt«, München 1985. Alle Maßnahmen und Stadien des Schnittes sind in Fotos festgehalten.

10 Michael Lohmann, »Lebendige Zäune«, in: Kraut & Rüben Heft 5, 1985.

11 »Sträucher aus Wald und Flur – eine Bestimmungstafel der verbreitetsten Arten« von Dr. A. M. Drexler, Ravensburg 1983, oder

Scheerer, »Fruchttragende Hecken«, Berlin 1943 und 1980.
Ein Nachschlagewerk mit Beschreibung der verschiedenen Arten von fruchttragenden Hecken- und Gehölzpflanzen, geordnet nach der Höhe der Hecken.
Abtei Fulda, Wildbeeren auch im Garten, Fulda 1978.
Bollinger, Erben u. a., »Strauchgehölze«, München 1985, ein nach Pflanzenfamilien gegliedertes Buch mit genauer Beschreibung der Pflanzen und über 400 Farbfotos.

12 Hauptkatalog der Baumschule »Lorenz von Ehren«, gegen eine Schutzgebühr von 25 Mark kann der umfangreiche Katalog, mit genauen, detaillierten Beschreibungen der verschiedenen Gehölze, bezogen werden bei Lorenz von Ehren OHG, Kanzleistr. 48, 2000 Hamburg 52.

13 Informationen vom Amt für Schule 3. 6. 86, Wettbewerbe.

14 Informationen für den Bürger; »Streusalzschäden an Hamburger Straßenbäumen«, kostenlose, empfehlenswerte Informationsbroschüre der Umweltbehörde, Steindamm 22, 2 Hamburg 1, Fragen und Auskünfte geben die örtlichen Gartenbauämter (in Hamburg: Tel. 040–24825/3955).

15 Presse- und Informationsamt der Bundesregierung: »Was ist los mit unserem Wald? – Was bedeutet es für uns? Wie schlimm ist es wirklich? Wie können wir ihn retten?«, Bonn 1985.
Teils informative, teils beschwichtigende Broschüre, kostenlos zu beziehen bei Presse- und Informationsamt der Bundesregierung, Welckerstr. 11, 53 Bonn 1.

16 Jochen Bockemühl, »Sterbende Wälder – eine Bewußtseinsfrage«, Philosophisch-Anthrophosophischer Verlag am Goetheanum, Dornach/Schweiz 1984. Eine Hinführung zum sinnlichen Erleben, zum Erfassen der gesamten Gestalt der Landschaft, ein anregendes und nachdenklich machendes Buch.

17 »Erst stirbt der Wald, dann stirbt der Mensch – so ruiniert sich eine Industriegesellschaft«, in »metall«, Zeitung der Industriegewerkschaft Metall, Nr. 16/1983.

18 Aus Frankfurter Rundschau 15. 10. 85, »Riesige Mengen Saatgut von Bäumen sollen auf die Samenbank – Forstgenetiker denken über Katastrophenfall beim Waldsterben nach.«

G. Meister, Ch. Schütze, G. Sperber, »Die Lage des Waldes«, Hamburg 1984. Das sehr gut gestaltete Buch ist »Inventur und Wegweiser« durch die einzelnen Bundesländer. Es gibt einen Ein- und Überblick über die bedrohliche Lage des deutschen Waldes und zeigt Chancen auf.

ADRESSEN

1 FUI-Koordinationsbüro »7000 Eichen«, Tischbeinstr. 32, 3500 Kassel, Tel. 0661–283446, Spendenkonto: Stadtsparkasse Kassel, BLZ 520501 51, Konto-Nr. 011098; Verwendungszweck: VW220 (Jeder Baum hat seinen Preis).

2 Alte Apfelsorten: Frankfurt: »Versuchs- und Beispielanlage« des Gartenamtes in Seckbach am Rande des Lohrberges. Leiter: Franz Mühl (Mo.–Fr. 13–15 Uhr). In diesem ›Naturmuseum‹ gedeihen seit den 40er Jahren alte Obstsorten. Dort kann sich jeder kostenlos Rat und Edelreiser holen, Veredlungskurse besuchen.
Mainau; Graf Bernadotte hat in seinem Schaugarten ein »Apfel-Museum« eingerichtet, es beherbergt über hundert alte Sorten.
Kleve/Niederrhein: Jürgen Dahl veröffentlicht seine monatlichen ›Nachrichten aus dem Garten‹ in der Zeitschrift »natur«. In Heft 9/1983 berichtet er über die Erfolge eines Aufrufs nach Veredlungsreisern: »...im Herbst kamen Päckchen über Päckchen mit Apfelproben, das ganze Haus duftete danach, und im Februar darauf kamen die Reiser.«

3 Biologisch arbeitende Gärtner nach Adressen von Baumschulen in der näheren Umgebung fragen, sonst auch bestellen bei:
Hermann Cordes, 2000 Wedel (Holstein), Lüden 4 – sehr umfangreiches Angebot.
Hohenloher Baumschulen, Pfedelbacher Str. 55, 7110 Öhringen – einige Allerweltssorten, aber auch ›schwäbische Liebhabersorten‹ wie Öhringer Blutstreifling oder Bohnapfel, viele einheimische Laubgehölze im Angebot.
Naturwuchs, Aug.-Bebel-Str. 16–18, 4800 Bielefeld, ›Baumschule für einheimische Gehölze‹, liefert nach Anmeldung auch Hochstämme und alte Apfelsorten.

GARTEN-TIERE
TIER-GARTEN

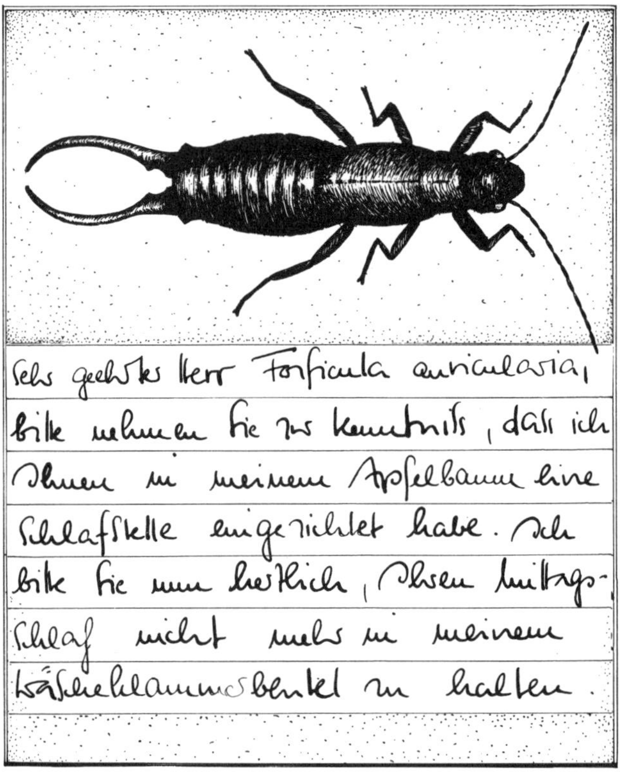

Pflanzen schützen Tiere vernichten

»Am Anfang schuf Gott Himmel und Erde. Und die Erde war öd und leer...

Und Gott sprach: Es wimmle das Wasser von lebendigem Getier, und Vögel sollen fligen auf Erden unter der Feste des Himmels. Und Gott schuf große Walfische und alles Getier, das da lebt und webt... ein jedes nach seiner Art.

Und Gott sah, daß es gut war.« 1. Mose 1, 1–2, 20–21

Und am 6. Tag schuf Gott die ersten Menschen, und er nannte sie Adam und Eva. Und es war gut so. Und sie aßen vom Baum der Erkenntnis den verbotenen Apfel. Darauf erkannten sie sich und wußten Gut und Böse zu unterscheiden. So wurden sie hinausgestoßen aus dem Paradies. Von nun an waren sie für ihr Tun selbst verantwortlich.

Die Menschen machten sich die Erde, Pflanzen und Tiere untertan. Sie schieden die Pflanzen in Kräuter und Unkräuter und die Tiere in Nützlinge und Schädlinge. Die einen pflegten, züchteten und nutzten sie aus. Die anderen bekämpften und vernichteten sie. Ihre Erkenntnis nutzten sie, um Gifte herzustellen. Und sie sprühten die Gifte übers Land, auf daß kein Schädling überlebe.

Doch die Läuse und Wickler, die Raupen und Fliegen mehrten sich und fraßen auf den weitläufigen Feldern die angebauten Pflanzen – eine um die andere. Und der Mensch sprühte neues Gift in immer größeren Mengen.

So fanden die von Gott geschaffenen Feinde der Schädlinge, die Frösche und Spitzmäuse, die Igel und Vögel nur noch wenig Nahrung. Und sie siechten dahin.

Der Mensch erließ ein Gesetz:

Grundsatz § 1
Dieses Gesetz dient dem Schutz des Lebens und Wohlbefindens des Tieres.
Niemand darf einem Tier ohne vernünftigen Grund Schmerzen, Leiden oder Schäden zufügen.
»Tierschutzgesetz«, Bundesgesetzblatt I, Nr. 74, 1972

Und der Mensch fand vielerlei »vernünftige« Gründe, Hühner als Eier-Legemaschinen auszubeuten, Mäuse und Katzen, Hunde und Affen als Versuchstiere zu Tode zu quälen, Krieg gegen Billionen Insekten zu führen. Er hatte sich für das Böse entschieden, doch er nannte es gut, denn es brachte Geld, Reichtum und Ansehen. Und die Gewinne der Lebensmittel-, Pharma- und Chemie-Konzerne stiegen von Jahr zu Jahr. Und die Zahl der Tiere nahm ab von Jahr zu Jahr. Wölfe und Bären, Kröten und Störche waren nur noch in Tiergärten und Spielwarengeschäften zu sehen.

Bis zum zweiten Jahrtausend wird die Hälfte aller Tierarten vernichtet sein – unwiederbringlich.

»Die Gefährdung der wildlebenden Tiere und Pflanzen schreitet in der Bundesrepublik voran. Inzwischen sind nach Einschätzung des Bundeslandwirtschaftsministeriums schon zwischen 30 und 50 Prozent der gesamten Flora und Fauna in ihrem Fortbestand bedroht, obwohl bisher nur ein verschwindend geringer Teil der Tiere und Pflanzenarten auf ihre Existenzgefährdung hin untersucht worden sind.«
Frankfurter Rundschau vom 24. November 1983

Von »Schädlingen« oder »Nützlingen«

Der schlaue Gärtner und die kluge Gärtnerin bekämpfen die »Schädlinge« nicht, sondern versuchen, sie zu nutzen oder gar nicht erst zur Plage werden zu lassen. Dafür ist Wissen und Beobachten notwendig. 1837 hat Franz von Paula von Schrank[1] die wechselseitigen Beziehungen von Tieren beschrieben:

»Jedem Heere dieser Inseckten sind wieder Zerstörer gegeben, die seiner zu großen Ausbreitung Einhalt thun sollen. Andere Insecten, und eine große Anzahl Vögel reiben die Raupen auf, während sie noch auf den Blättern weiden, und nachdem sie sich zu ihrer Verwandlung in die Erde begeben haben, kommt der Eber, wühlt sie mit seinen Waffen aus ihrer Ruhestätte heraus, und verzehrt sie mit unerbittlicher Strenge. Diejenigen Insecten, die sich in den Bast, oder in das Holz verstecken, sind nicht besser daran. Die Spechte wissen sie da zu finden, und aus den tiefsten Löchern heraus zu ziehen. Kommen sie endlich als entwickelte Thiere auf die Rinde heraus, so haben sie an den Baumpickern, Baumläufern, und allen Arten von Azeln die unerbittlichsten Feinde. Ganze Heere dieser Vögel finden sich da ein, wo es diese Insecten in Menge gibt. Aber diese Heere ziehen sich wieder zurück, und zerstreuen sich, sobald der Ueberfluß ihrer Nahrung zum Mangel wird. Bisher hält sich alles in der Natur wechselweise das Gleichgewicht.«

Marienkäfer – Boten des Glücks

Einer, der das natürliche Gleichgewicht aufrechterhält, indem er die säftesaugenden Blattläuse niederhält, ist der halbkugelige Marienkäfer mit seinen meist sieben schwarzen, gelben oder hellbraunen Punkten auf den Flügeldecken. Jeder Käfer vertilgt etwa 70 Blattläuse am Tag. Sie fressen schon, bevor sie zu Käfern werden. Wie die meisten Insekten verwandeln sie sich dreifach.

Marienkäfer überwintern unter Laub und in geschützten Holzspalten. Im Frühjahr suchen sie Blattlauskolonien und legen dort ihre Eier ab, aus denen Larven schlüpfen und fressen.

Aus den ein Millimeter großen, gelben Eiern, an Triebspitzen abgelegt, schlüpfen grauschwarzblaue Larven mit borstigen Warzen und gelben, abschreckenden Flecken. Früher habe ich sie – man kann ja nie

wissen – immer gleich abgesammelt und zertreten, bis ich erfuhr, daß diese häßlichen, fast 1 cm langen raupenähnlichen Larven schon etwa 3000 Blattläuse gefressen hatten, bevor sie sich verpuppen. An den der Sonne zugewandten Pflanzenteilen hängen die Puppen und bewegen sich bei Berührung ruckartig. Nach Tagen schlüpft der Käfer.
Die Anzahl der Marienkäfer beeinflußt die Entwicklung der Läuse. Je mehr Läuse, desto mehr Marienkäfer wachsen heran. Und je mehr Marienkäfer, desto weniger Läuse haben Chancen zu überleben. Durch diese negative Rückkoppelung entsteht ein natürliches Gleichgewicht beider Tierarten (Populationen).

Läuse über Läuse

Blattläuse haben eine riesige Schar von Nachkommen. Eine Laus legt im Frühjahr Eier, aus denen Läuse schlüpfen, die schon nach ein bis zwei Wochen lebende Junge zur Welt bringen – bei warmem Wetter etwa 100 bis 200. So können innerhalb einer Vegetationsperiode 13–16 Läusegenerationen heranwachsen.

Das wären etwa 1 000 000 000 000 000 Läuse, wenn das Wörtchen »wenn« nicht wär, wenn es genügend Pflanzen gäbe und keine konkurrierenden Artgenossen, keine Hagelschauer und auch keine natürlichen Feinde. Und derer haben Läuse viele.

Gifte gegen Insekten

Rätsel:
Menschen, Hunde,
Wölfe, Lüchse,
Katzen, Marder,
Wiesel, Füchse,
Adler, Uhu, Raben,
Krähen,
jeder Habicht, den
wir sehen,
Elstern auch nicht
zu vergessen,
alles, alles will ihn
fressen.
Wen?

Durch den Einsatz von Insektiziden (Gifte gegen Insekten) werden zwar die Läuse vernichtet, ihre natürlichen Feinde aber auch. Überleben einige Läuse, vielleicht weil sie inzwischen schon längst resistent (widerstandsfähig) gegen Insektizide geworden sind, dann können sie sich um so ungehinderter ausbreiten. Kurzfristig ist zwar ein Großteil der lästigen Schar beseitigt, doch langfristig gesehen werden sie sich angesichts ihrer hohen Fortpflanzungsrate um so stärker mehren.[2]

Und die Giftwirkung zieht noch weitere Kreise. Vögel fressen vergiftete Insekten. Die Gifte reichern sich in Blut, Gewebe und Knochen an. Die geschwächten Tiere werden anfälliger gegen Krankheiten. Die Schalen ihrer Eier dünn und brüchig, sie brechen, noch bevor sie ausgebrütet sind.

Beobachtungen von Vögeln in einer Obstplantage und in

FEINDE DER LÄUSE

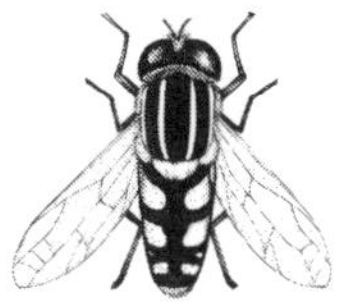

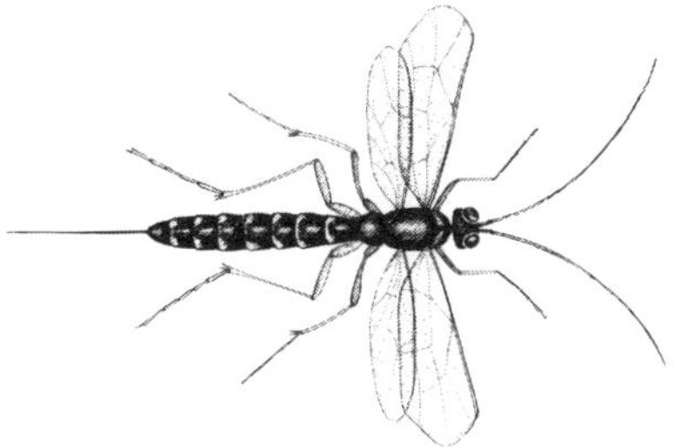

Schwebfliegenlarven saugen tagsüber Blattläuse aus. Nachts fressen sie bis zu 900 Stück. Übrigens ähneln die stachel- und giftlosen Schwebfliegen Wespen und Bienen. So täuschen sie ihre natürlichen Feinde wie auch die Menschen.

Schlupfwespen stechen blitzschnell mit ihrem Legestachel in eine Blattlaus und legen jeweils ein Ei ab. Die nach wenigen Stunden schlüpfende Larve frißt die Laus von innen her auf und verpuppt sich in der Laushülle. Nach kurzer Entwicklungszeit schlüpft eine Schlupfwespe.

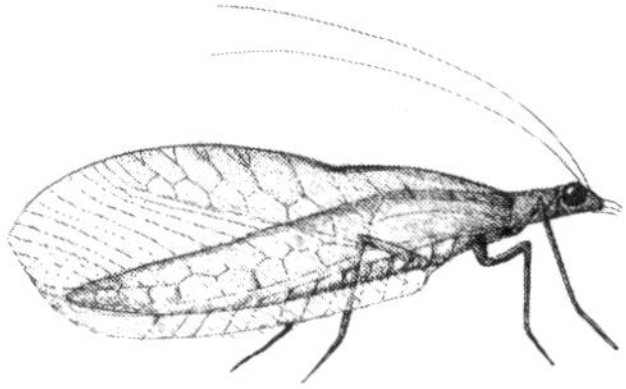

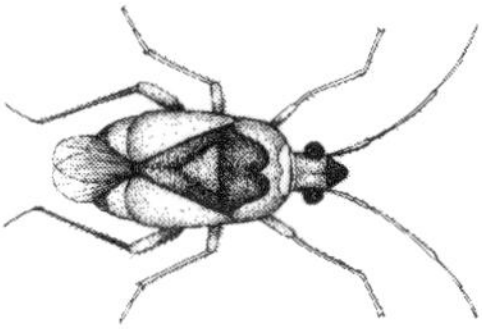

Florfliegen, auch Blattlauslöwen genannt, erscheinen durch ihre feingegliederten Netzflügel zart wie Feen. Sie legen 20 grüne, gestielte Eier auf Blattunterseiten und Hölzer. Die Larven saugen Läuse aus.

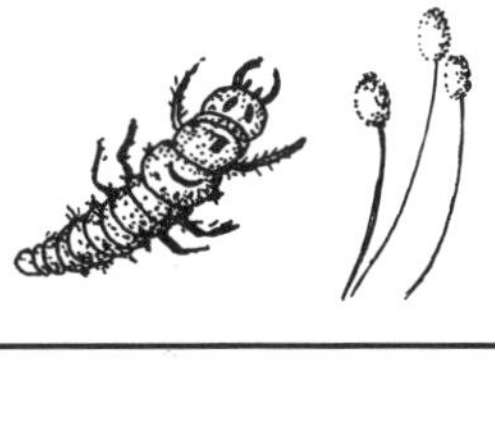

Raubwanzen – nur 4–6 mm groß – jagen Blattläuse, genauso wie

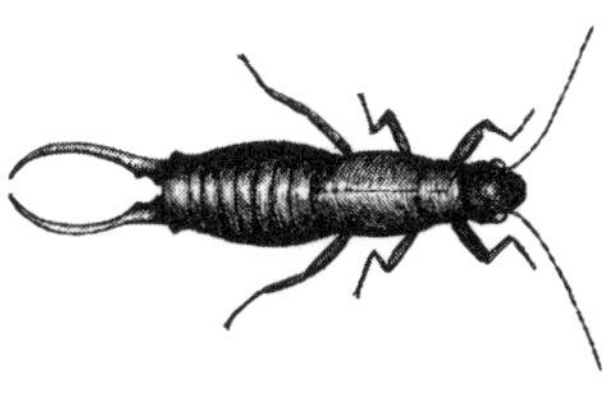

Ohrwürmer.

einer Streuobstwiese bestätigen die Annahme.[3] Nach einem ausgetüftelten Musterspritzplan wurden 1981 auf der Plantage ausgebracht: 3mal Insektizide gegen Insektenbefall, 8mal Fungizide gegen Pilzbefall, 1mal Herbizide als chemische Sense gegen Wildkräuter.[3] Innerhalb des Beobachtungszeitraums von 7,5 Stunden unterbrachen Vögel hier nur 22mal ihren Flug. Die ungespritzte Obstwiese nutzten im gleichen Zeitraum 209 Vögel, um zu rasten, Nahrung zu suchen oder die Brut zu pflegen. Das bedeutet: wenn auf der Obstwiese im Durchschnitt 13 Vögel rasten, so tut dies auf der Plantage nur einer. Insgesamt wurden in und über der Obstplantage 22 Arten beobachtet, in und über der Plantage nur 14 Arten.

Die alltägliche Schädlingsbekämpfung, die diese Vögel leisten, ist erstaunlich. Ein Meisenpaar und seine Jungen vertilgen ein bis zwei Zentner Insekten in einer Vegetationsperiode.

Dies ist nur ein winziger Ausschnitt aus dem unendlich vielschichtigen Nahrungsnetz der Natur. Da gibt es beispielsweise noch die Wiesen- und Wegameisen (die Läuse wie Kühe melken, in einer Symbiose voneinander profitieren), die Greifvögel Bussard, Falke, Kauz und Uhu, die sowohl kranke Vögel als auch Mäuse jagen, und viele andere. Weil sich bei ihnen als Endkonsumenten einer Nahrungskette das Gift am stärksten anreichert, sind viele dieser Arten vom Aussterben bedroht.

Bei stärkerem Befall gehe ich allabendlich durch meinen Garten und sammle die Pflanzenfresser mit der Hand ab, zum Beispiel Raupen, schüttle sie von den Blättern oder spritze sie mit einem kalten Wasserstrahl (Läuse) ab. Im biologisch-dynamischen Gartenbau werden die »Schädlinge« verbrannt oder verjaucht und zur Abschreckung wieder ausgebracht. Für die Schnecken stelle ich Bierfallen auf.

Räuber fördern

Im Herbst, wenn die Frostspanner aus den im Boden übersommerten Puppen schlüpfen, bringe ich an unseren Obstbäumen Leimringe an. Die Weibchen sind flügellos und müssen die Stämme hochkriechen, um ihre Eier an den Zweigenden von Obstbäumen abzulegen. Ein um den Baum gelegter 6 bis 8 cm breiter Leimring hindert sie daran.

Wenn Sie mit diesen einfachen Maßnahmen den Pflanzenschädlingen in Ihrem Garten nicht mehr beikommen, dann sollten Sie auf deren natürliche Feinde zurückgreifen. Heute lassen sich weltweit 60 bis 70 natürliche Feinde von »Pflanzenschädlingen«[4] züchten. Noch sind zwar die Breitband-Insektenvertilgungsmittel billiger und einfacher anzuwenden, vor allem in Gewächshäusern kommen biologische Verfahren schon zur Anwendung. Bewährt hat sich der Einsatz von Raubmilben (Phytoseiulus persimilis) gegen Spinnmilben (rote Spinne). Es entfallen die oft langen Wartezeiten, bis die Gifte abgebaut sind.

Raubmilben gegen »Rote Spinnen«, Erzwespen gegen »Weiße Fliegen«

Seit einiger Zeit werden Raubmilben gezüchtet und versandt – »eine Sendung Raubmilben mit ca. 250 Tieren kostet etwa 15 DM« (→ 1), eine Menge, die für etwa 50 m^2 Anbaufläche, zum Beispiel in Kleingewächshäusern, reicht. Raubmilben wie auch die Erzwespe, die nur 0,6 mm lang ist, die ihre Eier in die Larven der »Weißen Fliege« ablegt, können auch auf Zimmerpflanzen ausgesetzt werden. Bei der Anwendung müssen Sie Geduld haben, denn die »roten Spinnen« und »weißen Fliegen« fallen nicht von heute auf morgen vom Stengel. »Ziel des Nützlingseinsatzes ist nicht die vollständige Abtötung der Schädlinge, vielmehr sollen sie lediglich unter die Schadensschwelle gedrückt werden« (Hatto Welte, [→ 2]). Läuse und Raupen dagegen werden durch Raubmilben nicht dezimiert. Allerdings darf man sie dann nicht mit Giften bekämpfen – sonst sind auch die teuren Nützlinge dahin.

Auflösung

SCHLAF- UND NISTPLÄTZE

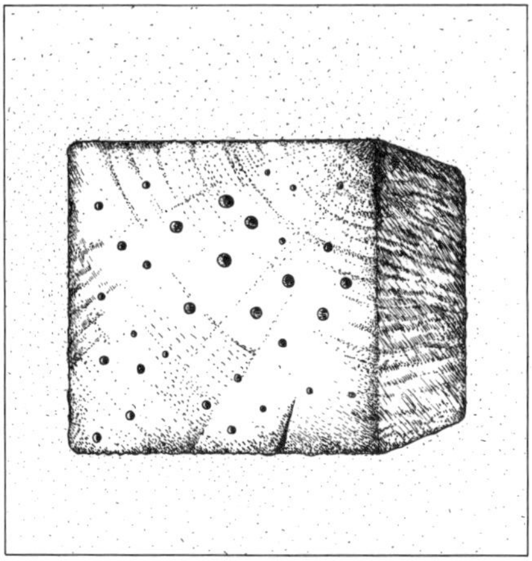

Nisthölzer für Hautflügler

Als alte Scheunen, Bäume und Zäune noch stehenbleiben durften, als das Holz noch von Wurm- und Bockgängen durchzogen war, fanden viele der 10 000 Arten von Hautflüglern (zum Beispiel Schlupfwespen, Florfliegen, Mücken) noch Schutz- und Nistplätze. Seit Gärten klinisch sauber gepflegt, Hölzer vorsichtshalber giftimprägniert sind, ist es notwendig, hölzerne Nistkästen auch für Insekten aufzuhängen.

In Buchen-, besser noch Eichenhölzer (Ziegelsteingröße und größer) werden mit Bohrern verschiedener Dicke unterschiedlich tiefe Löcher gebohrt. An einem sonnigen, windgeschützten Platz aufgehängt, nisten sich bald Hautflügler ein.[6] Nisthölzer gibt es auch zu kaufen (→ 3).

Schlafsäcke für braune Ohrwürmer

Die braunen, kurzflügeligen Ohrwürmer mit ihren charakteristischen Zangen am Hinterleib sind weder Würmer, noch krabbeln sie in Ohren. Treffender wäre der Name »Nachtwächter« oder »Polizisten der Nacht«, denn sie jagen nachts blattsaugende Insekten. Damit sie tags – von Vögeln ungestört – schlafen können, hänge ich umgestülpte, holzwolle- oder heugefüllte Blumentöpfe an Ästen auf. Als mobiler Pflanzenschutz können die Behausungen einfach umgehängt werden. Heinz Erven beschreibt[5] seine pfiffige Methode: Einen etwa 70 cm langen Zinkdraht wickelt er dreimal über ein konisches Pflanzholz. Das eine Ende durch das Loch im Blumentopf geführt, hält die Spirale die Holzwolle im Topf fest. Das andere Ende biegt er um und hängt es über einen Ast.

Nistampel

entsteht ganz einfach durch zusammengebundene Zweige und Holzwolle.

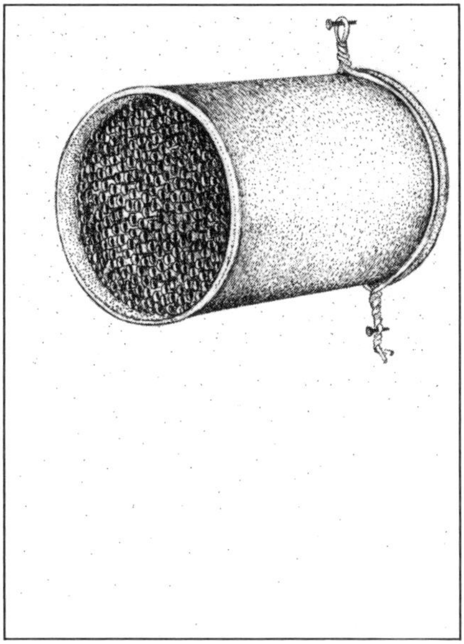

Nisthalme

Hohle und markhaltige Stengel (beispielsweise von Dill und Holunder) wie auch Stroh-, Schilf- und Trinkhalme gebündelt aufgehängt oder in eine leere Konservendose gesteckt, so daß sie vor Regen geschützt sind, bieten vielen Hautflüglern Unterschlupf.

Einjährige Blumen, Kräuter und vertrocknete Stauden lasse ich im Herbst einfach stehen. Sie bieten Insekten ein Versteck, Vögel picken von den Samenständen, und sie erblühen nochmals im Winter als eisüberzogene, weiße Blumen.

Bienen und Hummeln, Wespen und Hornissen

Bienen und Hummeln sind als Blütenbestäuber geschätzt, Wespen und Hornissen verhaßt. Ich erinnere mich, daß vor etwa dreißig Jahren mein Vater die toten Hornissen, in einer Flasche gesammelt, zum »Feldschützen« brachte und zwanzig Pfennige für jede Hornisse erhielt. In den hohen Eschen hinter unserer Scheune nisten seit Jahren Hornissen – in unerreichbarer Höhe. Früher zerbrach ich mir noch den Kopf: »Feuerwehr mit der langen Leiter alarmieren oder nicht?« Heute bin ich froh, nichts gegen die Hornissen unternommen zu haben, denn sie drohen auszusterben.[7]
Hornissen wie auch Wespen ernähren sich selbst zwar von Obst- und Pflanzensäften, doch ihre Larven füttern sie mit Insekten und deren Raupen. Zur Lähmung der Beutetiere und zur Abwehr von Feinden setzen sie ihren Giftstachel ein.

Die schmerzhaften Stiche der weiblichen Hornissen – männliche Hautflügler haben keinen Giftstachel – sind für Säugetiere und Menschen nicht gefährlicher als Wespenstiche. Sie können jedoch allergische Reaktionen auslösen. Stören Hornissen und Wespen in größerer Zahl beim Frühstück im Freien, hänge ich zuckerwassergefüllte Flaschen auf, in denen sie untertauchen.

Gifte mit dem Hinweis »bienengefährlich« sollten gemieden werden.

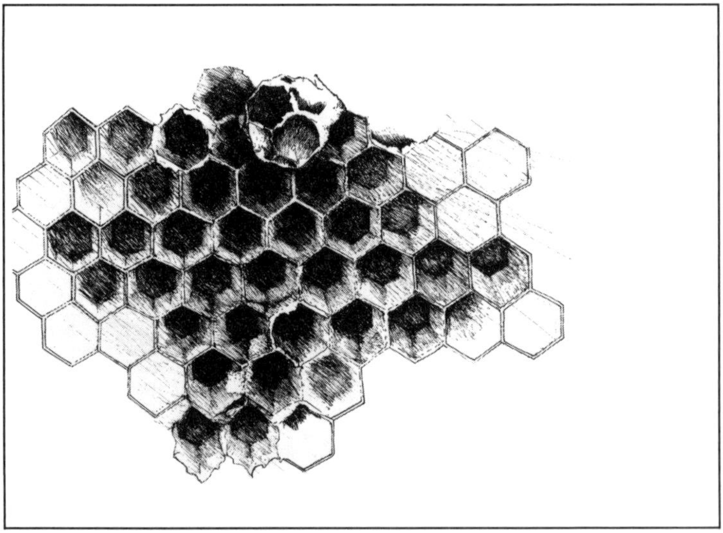

Raupen und Schmetterlinge

Schmetterlinge sind selten geworden. Eine Untersuchung in Nordrhein-Westfalen ergab, daß jede zweite Schmetterlingsart ausgestorben ist. Schon das Raupenfutter – allen voran Brennesseln, Ampfer und Zaunwinden – ist vielen Gartenbesitzern unerträglich. Chemische und mechanische Unkrautvernichtung rauben Schmetterlingsraupen die Nahrungsquellen. Hat sich die eine oder andere Raupe doch durchgefressen und verpuppt, schlüpft meist im Juni der Falter. Jetzt ist sein Weiterleben von nektarspendenden Blüten abhängig. Doch dic findet er weder auf gepflegtem Rasen noch in pflegeleichten Nadelgehölzen.

Vielleicht können Sie zu Weihnachten einen Tannenbaum aus Ihrem Garten in die Stube holen und an seiner Stelle im Frühjahr einen Sommerflieder (Buddleia), einen Ginster, die immergrünen Mahonien oder, wenn genügend Platz vorhanden ist, eine Akazie pflanzen. Auch Skabiosen, Majoran und besonders Disteln sind beliebte Schmetterlingspflanzen.

Der Rückgang der fliegenden Gaukler hat Rückwirkungen auf die Samenbildung bestimmter Blumen. Die tiefliegenden

Fruchtknoten vom Seifenkraut, wie auch vieler Nelkenarten, können nur durch den bis zu 3 cm langen Schmetterlings-Saugrüssel bestäubt werden.[8]

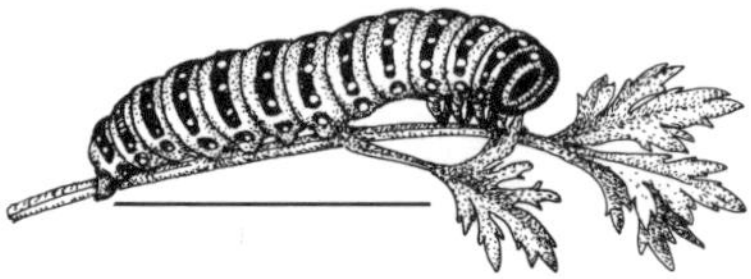

Wer den Schmetterling will, muß die Raupe ertragen. Saint-Exupéry

Brennesseln fressen die Raupen vom: Landkärtchen, Kleinen Fuchs, Tagpfauenauge, Admiral, Distelfalter, C-Falter und von 19 weiteren Arten

Blüten von *Ackerkratzdisteln* besuchen über 100 Insektenarten

Vom *Wegerich* leben 48 Raupenarten, vom Löwenzahn 41

Spinnen spinnen lassen

Spinnen mit ihren dünnen acht Beinen gelten als eklig und häßlich, angsteinflößend und gräßlich.

Meinen Schülern präsentiere ich mit wechselndem Erfolg Horst Sterns Spinnenfilme und sein Buch »Das Leben am seidenen Faden«, in der Hoffnung, daß Schülerinnen und Schüler den Spinnen ihr Leben lassen.[9]

Unter einer schräg aufgestellten Postkarte auf meiner Fensterbank entdeckte ich neulich eine fädige Falle voll ausgelutschter Fliegen-Chitinhüllen. Ich habe gelesen, daß große Radspinnen täglich bis zu 500 Fluginsekten aus dem Luftverkehr ziehen. Spinnen als Haustiere helfen mir, auf das auch für mich giftige Insektenspray zu verzichten. Bringen mich beim Einschlafen Mücken und Fliegen zum Brummen, greife ich zur Fliegenklatsche.

Noch im Dezember beobachtete ich beim Feldsalatschneiden, daß drei Springspinnen – sie fangen ihre Beutetiere netzlos – unter dem Schutz von verwesenden Zucchiniblättern hockten.

Steine für Echsen

Tote Steine mit hunderttausendjähriger Vergangenheit, geformt durch Eis, Wasser und Wind, bieten in Ritzen und Spalten Unterschlupf für wärmeliebende Kriechtiere. Die terrassenförmig angelegten Mauern in den Weinbergen Süddeutschlands, die »Wengert-Mäuerle«, verhinderten früher, daß die Erde abgeschwemmt wurde. Sie wirkten wie eine Tagspeicherheizung. Nachts strahlten sie lange die tags absorbierte Sonnenenergie ab. Die vertikalen Flächen bildeten Lebensbereiche für rosettenförmige Dickblattgewächse. Dort sonnten sich Eidechsen und Blindschleichen und nährten sich von den Weinbergschädlingen. Die Flurbereinigungsmaschinerie ist darüber hinweggerollt und hat die ökologisch kostbaren Mäuerle eingeebnet. Seither wird der »Wengertboden« bei Regengüssen in reißenden Rinnsalen abgeschwemmt.

Im Wendland fand ich noch Steinhaufen an Ackerrändern, unter Feldbäumen aufgeschüttet. Bauern hatten sie von ihren Feldern gesammelt und glücklicherweise nicht mit Frontladern zur nächsten Müllkippe geschafft.

Ich sammle die Steine, die einen glattgewaschen vom Wasser, die anderen aufgerieben vom Wind und Geröll, und schichte sie im Garten mit vielen Hohlräumen als Unterschlupf auf.[10]

Tümpel für Frösche

Es raschelt im Erdbeerblätterwald. Eine braune, feuchtschillernde Kröte springt aus dem Dickicht der verwilderten Erdbeeren. Vielleicht eine verzauberte Krötenkönigin oder eine Wetterkröte? Gold ist sie allemal wert. Sie fängt all die unerwünschten Pflanzenfresser, die Schnecken und Raupen, die Fliegen und stechenden Mücken, ja sogar Kartoffelkäfer. Schnappt sie 100 Gramm dieser Pflanzenfresser und verdaut sie, so nimmt die Kröte etwa 10 Gramm an Gewicht zu. 90 Prozent der Energie in der Nahrung gehen im Schnitt durch Ausscheidung, Wärmeabstrahlung oder Bewegung bei jedem Fressen und Gefressenwerden verloren. Biologen sagen: »Innerhalb einer Nahrungskette wird die Energiemenge von Stufe zu Stufe auf ein Zehntel reduziert« (Faustregel). Eine Schnecke mit einem Gewicht von 10 Gramm beispielsweise hat 100 Gramm zarte Blätter in meinem Garten weggeraspelt. Meine Krötenkönigin wiegt schätzungsweise 100 Gramm. Das heißt also: sie hat in ihrem bisherigen Leben 1000 Gramm Pflanzenfresser verdaut. Wieviel Kilogramm Pflanzen haben diese gefressen? Etwa 10 Kilogramm. Die Kröte verhindert, daß die Pflanzenfresser und ihre Nachkommen das weiterhin tun. Dafür danke ich ihr und halte ein schattiges, feuchtes Plätzchen, etwa unter zugewucherten Erdbeeren, für sie bereit.

Als Kind habe ich gern Kaulquappen eingesammelt und ihre Entwicklung in Marmeladengläsern bestaunt. Das ist heute illegal. Ganz legal, denn es steigert das Brutto-Sozialprodukt, hingegen ist die Absenkung des Grundwasserspiegels, die Verrohrung von Bächen, das Zuschütten von Tümpeln, die Einebnung von Pfützen und Weihern, das Einbetonieren von Kanälen und Flüssen; Maßnahmen, die den Fröschen das Leben schwermachen.

Artenschutzgesetz: Das Sammeln von Laich und Kaulquappen und kleinen Fröschen ist strengstens verboten.

Der Ausbau des dichtesten Straßennetzes der Welt, eine Tat, der sich mehrere Generationen bundesdeutscher Verkehrspolitiker rühmen, ist Fröschen und Kröten zum besonderen Verhängnis geworden. Jedes dritte Tier wird auf dem Weg zu den Feuchtgebieten seiner »Geburt« von Autorädern plattgewalzt. Von Mitte Februar bis Ende April findet dort jedes Jahr das Treffen von Weibchen und Männchen beim »Froschkonzert« statt. Die Männchen hocken auf den Weibchen und ergießen ihr

Sperma über die austretenden Laichballen. In dem wärmer werdenden Wasser schlüpfen wenig später die Kaulquappen aus.

Von den 19 Amphibien-Arten (Feuchtlufttiere), die in Deutschland heimisch sind, stehen 17 Arten auf der »Roten Liste«. Diese Listen führen jene Tierarten auf, deren weitere Existenz gefährdet ist. 166 Tierarten stehen bisher darauf. Die »Grüne Liste«, auf der Erfolge des Artenschutzes vermerkt werden, ist dagegen ein wenig beschriebenes Blatt.

Froschschutz

»Froschschützer« fangen mit Hilfe von Fangzäunen die wandernden Tiere und tragen sie täglich mit Eimern sicher über die todbringende Straße. Teils wurden Kröten-Tunnel errichtet.[11] Tierliebe Gärtner(innen) gewähren Amphibien Schutz und Lebensraum in feuchten, sonnengeschützten Bereichen, in Pfützen, Tümpeln oder Teichen.

Hecken für Vögel

Eines Tages fingen Don Juan und Castaneda in einer Falle 5 Wachteln. Da sagte Don Juan: eine für dich, eine für mich, und die übrigen drei ließen sie frei. Zit. nach Jörg Zink, Kostbare Erde

Vögel zählen zu den beliebten Gartentieren. 10–30 Millionen Mark werden jährlich in der Bundesrepublik für Vogelfutter ausgegeben. Vogelschutzwarten und der Deutsche Vogelschutzbund setzten sich für die Belange der Vögel ein. Können Sie sich einen Deutschen Spinnenschutzbund vorstellen? Verrückt werden die Hilfsmaßnahmen, wenn Vogelfreunde Prämien für den Abschuß von Sperbern zahlen, um die Meisen zu schützen – sie haben wirklich eine Meise.

Und dennoch: Auch Vögel sterben aus – bereits die Hälfte aller Arten ist bedroht:

»Von den insgesamt 238 Vogelarten, die auf dem Gebiet der Bundesrepublik brüten oder gebrütet haben, stehen derzeit 133 – entsprechend 56 Prozent – auf der ›Roten Liste‹; davon sind

- 20 Arten ausgestorben,
- 30 Arten vom Aussterben bedroht,
- 25 Arten stark bedroht,
- 23 Arten bedroht und
- 35 Arten potentiell gefährdet.«[12]

Durchgreifend helfen würde ein Stopp der Flurbereinigungspolitik. Abhilfe schaffen könnte eine Agrar-Wirtschaftspolitik, die ökologische Fragen wahrnimmt und handelnd eingreift, etwa durch öffentliche Förderung von Heckenpflanzungen.[13]

Helfen würde, wenn die Grenzen vieler Felder, Gärten und Grundstücke mit einheimischen, blüten- und früchtetragenden Sträuchern eingefriedet wären. Diese Hecken sind eine alljährlich nachwachsende Futterquelle. Sie ernähren Insekten und Vögel durch Blätter, Pollen, Samen und Früchte. Ihr Dickicht ist Rast- und Nistplatz, bietet Schutz bei Sturm, Regen und Hagel.[14]

Wenige gemähte Weg- und Feldraine mit samentragenden Wildkräutern würden Vögeln und vielen anderen Wildtieren helfen zu überleben. Dann könnte auf die allwinterliche Vogelfütterung verzichtet werden, zumal aufgepäppelte Meisen und Rotkehlchen den scheuen, selteneren Arten und den später zurückkehrenden, geschwächten Zugvögeln Reviere und Nistplätze streitig machen.

Helfen würden Unebenheiten, Pfützen, Tümpel oder Weiher, dann könnten Tiere ihren Durst stillen und Schwalben den Mörtel für ihre Nester anrühren.

Nisthilfen

Höhlenbrütende Arten wie Gartenrotschwanz, Kleiber, Gartenbaumläufer oder Bachstelze finden kaum noch halbverrottete, ausgehöhlte Bäume und Mauern. Daher sind sie auf künstliche Nisthilfen angewiesen. (Anleitungen zum Selbstzimmern gibt es beim Deutschen Vogelschutzbund (siehe [→ 4]). Bei industriell gefertigten Nistkästen hat sich Holzbeton bewährt. Er heizt sich nicht auf, ist wetterbeständig und gut zu reinigen (→ 5). Die zylindrischen Kästen mit auswechselbaren Einschubklappen (große Einfluglöcher für etwa den Wiedehopf und kleine für den Zaunkönig) werden im Abstand von 10–15 Meter in einer Höhe von 1,5–3 Meter an Bäumen aufgehängt. Die Einfluglöcher sollten nach Südosten zeigen, so sind sie vor Regen und Wind geschützt. Bei freischwebender Aufhängung sind sie sicher vor Katzen und anderen Räubern.

Wo ein Schwalbenpaar nistet, zündet kein Blitz.

Gut angenommen werden künstliche Schwalbennester unter Dachüberhängen. Häufig werden neue daneben gebaut.

Im zeitigen Frühjahr streue ich alte Federreste und Heu über die Wiese – meine Nestbauhilfe.

Löcher für Fledermäuse

Auch die faszinierenden Flattertiere, die mit Hilfe von Ultraschall Nachtinsekten jagen, sind selten geworden. Im Garten wie im Wald werden alte, hohle Bäume abgeholzt, Dachstühle mit Holzschutzmittel vergiftet und naht- und fugenlos abgedichtet, Kellergewölbe und Bergwerksstollen zugemauert.[15] Jetzt sind Fledermaus-Nistkästen auf dem Markt (→ 7) und »Fledermaus-Spezialdachziegel« (Lüfter-Ziegel, bei denen das Sieb entfernt wurde) (→ 8).

Reisighaufen für Igel

400 000 Igel werden jährlich von Autos überrollt (→ 6). Der Einrollinstinkt des Igels bei Gefahr ist zur tod-sicheren Reaktion

geworden. Winterquartiere sind in aufgeräumten, ausgeräumten Gärten kaum zu finden. Viel Gestrüpp, viele Äste verbrennen alljährlich im Osterfeuer und damit auch Nistplätze von Vögeln, Igeln, Insekten. Äste und Reisig schichte ich an abgelegenen Gartenecken auf. Inzwischen gibt es auch die »Igelkuppel« aus Holzbeton mit isoliertem Boden (→ 3).

Wenn genügend Insekten, Spinnen, Asseln, Tausendfüßler und Schnecken krabbeln würden, fänden junge Igel genügend Nahrung.[16] Sie müßten nicht über den Winter gepäppelt werden mit Tatar, Hähnchenschenkeln und Bananen.[17]

Maulwurfshügel

Menschen stolpern nicht über Berge, sondern über Maulwurfshügel. Konfuzius

Maulwurfshügel zeigen, ob das Bodenleben unter Tage in biologischer Ordnung ist. Sie lüften und lockern das Erdreich. Die durch Maulwurfshände feingesiebte Erde nutze ich für Saatkästen und Beete. Auf der Wiese dulde ich ihn, die Hügel in frischgesäten Reihen ärgern mich.

Nach der Bundesartenschutzverordnung vom 25. 8. 1980 zählt der samtschwarzschimmernde Maulwurf zu den besonders geschützten Tieren. Er darf weder gefangen noch verletzt, noch getötet werden. Um 1930 soll ihm besonders nachgestellt worden sein. 20 Millionen Mini-Felle wurden zu Pelzjacken verarbeitet.

Maulwürfe laufen ihre ausgedehnten Gangsysteme entlang und fangen die hereingefallenen Insektenlarven, Schnecken, Tausendfüßler, Engerlinge, Draht- und Regenwürmer. Sie verdrücken täglich die Menge ihres Eigengewichtes.[18]

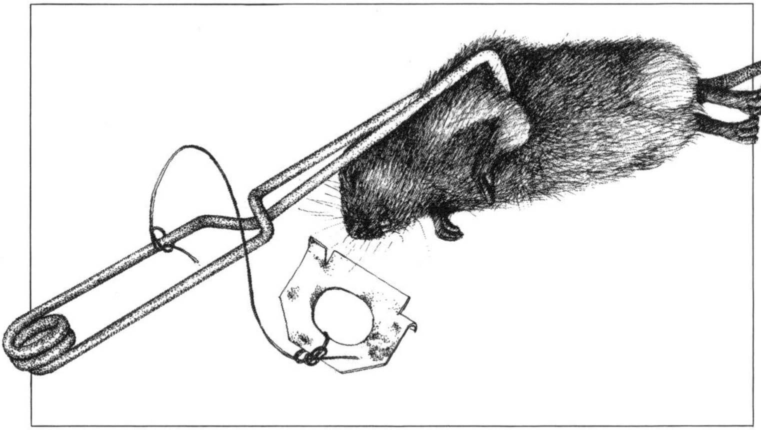

Wühlmaus in der Falle

Wenn ich Petersilie oder Mangold in der Hand habe, noch bevor ich sie richtig in die Hand nehme, dann waren wieder einmal Wühlmäuse am Werk.

Fein säuberlich haben sie die Wurzeln abgeknabbert. Oberflächlich ist den Blättern meist nichts anzusehen, sie stecken noch in der feuchten Erde. Da hilft nur noch Fallen stellen (→ 9), möglichst ein Modell, das ich schon lange nicht mehr im Einsatz hatte. Denn die Biester sind schlau. Am besten ist's, wenn die Hände nach Gartenerde riechen. Menschengeruch oder Seife ist verräterisch. Ich buddle den Gang sorgfältig frei, sehe nach, ob er hoch-oval ist (breite ovale Gänge sind von Maulwürfen). Die Falle mit Köder (Möhren, Chicorée-Wurzeln) schiebe ich tief in den Gang rein und bedecke das Loch lichtundurchlässig mit einem Stein. Oft allerdings habe ich die Fallen hinterher vergeblich gesucht. Sie waren verschleppt und zugebuddelt. Inzwischen, schlau geworden, binde ich ein Stück gelbe Wäscheleine an die Fallen.[19]

Vorbeugen und Abwehren

- Kaiserkronen (Fritillaria imperialis) und Wolfsmilch (Euphorbia lathyrus) stinken besonders. Die giftigen Samen, in die Gänge gelegt, werden gerne gefressen.

- Den gesamten Gemüsegarten mit einem breiten Band Knoblauch zu umpflanzen, ist auf Sandböden wirksam, denn die Wühlratten sind geruchsempfindlich. Ich habe das Band nie dichtgekriegt, ich esse zu gerne Tsaziki (Knoblauch-Quark mit Gurken).

- Halbvergorene Jauchen in die Gänge schütten – das vertreibt sie.

- Auch Maulwürfe sollen junge Wühlratten fressen.[20]

- Geschickte, geduldige Katzen lauern ihnen auf, genauso wie Greifvögel und Wiesel.

- Dornige Rosenabschnitte in Gänge gesteckt oder aus der Erde herausragende Flaschenhälse vertreiben sie – vielleicht.

LITERATUR

1 Ausgewählte Texte zur Entwicklung ökologischen Denkens – zusammengestellt unter Gesichtspunkten wie: »Romantik und Raubbau«, »Naturhaushalt«, »Zwei Seiten des Umgangs mit der Natur«.
Engelbert Schramm, »Ökologie-Lesebuch«, Frankfurt 1984.

2 Ein Standard- und Nachschlagewerk mit genauen Zeichnungen und Beschreibungen der wichtigsten Tiere und Krankheiten.
Schmid/Henggeler, »Biologischer Pflanzenschutz im Garten«, Stuttgart 1979.
Ingrid Gabriel, »Gesunde Pflanzen im Biogarten«, Niedernhausen 1984.
Eine populäre Ausführung mit Farbfotos von obigem Buch.

3 H. J. Marder, »Die Tierwelt extensiver Obstwiesen und intensiver Obstplantagen im quantitativen Vergleich«, in: Natur und Landschaft, Heft 11, 1982.

4 Klaus Zintz, »Der Kampf gegen Schädlinge: Die Natur hat ihren Preis«, in: Bild der Wissenschaft, Heft 10/1985.

5 Heinz Erven, »Mein Paradies«, Selbstverlag 1981.
Vertrieb: Heinz Erven, Am Paradies 4, 5480 Remagen.
Ein sehr anschaulicher Erfahrungsbericht aus 32jähriger Praxis im naturgemäßen Anbau.

6 Max-Himmelheber-Stiftung: ökologische Arbeitsblätter.
Gegen 0,50 DM Rückporto können die hilfreichen, kurzgefaßten Blätter bezogen werden bei: J. Dahl, Am Eichenkamp 1, 4150 Krefeld 1.

7 Naturschutzinformationen zu Hornissen, Wespen...
Hg. und kostenlos zu beziehen: Der Senator für Stadtentwicklung und Umweltschutz, Lindenstr. 20–25, 1000 Berlin.

8 Hans Heusser, »In die Nesseln gesetzt«, in: natur, Heft 6, 1982.
Kulturkritische Betrachtung über den Rückgang der bunten Tagfalter.

9 Ernst Kullmann, Horst Stern, »Das Leben am seidenen Faden«, München 1981.
Ein Buch mit faszinierenden Fotos und liebevollen Beschreibungen über die »rätselvolle Welt der Spinnen«.

10 Merkblatt des B.U.N.D.: »Steine im Naturgarten«, Umweltzentrum Stuttgart, Rotebühlstr. 84/1.

Ministerium für Ernährung, Landwirtschaft und Forsten, »Reptilien sind bedroht. Sie stehen unter Naturschutz«, Marienstr. 41, 7 Stuttgart 1. Hervorragend gestaltete Farbposter zu verschiedenen Themen – besonders geeignet für Klassenzimmer.

11 Merkblätter zur Aktion »Rettet die Frösche« vom Bund für Umwelt und Naturschutz Deutschland können gegen Voreinsendung von 1 DM in Briefmarken bezogen werden beim: Bund Naturschutzzentrum, Mühlbachstr. 2, 7760 Radolfszell 16.

12 aus: Süddeutsche Zeitung vom 8. Juli 1983.

13 »Heimische Sträucher« Nr. 84/02–013, »Winterfütterung« Nr. 82/12-005, nützliche Merkblätter des Deutschen Vogelschutzbundes.

14 Schweizerischer Bund für Naturschutz, »Vögel im Garten«, 1980, kurzgefaßte, praxisnahe und anschauliche Broschüre, die für 2 DM bezogen werden kann bei: SBN, Postfach 73, 4020 Basel.

15 Josef Blab, »Grundlagen für ein Fledermaus-Hilfsprogramm«, Themen zur Zeit Nr. 5, Hilda Verlag Greven, gibt Einblick in das Leben der geheimnisumwitterten Säugetiere.

16 »Die Berliner Igel Gazette«, 1985. Hrsg. und Bezug: Arbeitskreis Igelschutz Berlin e. V., Fasanenstraße 69, 1000 Berlin 15.

17 R. Witt, »Der Moderplatz«, in: natur, Heft 2, 1986.

18 Senator für Stadtentwicklung und Umweltschutz Berlin, »Der Maulwurf – interessant und sympathisch, aber selten geduldet«, kostenloses Faltblatt.

19 Egon Trapp, Fallensteller, »Meine Freundin, die Wühlmaus«.
Aus dem Tagebuch eines grünen Laien, in Kraut und Rüben, Heft 4, 1986.

20 Herbert Mesch: Wühlmaus und Maulwurf im Garten, VEB Landwirtschaftsverlag Berlin 1981, DDR.
Gute Darstellung über die Lebensweise und Schäden der beiden unterirdischen Wühler.

ADRESSEN

1 Institut für Gemüsebau der Versuchsanstalt für Gartenbau (Fachhochschule Weihenstephan), Lange Point, 8050 Freising.

2 Hatto Welte, Gemüsebau und Nützlingszucht, Maurershorn 10, 7752 Insel Reichenau.
Dipl. Ing. H. Sautter & Dipl. Ing. F. Stepper, Rosenstr. 19, 7403 Ammerbuch 5.
Nützlingszuchten D. Niessner, Hugo-Wolf-Str. 13, 4010 Hilden.

3 Nistkästen und Niststeine
Schwegler-Vogelschutzgeräte, Heinkelstr. 35, 7060 Schorndorf.

4 DBV-Bundesgeschäftsstelle, Achalmstr. 33 A, 7014 Kornwestheim
DBV Schleswig-Holstein, Nöthen 1–3, 2211 Oelixdorf
DBV Hamburg, Bachstraße 81, 2000 Hamburg 76
DBV Berlin, Bosestraße 30a, 1000 Berlin 42
DBV Niedersachsen, Friesenstraße 21, 3000 Hannover 1
DBV Nordrhein-Westfalen, Aueblick 15, 4230 Wesel
DBV Hessen, Frankfurter Straße 63, 6330 Wetzlar
DBV Rheinland-Pfalz, Eichendorffstraße 10/11, 5430 Montabaur
DBV Saarland, Am Hagelsrech 21, 6635 Schwalbach-Ensdorf
DBV Baden-Württemberg, Ludwigstraße 5, 7000 Stuttgart 1.
Vogeltränken, Futtergeräte
DBV-Verlag, Achalmstr., 7014 Kornwestheim.

5 Puridom-Nistkästen
Firma Dr. F. Reichle, 6800 Mannheim-Friedrichsfeld, F.-J.-Schopp-Str. 48.

6 Arbeitskreis Igelschutz Berlin e. V.
Fasanenstraße 69, 1000 Berlin 15, Tel. 8833044
Informationen für Igelfreunde in:
Niedersachsen:
Igel-Schutz-Initiative e. V., Giselherweg 31, 3000 Hannover 91.
Nordrhein-Westfalen:
Igelschutz-Interessengemeinschaft, Neustraße 22, 4322 Sprockhövel 2 (Hasslinghausen).
Schleswig-Holstein:
Igelstation Mechthild Reichstein, Bergholm 39, 2686 Fahrdorf b. Schleswig.

7 Jeder Hausbesitzer, der mehr über Fledermäuse und ihre Lebensbedingungen wissen möchte, wende sich an: Museum Koenig, Adenauerallee 150–164, 5400 Bonn 1 (Dr. Hubert Roer).

8 Auskunft über Lüfterziegel aus gebranntem Ton erteilt die Arbeitsgemeinschaft Ziegeldach e. V., Schaumburg-Lippe-Straße 4, 5300 Bonn.

9 Franz Keim, 8399 Dommelstadl, Alte Landstraße 1–5 – Fallenfabrik.

GÄRTNERN NACH DEM GAU

Super-GAU in Tschernobyl

Ich traue meinen Ohren nicht, als ich am Montagabend, den 28. April 1986 Radio höre. Ich traue meinen Augen nicht, als ich am nächsten Morgen Zeitung lese.

In Tschernobyl brennt ein Atomkraftwerk. Eine Knallgasexplosion zerstörte die Reaktorhalle. Der Reaktorkern schmilzt bei Temperaturen von 2500 Grad Celsius. Die radioaktiven Stoffe werden in Höhen von über tausend Meter geschleudert. Der *G*rößte *A*nzunehmende *U*nfall (GAU), der nach der deutschen Sicherheitsstudie von 1979 nur einmal in zehntausend Betriebsjahren zu erwarten ist, ereignete sich am 26. April 1986. Radioaktive Wolken treiben über ganz Europa.

Nach dem langen, kalten Frühjahr strahlt die warme Maisonne wie im Sommer. Es ist Zeit, Karotten, Salat und Rote Bete zu säen, die Betten zu lüften, den Winter aus dem Haus zu treiben. Ich tue es nicht. Statt dessen decke ich vor dem ersten Regen nach dem GAU den Kompost mit Folien ab. Das Regenwasser-Auffangrohr vom Gewächshausdach stelle ich um, damit der Regen nicht das Innere des Glashauses verseucht. Ich setze je eine Pflanze Petersilie, Schnittlauch, Majoran in unser Anlehn-Gewächshaus, richte Kisten her, säe Pflücksalat und Broccoli, lege Zucchini- und Gurkenkerne, kaufe Paprikapflänzchen – sie sichern mehrfache, vitaminreiche Ernten. Wer weiß, was alles auf uns niederrieseln wird. Es kommt mir vor, als richte ich eine Arche Noah ein, von jeder Art eine Pflanze – zum Überleben mit möglichst wenig Radioaktivität.

Der Mensch kann tausend Sachen haben. Aber die Sachen dürfen nicht den Menschen haben.
Chinesisches Sprichwort

In den ersten Maitagen sind Regenfälle angekündigt. Warnungen folgen: ›Kinder nicht im Freien spielen lassen‹, ›Regen meiden‹, ›Keine Milch und kein Freiland-Gemüse verzehren‹. Die beruhigende Formel folgt gleich hinterher: Es besteht keine ›akute Gesundheitsgefahr‹. Stimmt, Krebserkrankungen haben eine Latenzzeit von meist mehr als zehn Jahren. Die Ursachen sind dann nicht mehr auszumachen.

Luft und Wolken, beladen mit schätzungsweise zweihundert verschiedenen strahlenden Elementen aus dem 1500 Kilometer entfernten Tschernobyl, treiben mit dem Ostwind auf die Bundesrepublik zu. Es regnet zuerst in Süddeutschland. Dann treibt der Südostwind die Wolken übers Ruhrgebiet. Gen Norden verlassen sie die Bundesrepublik. Überall dort, wo es früh und viel regnet, werden sehr hohe Radioaktivitätswerte in der Luft wie im Boden gemessen. Das ist der Grund für die regional sehr unterschiedlichen Belastungen.

Strahlende Erde

Überall wo viel Regenwasser floß und Partikel festgehalten wurden, erhöhte sich die Aktivität: In Erde und Moos zwischen Pflastersteinen, in ausgetrockneten Pfützen, im Schlamm von Dachrinnen und unter Regenfallrohren.

Mit weiteren Regenfällen wurden die Radionuklide von den Blättern und Stengeln gewaschen. Bauern pflügten die verseuchten Pflanzen unter. So erhöhte sich im Laufe des Monats Mai die Bodenaktivität. Die Lebensgrundlage aller Organismen wurde zur Strahlungsquelle.

Bodenverseuchung nach Tschernobyl

Ort	**Becquerel pro m²**
Heidelberg	17500
Oldenburg/O.	19500
Düsseldorf	20000
Bremen	22000
Marburg	25000
Freudenstadt	25000
Essen	29000
Konstanz	41000
Ravensburg	130000
München	160000

Quelle: IFEU-Bericht Nr. 43

Der Regen und die »heißen Stellen«

Aufgrund einer Messung mit dem Gammaspektrometer im Labor stellt sich heraus, daß in einem Kilo Gartenboden etwa 24000 Zerfälle in der Sekunde stattfinden, das heißt 24000 Bq (Becquerel). Bei jedem radioaktiven Zerfall durch Kernumwandlungen wird Strahlung frei, die je nach Strahlenart sehr weit reicht oder auf kurzem Weg sehr hohe Energiemengen abgibt. 7875 Becquerel entfallen allein auf das langlebige Cäsium 137. Es wird in 30 Jahren erst zur Hälfte zerfallen sein.

Nach der gültigen Strahlenschutzverordnung müssen diese radioaktiv verseuchten Stellen ›entsorgt‹ werden. Mir graut. Wir zeigen den Fund von radioaktiven Stoffen nach § 80 der Strahlenschutzverordnung beim zuständigen Gewerbeaufsichtsamt an.

§ 80 **Fund und Erlangung und tatsächliche Gewalt**

1. Wer radioaktive Stoffe findet und an sich nimmt,
2. die tatsächliche Gewalt über radioaktive Stoffe erlangt,
3. die tatsächliche Gewalt über radioaktive Stoffe erlangt, ohne zu wissen, daß das radioaktive Stoffe sind, hat der atomrechtlichen Aufsichtsbehörde oder der für die öffentliche Sicherheit und Ordnung zuständigen Behörde Anzeige zu erstatten, sobald er von der Aktivität dieser Stoffe Kenntnis erlangt.

Einige Wochen später holte der Leiter des Gewerbeaufsichtsamtes persönlich einen Sack mit fünfzehn Kilogramm stark strahlender Erde ab.

Wir berichten Elterninitiativen von den ›heißen Stellen‹. Sie richten am Samstag auf dem Marktplatz Bodenmeßstellen ein und informieren die Bevölkerung. Eigeninitiativen und Gespräche sind Chancen, mit der eigenen Angst und Sorge sinnvoll umzugehen. Behörden und Ministerien geben trotz eindringlicher Briefe, Anrufe und Zeitungsartikel weder Warnungen noch Entsorgungsmöglichkeiten bekannt. Ihre Handlungsmaxime: keine Unruhe vor den Wahlen. Kommt Zeit, zerfällt das kurzlebige Jod.

Hoffentlich hat nie ein Kind an diesen ›heißen Stellen‹ gespielt.

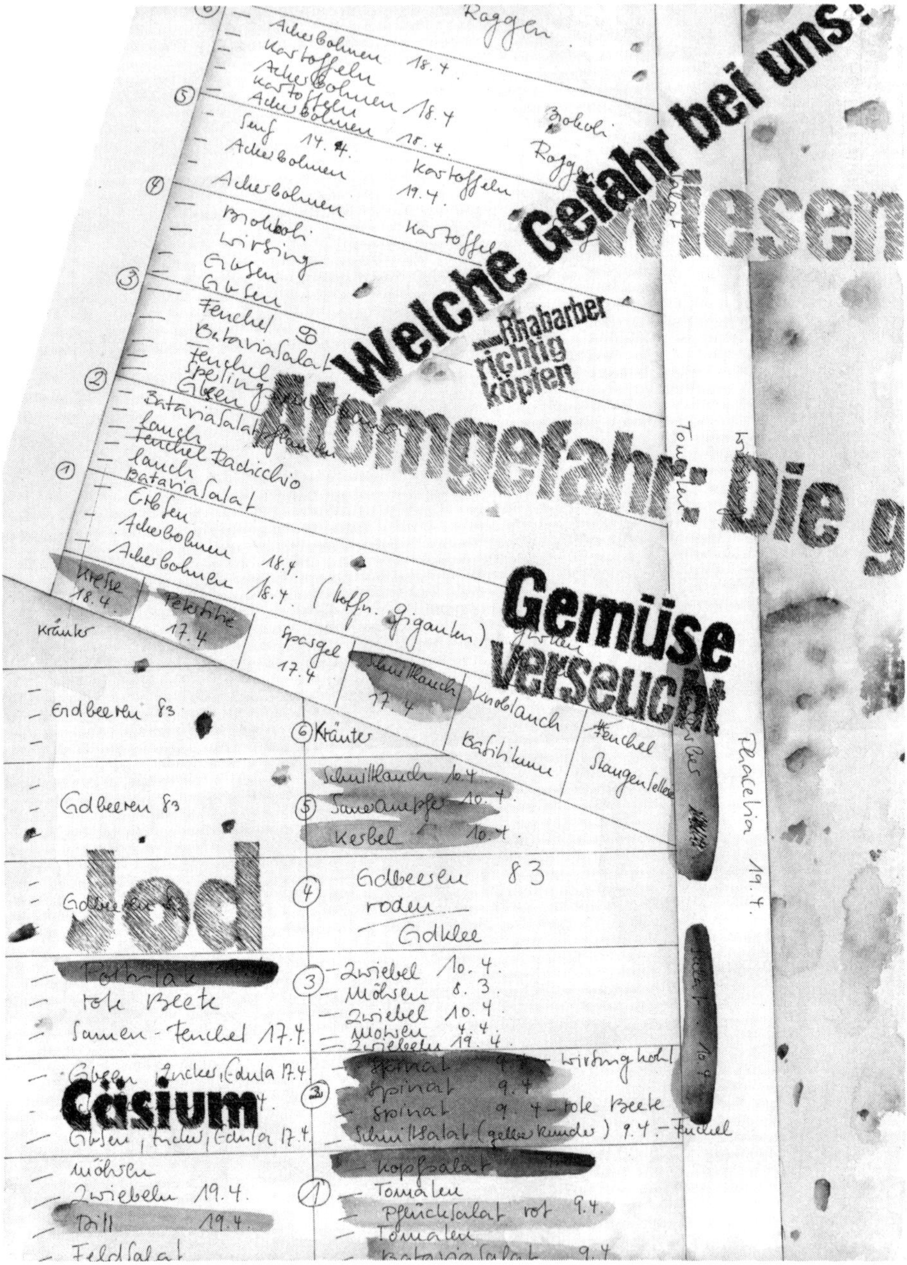
Welche Gefahr bei uns
Wiesen
Rhabarber richtig köpfen
Atomgefahr: Die
Gemüse verseucht
Jod
Cäsium

Wieviel Radioaktivität ist auf die gerade ergrünenden Pflanzen und auf den Boden gefallen? Kann man Spinat und Salat aus dem Garten noch essen? Dürfen Kinder noch im Gras spielen? Soll man noch barfuß gehen? Fragen über Fragen. Die Antworten von seiten der Behörden sind unzureichend, verwirrend, widersprüchlich. Ich bin ungeduldig und möchte es genau wissen. Mein Mann leiht einen Geigerzähler. Die radioaktiven Zerfälle werden in Lichtimpulsen und Pieps-Tönen angezeigt. Unsere ersten Beobachtungen im Garten:

- An den Stellen, wo Regenwasser zusammengelaufen ist, piepst der Geigerzähler auffallend häufiger.
- Mit Folie abgedeckter Kompost strahlt deutlich weniger als dem Regen ausgesetzte Stellen. Dort, wo sich Regenwasser von der Folie gesammelt hat, ist die Radioaktivität zehnmal höher.
- Ein Dauerpiepsen und -leuchten ist an den Stellen zu beobachten, wo beispielsweise von Dachflächen das Regenwasser zusammengelaufen ist, am Grund von Regenwassertonnen und unter Regenfallrohren.

An einer solchen ›heißen Stelle‹ tragen wir die Erde ab, packen sie in Plastiktüten und zwei alte Kochtöpfe und transportieren sie in ein Strahlenlabor.

Strahlender Spinat

Der Kerbel hat den harten, langen Winter überlebt. Der Spinat entwickelte kräftige Blätter trotz der Kälte im März. Frische Salate würde ich zubereiten, hätte ich die Meßergebnisse nicht schwarz auf weiß vor Augen, 1170 Becquerel in einem Kilogramm Spinat, allein verursacht durch Jod 131. In Süddeutschland fanden sich Werte von 10 000 Becquerel. Mit der Nahrung gelangt radioaktives Jod in Darm und Blut, sammelt sich in der Schilddrüse und schädigt das empfindliche, hormonproduzierende Gewebe. Nach acht Tagen ist es zur Hälfte zerfallen, nach 80 Tagen kaum noch nachweisbar.

Im Spinat finden sich weitere Radionuklide, Radon 226, Cäsium 137 und 134, Lanthan 140, Ruthenium 103, Cer 141 und andere. In einem Kilo Spinat aus meinem Garten ist eine Strahlung von insgesamt etwa 3500 Becquerel meßbar. Einige Nuklide haben eine Halbwertszeit von wenigen Minuten, andere brauchen Jahrzehnte, bis sie zur Hälfte zerfallen sind. Scheidet der Körper einige innerhalb von Tagen wieder aus, so lagern sich andere ins Knochengewebe ein und verlassen den Körper wahrscheinlich erst nach dem Tod.

Die Wirkung von Strahlung in Lebewesen ist schwer zu begreifen. Sie entzieht sich unserer Alltagserfahrung. Vereinfacht kann man sich vorstellen, daß die Strahlungsenergie auf ihrem Weg durch die Körperzellen gegen Moleküle und Atome stößt, sie dabei zerbricht, ihnen Elektronen (Teilchen, die um den Atomkern kreisen) entreißt oder neue aufdrückt. Dadurch entstehen sogenannte freie Radikale. Zellen, die Bausteine aller Lebewesen, verändern sich, werden teilweise zerstört.

Langfristige Auswirkungen von geringer Strahlung können sein:

- Schädigungen des Immunsystems und damit verringerte Abwehrbereitschaft gegenüber Krankheiten, Neigung zu Leukämie;
- Beschleunigung des Alterungsprozesses;
- Veränderungen von Zellkernen, den Informations- und Steuerungszentralen der Zellen, damit erhöht sich das individuelle Krebsrisiko. Werden Eizellen, Spermien oder Embryonen getroffen, können genetische Schäden in kommenden Generationen auftreten;
- Zerstückelung von schützenden Membranen in und um die Zellen können krebsfördernd wirken.

Bekannt ist nur, daß jede Strahlung Zerstörungen hervorrufen kann. Eine ungefährliche Strahlendosis gibt es nicht. Von der Strahlung besonders betroffen sind sich gerade teilende Zellen. Deshalb sind Ungeborene und Kinder bis zu hundertmal stärker gefährdet als Erwachsene.

Experten streiten seit langem über Risikoschätzungen anhand von komplizierten Modellrechnungen. Wissenschaftler, die der Atomenergie gegenüber kritisch eingestellt sind, rechnen für Norddeutschland langfristig mit 3000 und für Süddeutschland mit 20000 zusätzlichen Krebserkrankungen, zuzüglich 1000 Schilddrüsentumore, die durch den GAU in Tschernobyl verursacht sind. Das Bundesgesundheitsamt gibt 7500 Krebsfälle an.

Wes Brot ich eß, des Zahl ich errechne. Das gilt auch für die Festlegung von Grenzwerten in Lebensmitteln. Vor der Katastrophe waren nach der Strahlenschutzverordnung 30 Becquerel Cäsium pro Kilogramm Lebensmittel in der Nähe von Atomkraftwerken noch zulässig. Nach dem Super-GAU setzte die Strahlenschutzkommission beim Bundesinnenministerium die Richtwerte für Jod 131 auf 500 Becquerel pro Liter Milch hoch. Ein Liter Milch mit diesem Wert ist für ein Kind so schädlich wie 10 Röntgenaufnahmen. Ende Mai einigten sich die EG-Staaten auf Cäsium-Werte von 370 Becquerel pro Liter und Kilogramm für Milch und Säuglingsnahrung und 600 Becquerel für alle sonstigen Lebensmittel. Die willkürlich festgesetzten hohen Werte schützen Regierungen vor der Zahlung von Entschädigungen an Bauern und Gärtner, die Gesundheit der Bevölkerung schützen sie nicht.

Die Gefährdung des Lebensraumes unserer Gesellschaft ist so ernst, daß wir uns Politiker, die in dieser Beziehung lügen, nicht mehr leisten können.
Prof. Dr. Georg Picht, Universität Heidelberg

Möglichst wenig Strahler wollte ich in meinen Körper einbauen und zog die Konsequenzen im alltäglichen Handeln: Statt Saatrillen zu markieren, steckte ich mit Plastikschildern die Meß-Stellen ab. Statt jungen Rhabarber zu ernten, schob ich den Einkaufswagen die neonbeleuchteten Supermarkt-Regale entlang und packte Glaskonserven ein. Statt Quark mit frischem Schnittlauch und Petersilie anzurühren, ließ ich Linsen und Weizen keimen und öffne Einmachgläser – wie im Winter. Statt Salat zu pflücken, kaute ich rohes Sauerkraut – wegen der Vitamine und Milchsäurebakterien. Statt Gurken in die Erde zu legen, erwog ich, die kontaminierte Erdkrume abzutragen und einen radioaktiven Haufen am Rande des Gartens anzulegen, dessen Material die nächsten Jahre nicht in den Kreislauf des Nutzgartens zurückgeführt wird. Statt täglich frischen Brennessel-, Löwenzahn- und Birkentee trank ich Mineralwasser und kaufte

schwarzen Tee aus Ländern der Dritten Welt. Gerbsäure soll die radioaktiven Stoffe binden. Statt mit jungem Maggikraut Suppen zu kochen, besorgte ich Miso – eine mit Hefe vergorene Sojapaste aus Japan, sie soll Ärzten bei der Behandlung von Strahlenkranken in Hiroshima und Nagasaki geholfen haben. Statt meinen Gartenplan Wirklichkeit werden zu lassen, sammelte ich Zeitungsausschnitte und Meßdaten. Wissen verringert die aufkommende Angst. Statt barfuß den sich erwärmenden Humus zu spüren, mit den Händen die Erde zu fühlen, betrat ich mit dicken Gummistiefeln und Gummihandschuhen den Garten. Statt Brennesseljauche anzusetzen, kümmerte ich mich um den von Bio-Gärtnern ach so verpönten Mineraldünger wie Thomas-Kali. Statt mit meinem Mann den jungen Pflücksalat anzurichten, sprachen wir über Empfängnisverhütung.

DIE STRAHLER

Cäsium-137

Im Juli 1986 war das energiereiche, aggressive Jod zerfallen. Geblieben ist Cäsium-137. In dreißig Jahren wird immer noch die Hälfte davon strahlen. Es ist nachweisbar im Boden, in Milch und Fleisch, in Beeren und in Gemüse, vor allem aus dem stärker betroffenen Süden. Pilze, insbesondere Maronen, die auf der obersten Schicht nährstoffarmer Waldböden wachsen, haben es in sich. Werte über 1000 Becquerel sind keine Seltenheit. Dabei sind »nur« 300 Gramm Cäsium nach dem GAU auf die Bundesrepublik herabgerieselt – ein Hinweis auf die Gefährlichkeit radioaktiver Substanzen.

Kalium und Cäsium sind sich chemisch sehr ähnlich. Weder der menschliche Körper noch pflanzliche Wurzeln und Blätter können zwischen lebensnotwendigen Mineralien und schädigenden Strahlern unterscheiden.

Kalium ist ein wichtiges Mineral für den Flüssigkeitshaushalt (Osmose) und die Tätigkeit der Nervenzellen. Beständig wird es aufgenommen (Tagesbedarf eines Erwachsenen 800 mg) und ausgeschieden. Radioaktives Cäsium löst sich leicht in Wasser und lagert sich im ganzen Körper ab, vor allem in Muskelgewebe. Innerhalb der biologischen Halbwertzeit von 110 bis 150 Tagen wird die

γ-Strahlung

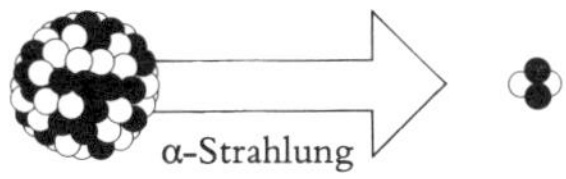

Hälfte wieder ausgeschieden. Cäsium kann an der Auslösung von Muskelgeschwülsten und Brusttumoren beteiligt sein.

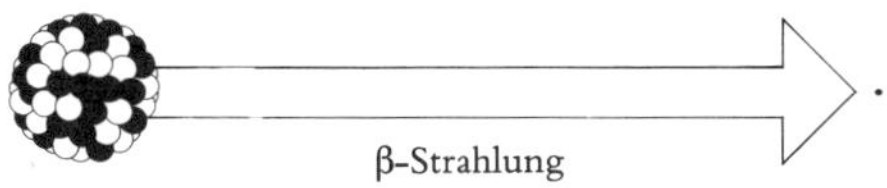

Strontium-90

Fast ebensolang wie das Cäsium 137 bleibt das Strontium gefährlich. Beim Zerfall verwandelt es sich in das radioaktive Yttrium 90, das Keimdrüsen und die hormonproduzierende Hypophyse schädigt. Im Fallout von Tschernobyl waren nur wenige Gramm. Die Gesellschaft für Strahlen- und Umweltforschung rechnet mit einem Wert von einem Prozent der Cäsiumaktivität. Messungen in der Kernforschungsanlage Jülich und im Atomkraftwerk Krümmel haben zehn Prozent des Cäsiumwertes ergeben. Das scheint nur eine geringe Menge zu sein, die es dafür aber in sich hat: Strontium ist 20- bis 200mal gefährlicher als Cäsium. Die biologische Halbwertzeit beträgt fünfzig Jahre, und die Schäden sind schwerwiegend. Lebewesen verwechseln Strontium mit Kalzium. Kalk gibt tierischen und menschlichen Knochen sowie pflanzlichen Zellwänden ihre Festigkeit. Es ist schwer löslich und wird kaum ab- oder umgebaut.

Strontium wird in Knochen und in Zähnen eingebaut. Dadurch sendet körpereigenes Gewebe energiereiche Strahlung auf benachbarte Zellen, wahrscheinlich bis zum Lebensende.

Im Innern des Knochens liegt blutbildendes Gewebe. Dort entstehen die ›Weißen Blutkörperchen‹ (Leukozyten). Sie erkennen und beseitigen eindringende Krankheitserreger, aber auch degenerierte Körperzellen, wie Krebszellen. Das leukozytenbildende Gewebe im Knochenmark kann sich unter dem Einfluß von Strontium im Laufe von zehn Jahren krankhaft verändern und überschwemmt dann das Blut mit weißen Blutkörperchen. Strontium begünstigt die Entstehung von Leukämie und Knochentumoren.

Strontiumwerte sind bis zum Herbst von offizieller Seite so gut wie nicht bekanntgegeben worden.

Das macht nachdenklich. Nur wenn unabhängige Institute ihre Meßwerte publizieren (Sr-Messungen sind sehr aufwendig) und die Bevölkerung auf präzise Information drängt, kann eine Politik der Verheimlichung und Abwiegelung verhindert werden. Cäsiumwerte allein reichen nicht aus für eine Gefahrenabschätzung. Nur wenn alle Meßwerte bekanntgegeben werden, hat der Verbraucher die »freie« Qual der Wahl. Pauschale Feststellungen der Bundesministerin für Jugend, Familie und Gesundheit – »davon wurden nur geringe Spuren gemessen« – schaffen wenig Klarheit.[1]

In den ersten Wochen und Monaten nach dem GAU war es sinnvoll, die obersten drei Zentimeter stark verseuchten Gartenbodens abzutragen und auf einem extra Haufen fernab des Nutzgartens zu lagern, genauso wie die mit Unrat aus Tschernobyl in Berührung gekommenen Pflanzen. Zwar sinkt Cäsium im Jahr nur wenige Zentimeter tief ins Erdreich ein, in Sandboden schneller als auf lehmigen Boden, doch ist das Erdreich inzwischen durch Bodenbearbeitung, Bodenlebewesen, durch Säen und Ernten vermischt, so daß Abtragen sich nicht mehr lohnt.

Um die Aufnahme von radioaktiven Substanzen durch Pflanzen zu verringern, bleibt Gärtner(innen) als letzte, wenn auch geringe Möglichkeit nur noch, für eine ausgewogene Mineralien- und Humuszusammensetzung zu sorgen. Doch die Wechselwirkungen im Boden sind kompliziert, und eine Bodenanalyse ist Voraussetzung für wirksame Maßnahmen.

Radioaktive Partikel binden

Nur im Boden frei verfügbare Radionuklide werden von pflanzlichen Wurzeln aufgenommen. Ratsam ist es, sie zu binden. Tonmineralien halten Cäsium-137 fest. Sie kommen in lehmigen Böden vor. Sandigen Böden können sie in Form von Tonmehlen und Bentonit zugesetzt werden.

Kalium statt Cäsium

Ein ausgewogener Kali-Gehalt des Bodens verringert die Cäsiumaufnahme, denn Cäsium verhält sich ähnlich wie Kalium (K), und zwischen beiden können pflanzliche Wurzeln nicht unterscheiden. Doch zu viel Kali bewirkt den gegenteiligen Effekt. Schon gebundenes Cäsium wird mobilisiert und damit für Pflanzen wieder verfügbar. Ergibt die Analyse Ihres Bodens, daß er kaliarm ist, kann eine gezielte, genau abgestimmte Düngung mit Thomas-Kali ratsam sein.

Calcium statt Strontium

Strontium ist im Boden mobiler als Cäsium. »Es wird sowohl leichter in tiefere Schichten ausgewaschen als auch leichter von Pflanzen aufgenommen.«[2] Vor allem Humusteilchen binden das Strontium.

Strontium konkurriert mit Calcium. Auf einem kalkreichen Boden mit einem ausgeglichenen pH-Wert nehmen Pflanzen weniger Strontium auf als auf einem sandigen, moorigen und sauren Boden. Dort werden radioaktive Teilchen schneller in tiefere Schichten ausgewaschen. Bei Calcium-Mangel und einem pH-Wert unter 6,5 ist ein langsames Aufkalken über mehrere Etappen in der richtigen Dosierung empfehlenswert. »Wer es besonders gut meint und gleichzeitig mit Kali und mit Kalk gegen die Bodenverseuchung vorgeht, macht einen Fehler: Während Gaben von Kalk oder Kali (mit Ausnahme von Tonböden) Strontium blockieren, bewirkt eine Kombinationsdüngung mit beiden Nährstoffen praktisch das Gegenteil: Die Strontiumaufnahme durch die Pflanzenwurzel wird gefördert.«[3] Ebenso fördern Stickstoff- und Phosphatdünger, besonders aber Volldünger (NPK), die Wurzelverfügbarkeit von Radionukliden.

Radioaktive Partikel zu binden, den Boden zu düngen, ohne daß sie mobilisiert werden, ist schwierig. Angesichts der komplizierten Wechselbeziehungen kann allenfalls ein erfahrener Bodenkundler nach einer Bodenanalyse im Hinblick auf eine bestimmte Nutzung Empfehlungen geben. Gärtner(innen) tun gut daran und machen wenig falsch, wenn sie Gesteinsmehle ausbringen und mulchen.

Am wirkungsvollsten war es, die oberste Schicht stark verseuchten Bodens zusammen mit den vergifteten Pflanzen möglichst bald nach dem Fallout abzutragen und gesondert zu lagern.

Pflanzen als Zwischenlager

Aufgrund von Untersuchungen auf kontaminierten Böden und der geringen Wanderungsgeschwindigkeit von Cäsium und Strontium in tiefere Bodenschichten gingen Experten davon aus, daß die Beeren- und Obsternte im Jahr 1 nach Tschernobyl kaum belastet sein wird. Unerwartet hoch fielen dann die Messungen beispielsweise für Johannis- und Stachelbeeren oder Holunder aus. Nicht berücksichtigt wurde das Eindringen des Strahlengiftes über Blattgewebe und Spaltöffnungen. Blätter, die sich Anfang Mai entfaltet hatten, nahmen die radioaktive »Blattdüngung« bereitwillig auf, große Blätter mehr als kleine, rauhe mehr als glatte, bei feuchtem Wetter mehr als bei trockenem, kleine Partikel mehr als große. Noch lange nach dem Strahlenschauer lagerte sich aufgewirbelter Boden- und Nuklidstaub auf der großen Oberfläche von Blättern ab.

Über Jahrzehnte hinweg werden Wurzeln die Strahlengifte vom Boden in die Pflanze leiten. Der GAU in Tschernobyl erhöht die Altlasten aus den Atomwaffenversuchen um 1963, deren Aktivität heute noch nicht abgeklungen ist. Das Bedenkliche ist, daß ein großer Anteil langlebiger Stoffe im Fallout enthalten war.

Lange schon arbeiten Wissenschaftler an Tabellen für den Übergang der Radioaktivität vom Boden in die Pflanzen. Doch mit den meist in Laborversuchen ermittelten Zahlen läßt sich die Komplexität einer lebendigen Wirklichkeit nicht erfassen. Die tatsächliche Aufnahme von Strahlern ist abhängig von einer Vielzahl täglich, ja stündlich sich ändernden Faktoren: von der Konzentration der verschiedenen Nuklidarten, von der Bodenart und Struktur, vom pH-Wert, vom Feuchtigkeitsgehalt, von den Bodenlebewesen und dem Humusgehalt, von der Bodenbearbeitung und Düngung, von der Pflanzenart, vom Alter und Zeitpunkt der Ernte und der Nachbarschaft mit anderen Pflanzen, vom geernteten Pflanzenteil – in Samen und Speicherorganen reichert sich weniger Strontium und Cäsium an als in Blättern –, vom Schwermetallgehalt und anderen Giften. Hinzu kommt, daß zwischen den genannten und ungenannten Faktoren Wechselwirkungen bestehen.

Das IFEU-Institut in Heidelberg[4] veröffentlichte für Klee einen Cäsium-Transferfaktor von 0,004 bis 33, das bedeutet, daß in Klee vier Tausendstel des Bodenwertes, aber auch das 33fache des Bodengehaltes von Cäsium eingebaut sein kann. Wer angesichts dieser Schwankungsbreite behauptet, er wüßte Genaues, lügt. Die einzige Möglichkeit, über die tatsächliche Belastung Aussagen zu machen, sind Messungen mit aufwendigen Geräten in Labors (→ 1).

Filterpflanzen

Die Hoffnungen, mit cäsiumsammelndem Senf oder mit Rüben (Gründüngepflanzen) den Boden reinigen zu können, haben sich als unrealistisch herausgestellt. Die Menge der entzogenen strahlenden Partikel ist zu gering. Sie beträgt nicht einmal ein Prozent der Bodenaktivität. »Zu überlegen ist allerdings, ob im Garten, zwischen den Gemüsereihen gesät und getrennt verkompostiert, diese Pflanzen nicht doch einen gewissen mindernden Effekt in bezug auf Cäsium haben.«[5]

Zeigerpflanzen

Die Suche nach Zeigerpflanzen für Radioaktivität, etwa nach spezifischen Blattverformungen, ist schwierig. Zu vielfältig sind die Faktoren, die pflanzliche Entwicklungen bestimmen. Die tägliche Auszählung der Staubblattverfärbungen von besonderen Tradeskantienzüchtungen unter dem Mikroskop ist langwierig und erfordert viel Geduld. Radioaktivität ist nur eine mögliche Ursache für die Verfärbung von Blau nach Rot. Auch UV-Strahlen und Pestizide verursachen Mutationen, Veränderungen des Erbgutes.

In Harrisburg sammelte Mary Osborn nach dem schweren Reaktorunfall auf Three Mile Island 1979 in den darauffolgenden Jahren ein Ahornblatt 30 Zentimeter breit und 25 Zentimeter lang, gesprenkelt mit schwarzen Flecken, ein Löwenzahnblatt von 75 Zentimeter Länge. »Es ist immer das gleiche«, bemerkte Mary Osborn, »überall, wo Pflanzenmißbildungen auftreten, gibt es kranke Leute.« Die Krebserkrankungen stiegen in einem Wohngebiet in der Nähe des Reaktors um 70 Prozent. Prof. James Gunckel, der sich seit langem mit den Strahlenauswirkungen auf die Entwicklung von Pflanzen befaßt, beobachtete, daß Gartenlilien und besonders Zwiebeln sehr empfindlich sind.[6]

Verwunderlich sind diese Phänomene nicht. Züchter bestrahlen seit langem Pflanzen, um eine Vielzahl von Mutationen auszulösen. Anschließend werden die Unerwünschten aussortiert und die Pflanzen mit erwünschten Eigenschaften weitervermehrt – auch eine Form des Rassismus.

Die Erde hat keinen Notausgang

Viele Gärtner(innen) haben sich nach dem GAU verunsichert und verzweifelt gefragt: »Wie soll ich auf verseuchter Erde noch gärtnern?« Ich wußte zwar, daß jederzeit eine größere Menge an

Radioaktivität aus einem der dreihundert Atomkraftwerke oder aus atomaren Waffen austreten kann. Und doch empfand ich die atomare Katastrophe wie einen Einbruch. Erneut wurde mir die Illusion zerstört, daß Gärten atommüllfreie, giftfreie Inseln sein können. Jedes Stückchen Land, sei es auch noch so klein, ist abhängig von politischen, militärischen, ökonomischen und persönlichen (Fehl)entscheidungen. »An ihren Früchten sollt ihr sie erkennen«, hilft mir bei der Beurteilung auch von politischen Entscheidungen. Radioaktiv verseuchte, vergiftete Früchte sind für niemanden gut. Da hilft nur, die Ursachen beseitigen und gegen den Atomstrom schwimmen.

Im Jahr 1 nach Tschernobyl habe ich den Garten sich selbst überlassen, ein Jahr der Brache und des Nachdenkens, der Pause und der Ruhe eingelegt. Und noch nie schillerte mein Garten so bunt, noch nie haben so viele Vögel gesungen, und noch nie haben sich in ihm so viele junge Frösche und Spinnen getummelt. Auf das neue Gartenjahr freue ich mich wieder. Ein nach *ökologischen* Gesichtspunkten bearbeiteter Garten bringt gerade jetzt Vorteile:

- Wenn Sie Pflanzen- wie Tiervernichtungsmittel, Stickstoff-, Phosphat- oder Volldünger vermeiden, kommt es zumindest zu keinen Wechselwirkungen mit den Radionukliden, die die Belastung noch erhöhen können.

- Wenn Sie die Mulch- oder oberste Bodenschicht sowie verseuchte Pflanzenteile abgetragen und getrennt kompostiert haben, so wird die Aufnahme von Radioaktivität durch Pflanzen vermindert. (Im konventionellen Gartenbau wurde einfach alles untergepflügt.)

- Ausgebrachte Gesteins- und Tonmehle sowie ein hoher Humusgehalt absorbieren den Unrat aus Tschernobyl, so daß er für Pflanzen nicht verfügbar ist.

- Sträucher, Hecken wie Wildkräuter schaffen Konkurrenz- und Schutzeffekte.

• Ballast- und mineralienreiche Lebensmittel vermindern die Aufnahme von Radionukliden im Darm. Vollwertige, naturbelassene Nahrungsmittel unterstützen Zellen bei Reparaturarbeiten und das Immunsystem beim Erkennen und Beseitigen von entarteten Zellen. Pflanzliche Lebensmittel (außer Pilzen und Waldbeeren) enthalten meist weniger Radioaktivität als tierische.

LITERATUR

1 Die Bundesgesundheitsministerin Rita Süssmuth, »Nach Tschernobyl, Antworten auf 21 Fragen«, Faltblatt, Juni 1986.

2 Ute Boikat, Andrea Fink, »Radioaktive Stoffe im Boden und in der Pflanze – Was kann mittelfristig dagegen getan werden?«, Aufsatz in dem Buch: Ekkehard Sieker (Hg.), »Tschernobyl und die Folgen – Fakten, Analysen, Ratschläge«, Bornheim-Merten 1986.

3 Natur, Heft 7, 1986, »Gemüse, Fleisch, Milch: Was Sie alles wissen müssen«.

4 M. Schmidt (IFEU), »Die radioaktive Belastung – Auswirkungen«, in: »BioGarten« Heft 15, August/September 1986.

5 Arthur Meier/Manfred Wallenschus, »Tradescantia: Ein Bioindikator für Radioaktivität«, Examensarbeit im Fachbereich Physik an der Universität Bremen, 1982, DM 5,– zzgl. Versandkosten, Bestelladresse: Universität Bremen, Druckschriftenlager, Postfach 330440, 2800 Bremen.

6 Anna Mayo, »Ahornsignale, Erkundigungen in Harrisburg«, in: Kursbuch 85, Sept. 86.

Broschüren zu Tschernobyl und den Folgen:

- Institut für Energie und Umwelt (IFEU), »Die Folgen von Tschernobyl«, Heidelberg, Mai 1986, Bericht Nr. 43, Broschüre DIN 4, 60 S. DM 3, Bestellung bei: IFEU, Im Sand 5, 69 Heidelberg.
  Eine sehr gute und preiswerte Einführung in die Problematik der Radioaktivität mit aktuellen Hinweisen und Gefahrenabschätzung.

- Bremer Bürgerinitiative gegen Atomanlagen (BBA), »Tschernobyl strahlt überall – die gesundheitlichen Folgen der Reaktorkatastrophe«, Bremen, Mai 1986, Broschüre DIN A4, 44 S., DM 3, bei Bestellungen ab 10 Stück Rabatt. Bestelladresse: Bremer BI gegen Atomanlagen, St. Pauli Str. 10/11, 2800 Bremen, Tel. 0421/70014.

- Die Broschüre Referate und Diskussionsbeiträge von mehreren Veranstaltungen der ›Arbeitsgemeinschaft Umweltmedizin‹. Eine sehr informative Broschüre zu Fragen der gesundheitlichen Auswirkungen (Langzeitwirkungen der radioaktiven Stoffe, Verhalten im Boden, Informationen für Gärtner).

- Fraktion Gesundheit in der Ärztekammer Berlin, »Tschernobyl –

Eine Einschätzung der gesundheitlichen Folgen«, Berlin 1986, eine grundlegende populäre Einführung, zu bestellen bei: Fraktion Gesundheit, Knesebeckstr. 55, 1000 Berlin 15.

- Das ÖKO-TEST-Magazin, ab Juni 1986, 4,– DM, erhältlich am Kiosk oder Bestellung bei Hundert-Morgenmedienversand, Postf. 2, 6107 Reinheim.

ADRESSEN

1 Meßstellen für Radioaktivität sind bei den örtlichen Gesundheitsämtern, Chemischen Landesuntersuchungsämtern und Landwirtschaftlichen Untersuchungs- und Forschungsanstalten zu erfragen. Es sollte versucht werden, kostenlose Untersuchungsmöglichkeiten aufzutun. Bei privaten, unabhängigen Instituten kostet eine Messung zwischen 50 und 100 DM.
Radioaktivitätsmessungen sammelt, bewertet und gibt weiter:
AGÖF-Koordinationsstelle »Radioaktivität«, z. H. v. Klaus Bätjer, Horner Straße 28, 2800 Bremen 1, Tel.: 0421/76053,
Katalyse-Institut, Meßstelle GAMMA, Engelbertstr. 41, 5000 Köln 1,
MAUS, Meßstelle für Arbeits- und Umweltschutz, Universität Bremen, FB 1, 2800 Bremen 33,
IFUA, Institut für Umwelt-Analysen e. V., Eckendorfer Str. 10, 4800 Bielefeld,
ULF, Umwelt- und Diagnoselabor Fulda, Fachhochschule Fulda, Fachbereich Haushalt und Ernährung, Marquardstr. 35, 6400 Fulda.

SELBST VERSORGEN HIER UND IN DER DRITTEN WELT

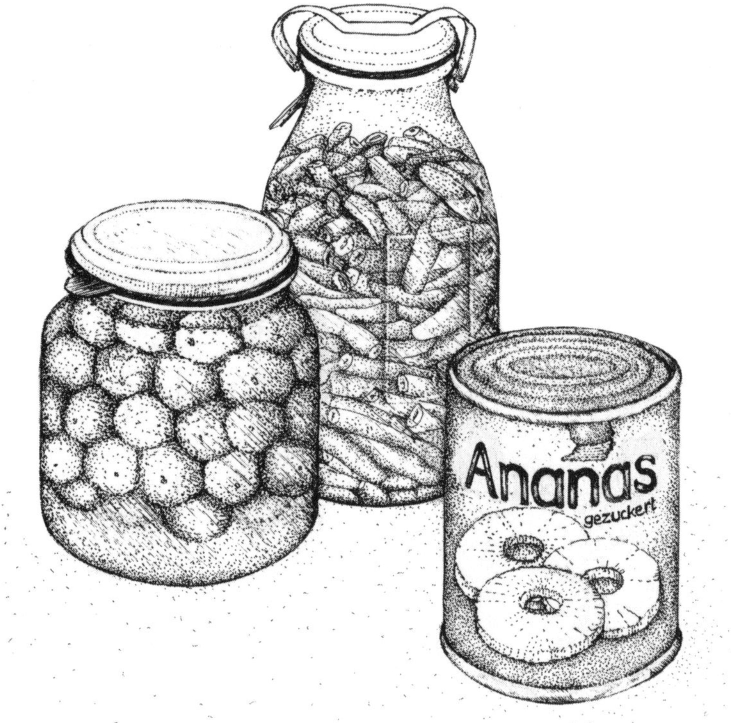

Die Reichen und die Armen

Einst hinterließen Griechen bei einem vorgetäuschten Rückzug ein kostbares hölzernes Pferd vor den Stadtmauern Trojas. Die Trojaner holten es in ihre Stadt. Der Schatz entlarvte sich als List und führte zur völligen Zerstörung Trojas, denn das Pferd war innen hohl, und heraus sprangen die besten Krieger Griechenlands. »Seitdem die Trojaner ein hölzernes Pferd bekommen haben, ist es für die Nation eine bedenkliche Sache geworden, von anderen Nationen Präsente anzunehmen«, erkannte 1840 der deutsche Ökonom Friedrich List.[1]

Anfang der sechziger Jahre versprachen Industriestaaten umfangreiche Hilfe für die armen Länder. Und sie wurden von Regierungen der armen Länder ins Land geholt. Sie gaben den Hungernden Weizen und Gerste und brachten ertragreiche Getreidesorten mit. Sie bewilligten Kredite für Traktoren, Düngemittel und Spritzmittel und gaben Bürgschaften zum Bau von Staudämmen, Atomkraftwerken und für den Kauf von Waffen. Sie nannten ihr Unternehmen die »Grüne Revolution«.

Die Hilfe entlarvte sich bald als List. Durch sehr billiges, teils geschenktes Getreide brachen die Preise für Lebensmittel auf den Märkten der Dritten Welt zusammen. Für Bauern in Afrika und Südamerika gab es keinen Anreiz mehr, selbst Bohnen, Hirse und Mais anzubauen, der erzielte Erlös war zu gering. So wurden Bauern zu Bettlern. Manche wanderten in der Hoffnung auf Arbeit in große Städte. Dort wuchsen die Slums. Ein Teil des Bodens lag brach. Für die Industrieländer waren die Hilfsaktionen eine günstige Gelegenheit gewesen, ihre eigenen Überschüsse abzustoßen und in die ›entwicklungsfähigen‹ Länder vorzustoßen.

Dritte Welt immer tiefer in der Kreide

Die größten Schuldnerländer der Welt sind nach einem gemeinsamen Bericht der Bank für Internationalen Zahlungsausgleich (BIZ) und der Organisation für wirtschaftliche Zusammenarbeit und Entwicklung (OECD) 1985 noch tiefer in die »roten Zahlen« gerutscht. Nach den jetzt veröffentlichten Zahlen wuchsen die Bruttoauslandsforderungen gegen 159 große Schuldnerstaaten auf insgesamt 821,4 Milliarden Dollar (Rund 2,4 Billionen Mark) von 747,5 Milliarden Dollar im Jahr zuvor.

Brasilien blieb mit Auslandsverbindlichkeiten von 83,9 (83) Milliarden Dollar das am höchsten verschuldete Land, gefolgt von Mexiko mit einem auf 78,3 (76,3) Milliarden gestiegenen Schuldenberg.

Frankfurter Rundschau v. 22. Juli 1986

Die ertragreichen Sorten baute man auf Großplantagen an. Doch Maschinen, Düngemittel und Gifte waren Voraussetzung für hohe Erträge. Sie mußten von den armen Ländern gekauft werden. So verschafften sich die Industrieländer neue Absatzmärkte. Die Banken kassierten hohe Zinsen für die gewährten Kredite. Teils führten die Maßnahmen zum Erfolg, teils auch zur Katastrophe, wie auf den indonesischen Reisfeldern. Der eingeführte Wunderreis wurde von einem Virus befallen, der die Pflanzen vertrocknen ließ. Er breitete sich rasch über 200000 Hektar aus und vernichtete fast die ganze Ernte.[2] Der Einsatz großer Maschinen brachte Millionen Bauern um ihre Arbeit. Nun hungerten die einst Satten.

Grüne Revolution verdrängt Kleinbauern aus der Landwirtschaft
Landlose in Prozent der ländlichen Haushalte
in Indien 1961–1971

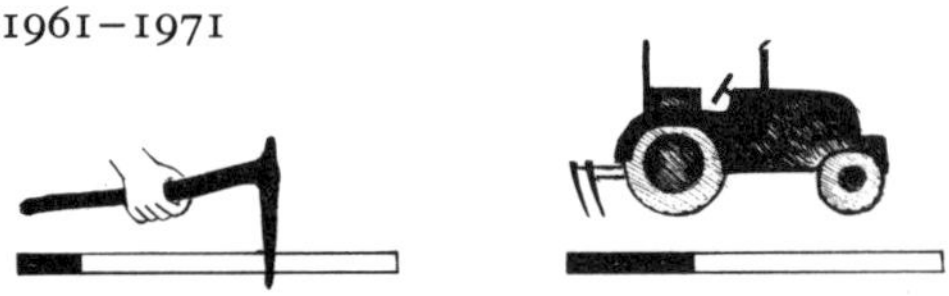

= 18 % Landlose
vor der Grünen
Revolution 1960/61

= 33 % Landlose
nach der Grünen
Revolution 1970/71

Quelle: Rudolf H. Strahm, Warum sie so arm sind – Arbeitsbuch zur Entwicklung der Unterentwicklung[3]

Zwei Wege zu einem Bohnengericht

Fahrt zum Kauf-Land,
Griff ins Regal,
Einkaufswagen zur Kasse schieben,
warten,
eine Mark neunundvierzig bezahlen,
nach Hause fahren,
Dose öffnen,
Bohnen aufwärmen,
würzen,
Dose in Mülleimer werfen,
fertig ist das Bohnengericht,
schnell und preiswert,
guten Appetit!

Ab Mitte Mai
vier bis sechs Bohnenkerne
in eine Pflanzmulde legen,
nur mit wenig Erde bedecken,
denn Bohnen wollen
die Glocken läuten hören,
Bohnenkraut daneben säen,
junge Pflanzen anhäufeln,
bei Trockenheit gießen,
ab Juli Hülse für Hülse pflücken,
waschen und abgipfeln,
zusammen mit
dem frischen Bohnenkraut dünsten.

Der erste Weg ist bequem und billig obendrein. Allzeit griffbereit, können Dosen jederzeit geöffnet werden. Die Zubereitung ist kinderleicht, da kann man nichts falsch machen. Das ist die eine Seite der Medaille. Sie hat eine Kehrseite.

Eigentlich müßte Dosengemüse teurer sein als frisches Gemüse, denn Dosen, Konservierung, Transportwege und Lagerhaltung kosten Geld, Groß- und Einzelhandel verdienen beim Verkauf. Dosengemüse ist nur deshalb billig, weil Bauern und Plantagenarbeiter für ihre Arbeit sehr schlecht bezahlt werden. Bei manchen Produkten aus der Dritten Welt sind die Löhne so gering, daß die Lohnkosten für Anbau und Ernte in der Preiskalkulation nicht auftauchen. Konservenfabriken können nur rentabel arbeiten, wenn Gemüse und Früchte in großen Mengen auf riesigen Feldern angebaut werden. Mitarbeiter und Zuarbeiter von Lebensmittelkonzernen vertreiben tagtäglich in Entwicklungsländern Bauern mit Drohungen, Brandstiftung und Mord von ihren Feldern.

Wieviel der Bauer im Entwicklungsland erhält
(in Prozent des Detailverkaufspreises)

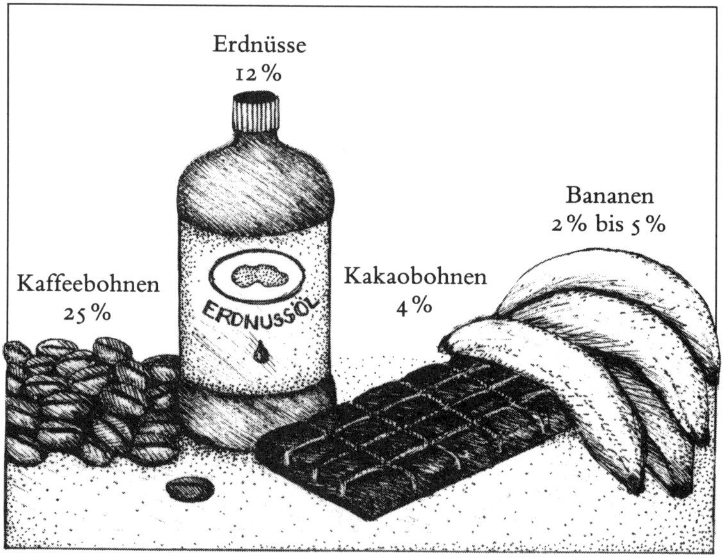

Blanchieren und Sterilisieren bei 120° C zerstören etwa 50 Prozent der Vitamine im Gemüse (Möhren werden vorher chemisch in Natronlauge geschält). Lebenswichtige Mineralien wandern in die Brühe, die wegen des hohen Salz-, Blei- und Zinngehalts vor dem Kochen abgegossen werden sollte.

Mineralstoffe und Vitamine in frischen und konservierten Erbsen

	Natrium	Kalium	Vitamin C	Vitamin B_1
Erbsen, grün, roh	2 mg	316 mg	27 mg	0,35 mg
Erbsen in Dosen	236 mg	99 mg	9 mg	0,10 mg

Nicht konservierte Lebensmittel enthalten bis zu 3 mg Zinn pro Kilo, Ananas in lackierten Weißblechdosen bis zu 170 mg Zinn pro Kilo (Birnen gar bis zu 450 mg). In nicht lackierten Dosen enthielten die Fruchtsäfte bis zu 2000 mg Zinn pro Kilo.

Monokulturen bedingen den Einsatz großer Maschinen, mineralischer Düngung und einer Vielzahl von Pestiziden (Wildkraut- und Insektenbekämpfungsmittel). In Europa längst verbotene Gifte werden in »Entwicklungsländer« exportiert. Die Folgen: jährlich werden über 300 000 Menschen vergiftet, 10 000 Menschen getötet.[4] Der Wirtschaft der Bundesrepublik bringt das Giftgeschäft Umsätze in Milliardenhöhe. Die Gifte kehren zurück in Gemüse und Südfrüchten. Ausgerechnet bestimmte Pestizide (wie auch Nitrate) begünstigen den Abbau von Zinn im Dosenblech. Schlierige dunkelgraue Zeichnungen an den inneren Dosenwänden und ein metallischer Beigeschmack sind Zeichen für Zinnfreisetzung.[5] Zinn schädigt die Leber und kann zu Verdauungsstörungen, Durchfall und Erbrechen führen.
Die Transportwege vom Ort des Wachstums zum Ort des Verbrauchs führen manchmal um die halbe Erdkugel. Unterwegs wird in Ländern der Dritten wie auch der Ersten Welt fruchtbarer Boden versiegelt für Straßen, Landebahnen, Lagerhäuser. Schiffe, Flugzeuge und LKWs verbrauchen große Mengen Energie und vergiften die Mitwelt durch Abgase.

Der erste Weg ist der Weg der industriellen, internationalen Nahrungsmittelproduktion. Mit jeder verkauften Dose bereichern sich Lebensmittelkonzerne, Transportunternehmer, Handel und Banken um Pfennigbeträge. Jeder Bundesbürger verzehrt im Schnitt 15 kg Dosengemüse jährlich. Mit jeder verkauften Dose werden die Bauern in der Dritten Welt hungriger und ärmer.

Der zweite Weg erfordert mehr Arbeit und Zeit, mehr Wissen und Können. Beispielsweise vertragen die aus Südamerika stammenden Bohnen keinen Frost, deshalb können sie erst nach den Eisheiligen Mitte Mai in die Erde gelegt werden. Als Schwachzehrer wachsen sie auch auf armen Böden und geben ihm mit Hilfe der stickstoffsammelnden Bakterien Nitrate zurück. Bohnenkraut daneben gesät verhindert die Ausbreitung von Läusen.
Beim Anhäufeln und Bodenlockern beobachte ich erwartungsvoll die Entwicklung der zuerst streichholzlangen, grünen Fäden und freue mich schon auf die erste Ernte im Juli. Ein bißchen ist's dann wie Weihnachten, wenn ein Geschenk aus dem Garten auf dem Tisch steht. Dann kann ich mich monatelang mit Bohnen satt essen und den Überschuß für den Winter konservieren. Aus einem Samenkorn, das nur wenige Gramm wiegt, wächst in Monaten eine Pflanze heran, die ein halbes bis ganzes Pfund Bohnen trägt.

Dann ist kein Verpackungsmaterial, kein Kühltransport, kein Geschäft und keine Ausbeutung, kein Müllberg und keine Energieverschwendung damit verbunden, wenn die frischen Bohnen mit Bohnenkraut gekocht und mit Käse überbacken auf dem Tisch dampfen. Dann bin ich mir sicher, daß keine Pestizide und Zusatzstoffe den Geschmack verderben. Dann lassen wir's uns schmecken.

Lebens-Mittel und Macht-Mittel

Lebensmittel sind schon lange nicht mehr nur Mittel zum Leben. Wo Menschen leben, da ist ein Markt für Nahrungsmittel. Ob Baby-Fertignahrung (Alete), Pulverkaffee (Nescafé), Suppen aus Tüten (Maggi), Eiscreme (Langnese) oder Wurst (Herta) und den Senf (Thomy) dazu, Mineralwasser (Blaue Quellen) oder Carokaffee, beim Kauf jedes dieser Produkte füllen sich z. B. die Kassen des Schweizer Nahrungsmittelkonzerns Nestlé. 50 Milliarden Mark nimmt er jährlich ein in über 1300 Firmen.[6]

Von der Wiege bis ins Kästle – immer Nestle.
Schweizer Volksmund

Die weltweite Vermarktung hat fast unbemerkt Besitzverhältnisse und Bodenstrukturen, Anbauweisen und Saatgut, Pflege und Ernte, Arbeit und Kultur, Familienstrukturen und Denkweisen, Geschmack und Essensgewohnheiten verändert. Beispielsweise wurden 1985 fünfzig Prozent weniger Mahlzeiten als 1970 zu Hause selbst zubereitet. Geld ersetzt Liebe nicht, die auch durch den Magen geht. Das landet meist in den Kassen von ›fast-food‹-(schnelles Essen)Konzernen. 1,3 Millionen Hamburger werden tagtäglich in der Bundesrepublik verschlungen. 500 Rinder werden dafür täglich durch den Wolf gedreht[7], US-Weizen zu Brötchen gebacken, Salat aus Kalifornien im Winter, aus Spanien im Sommer eingeflogen, Ketchup aus Italien in der richtigen Flüssigkeitsdichte herbeigeschafft.

Das Essen muß sich der Technik anpassen.
Ein Einkäufer von McDonald

Das hat Konsequenzen nicht nur für den Esser, der langfristig an zuviel Kalorien und gleichzeitig an Mangelkrankheiten leidet, weil mineralienhaltige Ballaststoffe fehlen.

Aufreißen, aufessen, Geschirr ex und hopp – das ist die Kultur des Essens auf die Schnelle.

Überfluß und Überdruß

Täglich werden 5 Millionen Kilo Obst und Gemüse innerhalb der EG vernichtet, damit die Preise nicht fallen. 46 Milliarden Mark kosten jährlich die Lagerung und Vernichtung der Überschüsse. »Für jedes weggeworfene Kilo bekommen Bauern aus Brüssel 30 Pfennig Ausgleichsprämie ... Frisch geerntet auf den Müll ... An möglichst entlegenen Stellen kippen die Obsterzeuger der Provence ihre Äpfel weg. Es ärgert sie, daß Europas Elend mit dem Überfluß nirgends so sichtbar wird wie bei der Vernichtung ihrer Ernte.«[8] Die Überschüsse gratis in Schulen oder Altersheimen zu verteilen würde nur unbezahlte Arbeit bedeuten, und »je mehr gratis abgegeben wird, desto weniger wird gekauft«. Der Wahnsinn macht innerhalb kapitalistischer Weltmarktgesetze Sinn. »Denn der gemeinsame Agrarmarkt der EG-Länder ist eine der tragenden Säulen, die sie zu dem gemacht hat, was sie heute ist: eine wirtschaftliche Supermacht.«[9]

Überernährung und Hunger

Im Hamburger Hafen stehen nicht weit voneinander entfernt Bananenschuppen, Kaffeespeicher, Kakaospeicher, Fruchtzentren, Gefahrengutanlagen für den Export von Pestiziden und eine Rüstungswerft. Neben der Köhlbrandbrücke erheben sich riesige Getreidesilos, daneben die Ölmühle Hamburg, alles im Besitz der Firma Toepfer (→ 1). Eine Million Tonnen Sojabohnen werden dort jährlich zu pflanzlichen Ölen und Schrot verarbeitet. Die eingelagerten Körner könnten hundert Millionen Menschen sättigen. Toepfer gehören auch die Club-Kraftfutterwerke. Die arbeiten eng mit Raiffeisen-Genossenschaften zusammen, und so ist die Vermarktung bis hin zu Rinder- und Schweineställen gesichert. Dort werden die Eiweißberge aus Ländern der Dritten Welt in Butterberge, Fleischberge und Milchseen der Europäischen Gemeinschaft verwandelt. Der Anbau von eigenen Futtermitteln lohnt sich bei den niederen Weltmarktpreisen für hiesige Bauern kaum noch.

Und die Tiere fressen was weg. Um eine tierische Kalorie zu erzeugen, müssen sie etwa 10 Kalorien pflanzlicher Nahrung fressen. Ein Großteil wird ausgeschieden und landet auf dem Mist. Ein Teil der Energie hält die Körpertemperatur aufrecht. Ein Teil wird für Stoffwechsel und Bewegungen freigesetzt. Nur ein Zehntel der verfütterten Energie verwandelt sich in Fleisch.

Produktionsmethoden und biologische Vorgänge sprechen dafür, wenig Fleisch zu essen. Unter ökologischen, sozialen und politischen Gesichtspunkten ist es sinnvoll, vorwiegend einheimisches Gemüse und Obst zu essen.[10]

Bei weitgehender Selbstversorgung ist die Ausbeutung von Menschen und die Zerstörung der Natur am geringsten.

Wieviel Land braucht der Mensch?

Mir kommt ein Garten auf der kanarischen Insel Gomera in den Sinn. Acht Jahre ist es her. Auf einer Wanderung mit Freunden durch traumhafte Erikawälder, durch verlassene Dörfer verirrten wir uns in einem tiefen Tal. Es wurde dunkel. Es ging nicht mehr vorwärts. Vor uns felsiger Abgrund, der ins Meer hinabführte. Hinter uns der steile, steinige Weg, den wir mit großer Mühe und Hoffnung hinabgestiegen waren. Die Furcht vor einem Absturz im Nacken, krabbelten wir auf allen vieren. Da entdeckten wir eine aufgeschichtete Mauer mit einer schmalen Steintreppe. Vorsichtig tasteten wir uns hinauf. Richtige Erde lag da. Sie fühlte sich weich an neben den Steinen. Stengel und Blätter von Kartoffelpflanzen lagen auf einem abgeernteten Beet. Wir legten uns darauf nieder und deckten uns mit leeren Säcken zu. Morgens sah ich, daß wir in einem Garten, so groß wie zwei Wohnzimmer, geschlafen hatten. Eine kleine, fruchtbare Kostbarkeit inmitten von Steinen.

»Jedes Land der Welt besitzt die Kapazität, sich selbst zu ernähren... Hungernde Menschen können sich selbst ernähren, wenn man sie läßt.« Das haben Frances Moore Lappé und Joseph Collins in ihrem Buch »Vom Mythos des Hungers – Die Entlarvung einer Legende: Niemand muß hungern« überzeugend und aufrüttelnd ausgeführt.[11] Ich schleppte das Buch in meinem Rucksack mit mir rum. Die eigenständige, umfangreiche Untersuchung des Welternährungsproblems hat dazu beigetragen, mein Denken auf die Beine der Wirklichkeit zu stellen. Das Buch hat mir Beine gemacht. Statt mein Lehrergehalt nach der kargen Studentenzeit in Steaks, Kleider oder in ein Auto zu verwandeln, begann ich, einen Garten anzulegen. Meine Lebensfreude wuchs mit dem Salat. Das Wissen, wie ich mich selbst ernähren kann, gibt Kraft und Selbstwertgefühl.

Die durchschnittliche landwirtschaftliche Nutzfläche der Welt pro Kopf der Weltbevölkerung beträgt 4000 m^2; in den USA kommen auf jeden Einwohner 9000 m^2, in der Schweiz 2000 m^2.

In der Bundesrepublik Deutschland gibt es rund 13 Millionen Haus- und Kleingärten mit einer Durchschnittsgröße von 550 Quadratmetern. Etwa drei Personen könnten sich etwa mit einem Garten der durchschnittlichen Größe weitgehend selbst versorgen. Bei 13 Millionen Gärten sind das 39 Millionen Menschen.

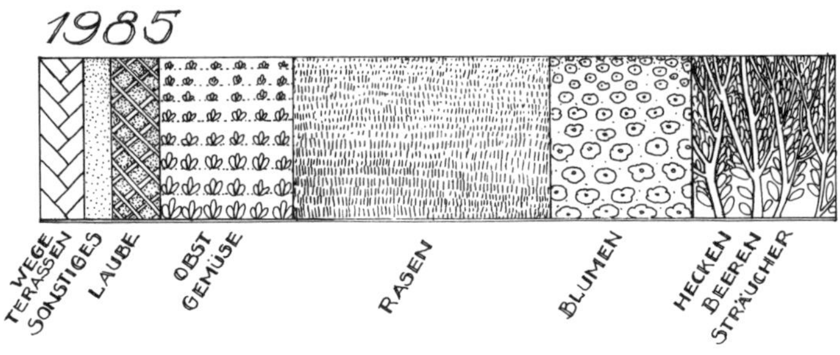

Die Rechnung stimmt nicht. Nur 55 Prozent aller Gärten sind zur Hälfte als Nutzgarten bewirtschaftet. Das bedeutet, daß etwa 25 Prozent der Gartenflächen zur Selbstversorgung genutzt werden. Das war nicht immer so. Erst mit dem »Wirtschaftswunder« wurden Gärten nur zur Zierde angelegt. Die Zeit davor war Nützliches mit Schönem, Eßbares mit Blühendem verbunden, und das gab Gärten ihre Lebendigkeit. Nur die ganz Reichen ließen reine Ziergärten pflanzen.

In Arbeitersiedlungen bauten Familien ihr Gemüse und Obst hinter dem Haus selbst an. Im Krieg und der Zeit danach trugen Gärten noch ganz wesentlich zur Versorgung bei.

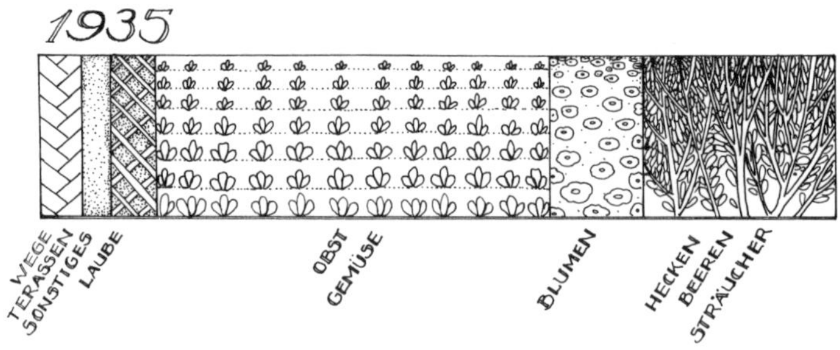

Wieviel Land ein Mensch zur Selbstversorgung braucht, kann ich aus eigener Erfahrung nicht sagen. Ich habe den Garten weder vermessen noch die Ernte gewogen. Freilich können nur Richtwerte angegeben werden, denn Boden und Klima, Anbauweise und der eigene Appetit unterscheiden sich. Maren und Michael Hirsch geben in »Selbstversorgung aus dem eigenen Anbau«[12] folgende Werte an:

Vollständige Selbstversorgung

Wenn man davon ausgeht, daß Getreide, Milch und Milchprodukte zugekauft werden, der Garten uns aber mit Obst, Beeren, Gemüse, Kartoffeln, Salaten und Kräutern versorgen soll, so benötigt *eine* Person etwa 170 m² Land, die sich wie folgt zusammensetzen:

20 m²	für Kräuter, Salate und Gemüse, die für den Sofortverbrauch bestimmt sind,
40 m²	für Gemüse und Kartoffeln, die gelagert beziehungsweise konserviert werden,
100 m²	für Beeren und Früchte (Obst), die sowohl für den Sofortverbrauch als auch für die Lagerung und Konservierung bestimmt sind;
10 m²	für Wege, Kompostfläche und ähnliches; zusammen also:
170 m²	

Weitgehende Selbstversorgung

Wenn Sie davon ausgehen, daß Sie auch Ihre Lagerkartoffeln und Ihr Lagerobst zukaufen, kommen Sie mit einer wesentlich geringeren Fläche aus. Sie benötigen pro Person etwa 70 m².

37 m²	für Gemüse, Salate und Kräuter,
30 m²	für Beeren und Obst,
3 m²	für Wege und Kompostfläche; zusammen also:
70 m²	

Teilweise Selbstversorgung

Aber selbst wenn Ihnen zum Beispiel nur 25 m² Land pro Person zur Verfügung stehen, können Sie sich durch geschickte Aussaaten und Sortenwahlen je nach Jahreszeit mit Frischgemüse gut selbst versorgen. Für eine zusätzliche Konservierung wird es dann allerdings in den meisten Fällen nicht reichen.

Selbst versorgen

Vorsorge im Sommer schafft Vorrat für den Winter. Rosen- und Grünkohl, Lauch und Meerrettich, Endivien und Feldsalat sind winterfest, Temperaturen unter 0 Grad bringen ihre Zellwände nicht zum Platzen. Erst lang anhaltende tiefe Temperaturen schädigen sie. Bis in den Dezember hinein bleiben die Winterharten im Garten draußen. Feldsalat und Grünkohl überwintern völlig im Freien. Eine Laubschicht schützt sie, manchmal auch eine Schneedecke. Und war der Winter nicht zu kalt, treiben im Frühjahr aus den holzigen Strünken des Grünkohls zarte, süßliche Blätter.

Ein Teil der Ernte hält sich gut in 2 bis 7 Grad kühlen, dunklen, gut gelüfteten Kellern:

- in Kästen in Sand gebettet, Möhren, Pastinaken, Sellerie, Rote Bete, die schwarzen Winterrettiche und Petersilienwurzeln
- in einer luftdurchlässigen Kiste die Kartoffeln,
- auf hölzernen Regalen Äpfel, Birnen, Quitten (ohne gegenseitige Berührung),
- in Flaschen und Gläsern all die eingemachten Früchte, Säfte und Marmeladen,
- in irdenen Töpfen, in Rum aufeinandergeschichtet, die Monat für Monat gereiften Süßigkeiten,
- in verschließbaren Gläsern und Töpfen die sauren Gurken, Bohnen, Mixed Pickles und das selbstgemachte Sauerkraut.

Bakterien, die Milch sauer werden lassen, konservieren sie. Diese bereits im Mittelalter angewandte Methode ist energiesparend, die sauerstoffempfindlichen Vitamine bleiben weitgehend erhalten, und bei der Gärung bilden sich neue Vitamine aus der B-Gruppe. Milchsäure wirkt stoffwechsel- und verdauungsfördernd.

Es gibt Hinweise, daß die Säure die Wirkung von Radioaktivität im Körper vermindert. In Hiroshima wurden nach dem Atombombenabwurf gute Erfahrungen mit vergorenem Sojabohnenmehl, Miso, gemacht.

KONSERVIEREN

Sauerkraut ist der
Besen im Darm.
Frau Volksmund

Sauer macht haltbar

Gläser mit Bügelverschluß eignen sich gut zum ersten Ausprobieren. Kohl wird fein geschnitten, gesalzen und gestampft, kleine Gurken, Blumenkohl, Bohnen, Möhren oder Paprika gut gewaschen, geschnitten und ins Glas geschichtet. Ein Gärraum von etwa 5 cm bleibt frei. Jetzt bereiten Sie eine Salzlake.

Salzlake

20 bis 40 Gramm (etwa 2 Eßlöffel) Salz in einem Liter Wasser lösen, einen Löffel Zucker dazu als Starthilfe für die Bakterien und einen Löffel Essig.

Die Lake einfüllen, so daß das Gemüse bedeckt ist. Deckel zu. Rechtsdrehende Milchsäure ist eh schon im Gemüse enthalten. Durch flüssigen Joghurt oder eine Starterkultur von milden, rechtsdrehenden Stäbchenbakterien (→ 2) kann die Gärung beschleunigt werden. Stellen Sie die Gläser in einen etwa 20 Grad warmen Raum, dann vermehren sich die Bakterien. Sie trüben die Flüssigkeit und setzen beim Abbau von Fruchtzucker Kohlendioxid frei. Blasen steigen auf wie in der Sprudelflasche. Jetzt haben fäulnisbildende Bakterien keine Chance mehr. Nur Hefen können noch einen weißgräulichen Belag bilden, der nicht schadet. Nach einem Tag lüften Sie den Deckel leicht, dann bleibt der Sauertopf mit geschlossenem Deckel eine Woche im Warmen, danach geht's in den kühlen Keller. Fehler sind selten bei der Gärung, doch manchmal gewinnen Buttersäuren den Kampf um den Fruchtzucker. Die stinkbombenartigen Gase sind nicht zu überriechen, da hilft dann nur noch Wegwerfen. Nach 14 Tagen können Sie das Sauerkraut probieren.

Eingeschworene Sauertöpfer verwenden einen Gärtopf mit einer Rille. Ist die Rille mit Wasser gefüllt und der Deckel aufgelegt, dringen weder Bakterien noch Sauerstoff ein. Ein sauberes Holzbrett und ein Beschwerungsstein verhindern ein Auftauchen des Gemüses.[13]

Trocknen

ist wohl die älteste Methode, um Früchte und Gemüse für lange Zeit haltbar zu machen. Durch den Wasserentzug haben zersetzende Kleinstlebewesen bei hoher Konzentration von Zucker und Mineralien kaum Überlebenschancen. Energiesparend ist es, nach dem Backen ein Blech mit Pflaumen, Apfel-, Birnenschnitzen (in Salzwasser getaucht sollen sie sich nicht verfärben) oder kleingeschnittenen Pilzen zu trocknen.

Es geht auch in der Sonne

Mit ihrer Hilfe werden Bohnen und Erbsen und in südlichen Ländern Rosinen, Feigen, Datteln getrocknet. Dazu Äpfel in Rädchen schneiden, Birnenschnitze und Pilze einzeln wie auf einer Perlschnur auf Stöcke oder Fäden aufziehen und an einer luftigen Stelle trocknen. In luftigen Leinensäckchen oder in verschließbaren Gläsern hält sich Trockenobst Jahre. Es ist eine empfehlenswerte Süßigkeit für ›schleckige‹ Kinder.

Treiben

Letztes Jahr hat's auf Anhieb geklappt: die Chicoréewurzeln sind während des Winters ausgetrieben. Hier die Anleitung von Henriette Davidis von 1872:

»Wintersalat aus Zichorienwurzeln zu ziehen«

Man läßt in ein kleines Faß ringsumher Löcher bohren, schneidet das Kraut von den dünnsten Zichorienwurzeln so ab, daß das Herz frei bleibt, und steckt sie so weit in die Löcher hinein, daß die Krone nur von außen zu sehen ist. Dann füllt man die Zwischenräume des Fäßchens mit einer Mischung von Sand und Erde aus, stellt solches im Winter an einen warmen, etwas dunklen Ort und hält den Sand feucht. Die Wurzeln treiben alsdann stets neue Blätter; doch muß fortwährend beim Abschneiden das Herz geschont werden.

Ebenso kann man Petersilienwurzeln den ganzen Winter über treiben lassen.

Keimen

Fast alle eßbaren Samen haben im gekeimten Zustand mehr Vitamine, sind knackiger und erfrischender. Besonders geeignet sind die eiweißreichen, großen Hülsenfrüchte, wie Linsen, Mung-Bohnen, Erbsen, Bohnen und Soja. Bevor sie an Schweine verfüttert werden, esse ich sie lieber selbst. Einheimische Samen wie Weizen, Hafer, Senf, Kresse sind jedoch vorzuziehen. Empfehlenswert ist ein Keimgerät (zum Beispiel Bio-Snacky, erhältlich in Reformhäusern und Bioläden). In den gerillten Schalen können mehrere Arten gleichzeitig sprossen. Einmal am Tag gießt man frisches Wasser darüber. Es läuft durch alle Behälter hindurch, sammelt sich im untersten und wird dann ausgegossen. Nach zwei bis fünf Tagen kann man die ergrünenden Keime als Brotbeilage, Salat oder gebraten genießen. Meinen Schülern habe ich sie mit Erfolg als knackige Bio-Chips angeboten.[14]

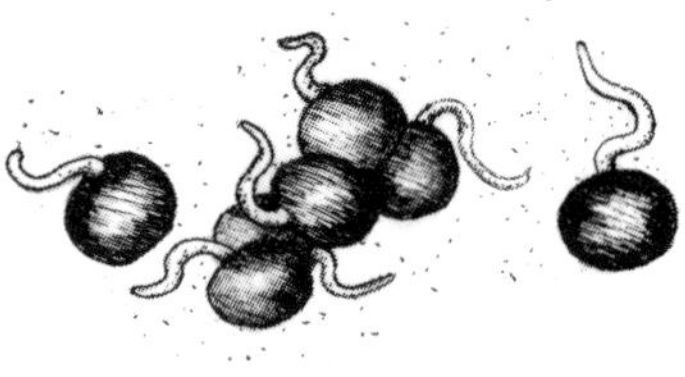

Koop: Erzeuger-Verbraucher-Gemeinschaften

Bewußte Verbraucher möchten sich nicht länger von Lebensmitteln aus Supermärkten ernähren. Wer weiß schon, was wir da alles schlucken.[15]

Biologisch arbeitende Gärtner und Bauern sehen nicht länger ein, daß Handelsorganisationen große Gewinne durch den Vertrieb ihrer Lebensmittel einsacken. Durch Marktstände und Bio-Abholringe, durch Bioläden und Stadt-Land-Kooperativen knüpfen Erzeuger und Esser Verbindungen zueinander und untereinander. Das bringt Vorteile für beide Seiten. Verbraucher nehmen ihre Versorgung mit frischen, gesunden Lebensmitteln in die eigene Hand. »Die Übersicht über seine Lebensmittel zu behalten hilft ein bißchen mit, Übersicht über sein Leben zu behalten«, meint eine Mitorganisatorin eines Ulmer Abholrings.[16] Der Kunde ist nicht länger König, er ist Partner des Bio-Bauern, Imkers, Schäfers ... Beide kooperieren und können nicht länger gegeneinander ausgespielt werden. Durch den direkten Kontakt erfährt der Bauer, wie seine Karotten schmecken. Und haben die Möhrenfliegen mal den Geschmack verdorben, gibt's beim nächsten Mal einige gratis.

Für Erzeuger bringt die direkte Vermarktung höhere Preise und eine relative Abnahmegarantie. Dies erhält und schafft Arbeitsplätze auf dem Lande. Durch Mechanisierung und Rationalisierung sind sie eh rar geworden. Die Preise für biologisch angebaute Lebensmittel sind zwar höher, jedoch angesichts der anfallenden Mehrarbeit immer noch zu niedrig. Ein bis zwei Mark Stundenlohn errechnete der Regionalwarenladen ›Schmanddibben‹ in Kassel für die Arbeit im Anbau und Verkauf[17]. Hier zeigt sich die ungerechte Bewertung und Bezahlung von Arbeit und Arbeit. Hier schlagen sich die niederen Weltmarktpreise für Nahrungsmittel, durch Ausbeutung von Bauern der Dritten Welt, nieder. Doch bei vielen Kooperativen regiert nicht nur Geld die Welt.

Die Erzeuger-Verbraucher-Gemeinschaft (EVG) ›Schmanddibben‹[17] hat sich folgende Ziele gesetzt:

- »Die Lebensmittel sollen aus der Umgebung von Kassel stammen, da wir lange Transportwege aus ökologischen Gründen ablehnen, ebenso wie Fleisch, das mit Futtermitteln aus der Dritten Welt erzeugt wurde.

• Wir wollen unsere Käufer über weltwirtschaftliche und ökologische Zusammenhänge informieren.

• Brachliegende Apfel-, Pflaumen- und Kirschbäume können wieder gepflegt und beerntet werden.

• Die Erzeugnisse kommen aus kleinen und mittleren Betrieben. Wir wollen denen, die von staatlicher Agrarpolitik, aber auch von der Politik des Bauernverbandes abgeschrieben sind, durch die Politik des ›Wachsens oder Weichens‹ eine Möglichkeit zum Überleben auf ihren Höfen geben.

• Durch Direktvermarktung unterläuft die EVG die immer noch größer werdenden Handelsspannen der Agrarindustrie.«

Alle Produkte tragen den Namen des Erzeugers, so daß der Kunde selbst Kontakte knüpfen kann. Durch Betriebsbesichtigungen und Mitarbeit erfahren Erwachsene und Kinder hautnah, woher ihre Milch kommt, wo die Bohnen wachsen. So kann die Entfremdung von den ureigensten Mitteln zum Leben stückweise aufgehoben werden. In einer Informationsbroschüre stellen sich die einzelnen Erzeuger vor. Außerdem wird an alte, heimische Nahrungsmittel erinnert, die in Vergessenheit gerieten. Grünkern zum Beispiel.

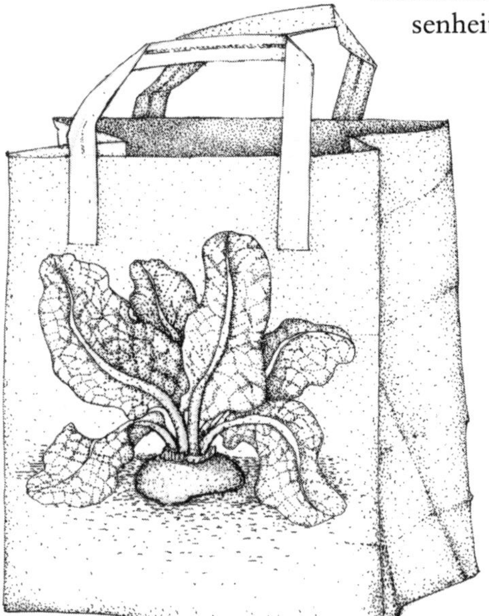

Grünkern wird aus *Dinkel*, einer alten Kulturform des Weizens, hergestellt. Der Dinkel wird geerntet, wenn er noch grün ist, und dann über einem Feuer gedarrt (getrocknet).

Diese Art der Verarbeitung stammt aus einer Zeit, als das Getreide total verregnete und man es grün erntete, um es zu retten. Der beim Trocknen über dem Feuer entstehende rauchige Geschmack gefiel den Leuten, und es wurde eine Gewohnheit, Grünkern zu produzieren.

Heute wird Grünkern nur in ganz wenigen Gebieten angebaut (Baden, Franken und Württemberg).

Die »Nahrung des Teufels«

Es ist durchaus denkbar, daß noch vor der Jahrhundertwende gelbe, braune und schwarze Techniker als Entwicklungshelfer in die Hochburgen der Industrie auf unserer Hälfte der Erdkugel gerufen werden, damit sie ihren einstigen Lehrmeistern zeigen, wie man ohne Verschwendung und ohne Schaden für Mensch und Umwelt, ohne Hast und Entfremdung das Lebensnotwendige erzeugen kann. *Robert Jungk*

Ein stecknadelgroßes Korn verzögert das Altern, es stärkt Gedächtnis und Nervenkraft, heilt Magengeschwüre und Tuberkulose. Reich an Aminosäuren, Lezithin und Vitaminen ist ›das heilige Korn der Inkas‹, das Kiwicha-Getreide.[18] Ann Goulden, Entwicklungshelferin in Peru, konnte mit diesen kleinen Getreidekörnern Kinder heilen, die durch Eiweißmangel in ihren ersten Lebensmonaten Gehirnschäden erlitten. »Nahrung des Teufels« nannten Eindringlinge aus Spanien das Korn. Der spanische Vizekönig soll sich verwundert gefragt haben: »Warum bringen diese schmutzigen Indianerinnen immer noch gesunde und robuste Kinder zur Welt, wenn wir sie auf den Bauch und den Kopf schlagen?« Ihr Geheimnis war der Anbau von Kiwicha-Getreide auf entlegenen Bergfeldern. Priester entdeckten es und meldeten dem Vizekönig: »Die Unterwerfung dieser rebellischen Indios wird niemals vollständig sein, solange sie eine gewisse Frucht essen, die nicht größer als ein Stecknadelkopf ist.« Daraufhin wurde die Todesstrafe verhängt für Anbau und Verzehr von Kiwicha.

Fortschritte

»Große Fortschritte der Naturwissenschaften sind auf der Basis christlichen Denkens gemacht worden. Es ist meines Erachtens dringend notwendig, sich darauf in Dankbarkeit zu besinnen. Es wäre eine wichtige Aufgabe, einmal systematisch zusammenzustellen, inwieweit das Fußfassen christlichen Glaubens und der Sieg über den Hunger in verschiedenen Regionen der Welt zusammenfallen.«
›Ökologie und Welthunger‹, herausgegeben vom Industrieverband Pflanzenschutz e. V., Frankfurt (1982)

Bei der Untersuchung von wildlebenden Pflanzen entdeckte der peruanische Wissenschaftler Luis Sumar Kalinowski vor sieben Jahren das Getreide mit dem kleinen Korn. Perus Regierung versucht seitdem, die alte Inkapflanze wieder populär zu machen. Sie soll im ganzen Land angebaut werden, den Hunger überwinden helfen und die 500 Millionen Dollar Devisen, die Peru für Nahrungsmittelimporte braucht, reduzieren.
Die Quelle europäischen Reichtums war nicht zuletzt die kolonialistische Ausbeutung anderer Kulturen. In den Machtansprüchen, der Besitzgier, der Arroganz und dem Rassismus der Weißen, nicht – wie uns immer wieder weisgemacht wird – in der Dürre, in den »Naturkatastrophen« und schlechtem Klima oder in der Überbevölkerung oder in fehlenden Maschinen und mangelndem Kapital ist der Hunger begründet. Hilfen, die – offen oder versteckt – eigene Vorteile beinhalten, wirken zerstörend auf die eigenständige Entwicklung (→ 3). »Die letzten noch existierenden Reste des traditionellen Wirtschafts- und Sozialsystems zerbrechen unter dem Ansturm der internationalen Hilfsbürokratie. Die Zeit ist nicht mehr fern, in der kein afrikanischer Bauer mehr seinen Acker bestellen und kein Nomade mehr seinen Brunnen graben wird.«[19]

Eine Baum-Schule in Afrika

Robert Mazibuko, schwarzer Südafrikaner, Zulu, über achtzig Jahre alt, verteilt keine Nahrungsmittel, er lehrt gärtnern. Die Zulus waren einst ein umherziehendes Hirtenvolk. Die Fläche reicht nicht mehr aus, um von den Tieren zu leben. Die weißen Südafrikaner nahmen drei Viertel des Bodens in Beschlag. Mazibuko zeigt seinem Volk, wie man auf trockenem, unfruchtbarem Boden blühende, fruchtbare Gärten anlegt. Durch sein Beispiel ermutigt, beginnen die Zulus, den erschöpften Boden zu schützen. Sie ziehen an Berghängen und unfruchtbarem Land horizontale Gräben und füllen sie mit Wildgräsern und -kräutern, mit Kompost, Mist und Muttererde. Regenwasser sammelt sich in den Gräben wie in einem Schwamm, fördert die Verrottung und speichert das Wasser in Trockenperioden. In den Gräben wachsen nun Bäume, Sträucher und Gemüse. Böden, die ihre Lebenskraft noch nicht eingebüßt haben, werden

einen halben Meter tief gelockert und in drei Anbaufolgen Gründüngepflanzen eingesät. Als Pionierpflanze hat sich ›Sunn-Hanf‹ bewährt.
Mazibuko ließ sich auf eine Zusammenarbeit mit Weißen im Tal der tausend Hügel nur unter der Bedingung ein, daß kein Weißer ihm Vorschriften macht. Einige Schwarze waren aufgrund der Kontakte Mazibukos mit Weißen mißtrauisch, und sie sagten: »Wenn du dich von den Weißen trennst, werden wir dir folgen – erst dann können wir sicher sein, daß du gekommen bist, um uns unser Land nicht zu nehmen.«[20] Er trennte sich von den Weißen und gründete mit Schwarzen das ›African Tree Center‹, eine Baum- und Selbstversorgungsschule. »Bäume sind Wächter der Erde«, sie helfen, den Grundwasserspiegel zu heben, schützen den Boden vor Sonne und Wind. »Mein erstes Anliegen ist heute, das afrikanische Volk anzuregen, mehr fruchttragende Bäume zu pflanzen. Es gibt ungefähr 5 Millionen Zulus, wenn jeder nur einen Obstbaum pflanzen würde, hätte alle Unterernährung ein Ende.«[21] Seit 1978 hat Mazibuko 130000 Bäume verteilt, in letzter Zeit vor allem den Ipilipil-Baum. Die Früchte kann der Mensch essen, das Laub das Vieh fressen, Knöllchenbakterien binden Luftstickstoff, seine Wurzeln holen aus großen Tiefen Wasser, sein schnellwachsendes Holz liefert Bau- und Brennmaterial.

Wie hat Mazibuko es geschafft, die Hirten, die ohne landwirtschaftliche Erfahrung und Tradition gelebt haben, zu ermutigen, Bäume zu pflanzen? Nie würde er Zulus Bäume aufschwatzen, nie würde er sich um Schüler bemühen. Der Wunsch nach Bäumen muß in den Pflanzern selbst wachsen.

Tun

- Lebensmittel für die eigene Ernährung so weit wie möglich selbst anbauen, zubereiten und haltbar machen.

- Eiweißbedarf vorwiegend durch Hülsenfrüchte, Getreide und Gemüse decken.

- Tees und Säfte aus einheimischen Kräutern und Früchten trinken.

- Lebensmittel in kleinen, selbstverwalteten Läden, auf dem Markt oder direkt vom Erzeuger kaufen. Mit Nachbarn, Freunden oder Kollegen Abholringe organisieren.

- Dritte-Welt-Läden und Projekte in der Dritten Welt unterstützen, die Selbstversorgung anstreben.

Lassen

- Möglichst kein Fleisch und keine Wurstwaren essen, die mit Futtermitteln aus der Dritten Welt produziert wurden.

- Produkte aus Ländern mit Militärdiktaturen boykottieren.

- Kein fruchtbares Land versiegeln oder als Ziergarten vergeuden.

LITERATUR

1 Siegfried Pater, »Ein trojanisches Pferd für die Armen der Erde«, in: Sozialmagazin Heft 5/1986.

2 Frederic Vester, »Neuland des Denkens – vom technokratischen zum kybernetischen Zeitalter«, Stuttgart 1980.

3 Rudolf H. Strahm, »Warum sie so arm sind – Arbeitsbuch zur Entwicklung der Unterentwicklung in der Dritten Welt mit Schaubildern und Kommentaren«, Wuppertal 1985.
Strahm, Nationalökonom und Hauptbeteiligter am Berner Prozeß gegen den Nestlé-Konzern wegen künstlicher Babynahrung (Nestlé tötet Babys), hat eines der übersichtlichsten Bücher zu dem Themenbereich erarbeitet.
Richard Barnet, »Das Geschäft mit dem Hunger – Fünf Handelsriesen kontrollieren den Getreidemarkt der Welt«, Spiegel-Serie Nr. 9-11, 1981.

4 Carina Weber, Jürgen Knirsch, »Pestizid-Multis und Hungermärkte«, in: »Blätter des Informationszentrums Dritte Welt« Nr. 134, Juni 1986 (siehe auch Adressen).

5 Ute Philippeit/Silke Schwartau, »Zuviel Chemie im Kochtopf?«, Hamburg 1982. Die Ernährungsberaterinnen der Verbraucherzentrale Hamburg greifen die Fragen vieler Konsumenten auf, zeigen die Zusammenhänge zwischen Mensch, Umwelt, Ökosysteme und Schadstoffbelastung auf. Sie wünschen sich, »daß künftig jeder einzelne durch bewußteres Konsumverhalten zur gemeinsamen ökologischen Verantwortung beiträgt«.

6 Gerhard Thomssen, »Die Unersättlichen – der unaufhaltsame Aufstieg des Nahrungsmittelmultis«, in: Stern 24/1986.

7 Christiane Grefe, Martin Herbst, Siegfried Pater, »Das Hackfleisch-Imperium – schnelles Essen – schnelles Geschäft – hungrige Menschen – eifrige Esser – Waldvernichter – Kinderfänger«, in: natur, Heft 10, 1985

8 »Immer Essen«, Spiegel 26/86

9 Harald Schumann, »Futtermittel und Welthunger«, Reinbek 1986.
Das Buch zeigt anhand vieler Beispiele die Zusammenhänge zwischen den Überschüssen hier und dem Hunger in der Dritten Welt auf. »Unsere Kühe weiden am La Plata«, 72 außereuropäische Länder produzieren Futtermittel für die europäische Tierproduktion.

10 Frances Moore-Lappé, »Die Öko-Diät – Wie man wenig ißt und die Natur schont«, Frankfurt 1978.
Frances Moore-Lappé wendet sich vom »Kalorien-Mythos« ab und zeigt anhand von Kochrezepten Alternativen auf. Allerdings sind die Rezepte auf amerikanische Verhältnisse bezogen und enthalten viel Soja und Reis. (Rainer Grießhammers »Öko-Koch«, Reinbek 1986, ist eher eine Anleitung für europäische Verhältnisse.)

11 Joseph Collins, Frances Moore-Lappé, »Vom Mythos des Hungers«, Frankfurt 1978.

12 Maren Bustorf-Hirsch, Michael Hirsch, »Selbstversorgung aus dem eigenen Anbau«, Niedernhausen 1985.
Wie man zu reichem Erntesegen kommt, wie man ihn verwertet und haltbar macht und dabei die Umwelt schont durch biologischen Anbau, wird in dem Buch gut verständlich dargestellt.

13 Lilli: »Lillis Sauertopf«, Packpapiere Nr. 24, o. J., DM 2, gibt's in Bioläden und zu bestellen beim Packpapier Versand, Box 1811, 45 Osnabrück.

14 F. und H. Jantzen, »Keime, Sprossen, Küchenkräuter am Fenster ziehen rund ums Jahr«, Niedernhausen 1983 – eine kleine, mit Fotos bebilderte Anleitung. Jean Pütz, »Hobby-Tip der Hobbythek«, WDR, Nr. 88/90, 1983.

15 Katalyse Umweltgruppe, »Was wir alles schlucken«, Reinbek 1985.

16 Claus-Peter Lieckfeld, »Bios Garage«, in: natur Heft 2/1985. Bericht über den Ulmer Bio-Abholring, dessen Umschlagplatz eine Garage ist: »Der Clou der Organisation: Gesunde Kost für den Preis konventioneller Ware.«

17 Erzeuger-Verbraucher-Gemeinschaft Schmanddibben, informative Broschüre des Regionalwarenladens, Kirchweg 64, 3500 Kassel.

18 dpa-Meldung vom 1. Januar 1986 in der Frankfurter Rundschau vom 2. Januar 1986: »Peru will wieder alte Inka-Pflanzen anbauen.«
Frankfurter Rundschau vom 3. Januar 1986; Romeo Rey (La Paz): »Das Korn der Inkas könnte den Hunger besiegen.« Er berichtet von ›Quinua‹, einer anderen Getreideart, die auf steinigen, sandigen und salzhaltigen Böden und bei rauhem Klima noch gedeiht. Quinua kann für Suppen, Omelette, Gebäck, Getränke und Marmelade verwendet werden.

19 Wolfgang Schmidbauer, »Die hilflosen Helfer – über die seelische Problematik der helfenden Berufe«, Reinbek 1977.
Schmidbauer zeigt das Bild des Helfenden, der aus einer seelischen

Notlage heraus anderen hilft: »Ein verwahrlostes, hungriges Baby hinter einer prächtigen Fassade.«

20 Jill Iggulden: »The African Tree Center Kwa Dlamahlahala«, übersetzt von Maria Wernet, Am Schießendahl 28, 5042 Erftstadt 1, Frau Wernet leitet die »Aktion Mazibuko« in der Bundesrepublik, bei ihr können weitere Informationen angefordert werden.

21 »Neue Wurzeln für Afrika«, Artikel in: »Children of the Earth«, Herbst 1984 (Langley, USA) Interview mit Robert Mazibuko.

ADRESSEN

1 Dritte Welt – Hafenrundfahrt, z. Z. im Sommer jeden Mittwoch 17.30 ab Anleger Vorsetzen (U-Bahn Baumwall), Gruppenvoranmeldung und Fragen, Di. u. Do. 17.00–19.00 Tel.: 393001
Eine eindrucksvolle Fahrt entlang der Zentren des Hamburger Handels mit der Dritten Welt – sehr zu empfehlen bei einem Besuch in Hamburg.

2 Bezug von rechtsdrehenden, für Gemüse angepaßte Milchsäurebakterien (2,70 DM reicht für etwa 5 kg Gemüse) bei:
Rudolf Müller, Gießener Str. 94, 6301 Pohlheim 1, Tel.: 06402-6564.

3 Initiativgruppen, die nicht aus Eigennutz helfen:

- Verein zur Förderung von Landwirtschaft und Umweltschutz in der Dritten Welt e. V., Mainzer Straße 14, 6501 Stadecken-Elsheim 2.
- Zentrum für angepaßte Technologie und Sozialökologie, Langenbruck, CH-4438 Langenbruck BL.
- Blätter des IZ3W, Hrsg.: Aktion Dritte Welt e. V. – Informationszentrum Dritte Welt, Postfach 5328, Kronenstr. 16 (Hinterhaus). D-7800 Freiburg i. Brsg., Tel.: 0761/74003.
- GEPA Aktion Dritte Welt Handel, Talstr. 20, D-5830 Schwelm, Telefon (02336) 10967–69.
- Food first Information & Action Network, Fian-Koordination, Postfach 1302, D-6906 Leimen, Tel. 06222/50108.
- Aktionsgemeinschaft Solidarische Welt e. V., Friedrichstr. 236, 1000 Berlin 61.

GÄRTNERN OHNE GARTEN

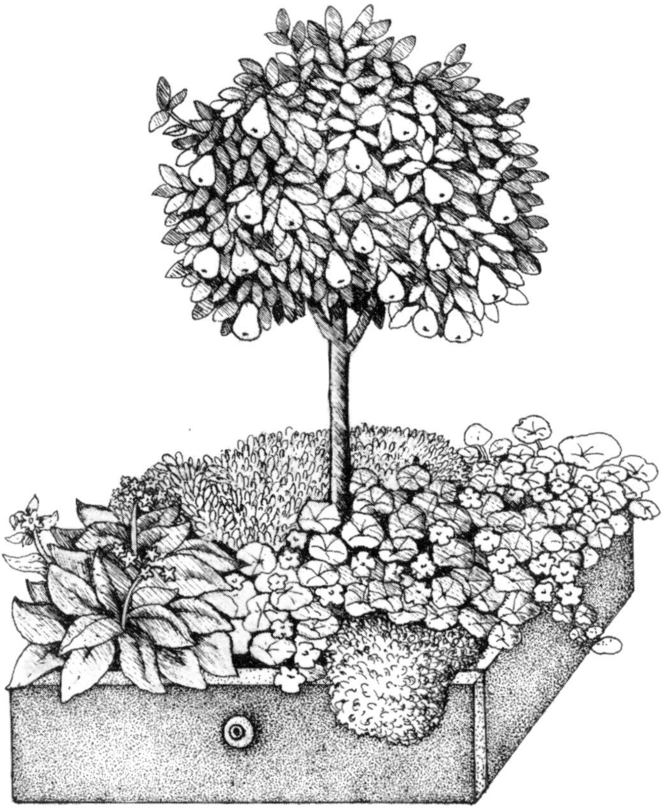

Stadt-Garten

Zehn Millionen Deutsche blicken aus ihren Fenstern zur Straßenseite hin auf grauen Beton, dunklen Asphalt, dazwischen Leuchtreklame, Straßenbegleit- und Abstandsgrün. Der Blick hinten hinaus endet oft auf Welldächern, Mülltonnen, Autoabstellplätzen, hier und da steht ein Baum.

Im Mittelalter gehörte zu jedem Bürgerhaus ein Würz-, Kraut- und Blumengarten. Um 1570 lagen 460 Gärten innerhalb Münchens Stadtmauern.[1] Als im 18. Jahrhundert die grünen Freiräume weitgehend zugepflastert und zugebaut waren, ließ die Obrigkeit öffentliche Gärten anlegen. Repräsentativ waren sie, symmetrisch gegliedert nach absolutistischen Vorstellungen. Hecken und Bäume streng zurechtgestutzt. Nach der Französischen Revolution erfolgte meist ihre Umgestaltung in Landschaftsgärten – nach englischem Vorbild.

Du sollst Dein Haus so bauen, daß Du Sonne und Aussicht gewinnst, aber Du darfst Deinem Nachbarn Sonne und Aussicht nicht nehmen.
Türkische Weisheit

Heute ist mancher Stadtpark naturnäher als das Land mit seinen langweiligen Agrarflächen. Doch höchstens zehn Prozent der Gesamtfläche bundesdeutscher Städte sind grün bewachsen. Richtwerte sehen fünf bis acht Quadratmeter für jeden Besucher vor – manchmal ist es höchstens ein Quadratmeter in unseren dichtbebauten Städten.[2] Autos, Straßen, Parkplätze prägen das Stadtbild, dazwischen stehen »fahrzeugabweisende Elemente zur Eindämmung und Verhinderung illegaler Parkvorgänge« (amtsdeutsch), wie Waschbetonschalen mit industriefestem Gehölz.

Die Unwirtlichkeit der Städte veranlaßt diejenigen, die das nötige Geld haben, grüne Randbereiche zu zersiedeln. Der Zugang zu Naherholungsgebieten mit Anschluß an das öffentliche Verkehrsnetz ist damit für Unterprivilegierte verbaut. Tagtäglich gleichen Ausfall- und Einfallstraßen tosenden, unaufhaltsamen Blechlawinen.

17 Millionen Bundesbürger flüchten Wochenende für Wochenende ins Grüne – meist mit dem Auto. Auf der Flucht belästigen sie die Bewohner verkehrsreicher Straßen mit Lärm, Gestank und Blei. Autoschneisen zerstückeln die Landschaft. Am Freitag abend fallen die Stadtbewohner in die Dörfer ein. Manche Landstriche sind die Woche über menschenleer, Subventionen und die EG-Marktpolitik fördern das Sterben kleiner Höfe und die Flucht vom Land in die Stadt.

Die Reichen wohnen, wo sie wollen, die Armen, wo sie müssen.
A. Hoyt

Arbeit hier, Wochenende dort – die Zerrissenheit verstärkt die innere Unruhe, erschwert Kontakte mit Nachbarn und Freunden, behindert soziale Verantwortung – ich mache selbst die Erfahrung. Flucht ins Grüne oder Begrünung der Stadt?

Viele Stadtverwaltungen geben inzwischen grünes Licht und propagieren durch Wettbewerbe, öffentliche Zuschüsse und Broschüren: »Grüne Innenhöfe« in München, »Aus Höfen sollen Gärten werden« in Frankfurt, »Mut zu grünen Wänden« in Berlin, »Grüner Wohnen« in Hamburg.

Der Garten an der Wand

Fehlt die Fläche für ein Stückchen Garten vor, hinter oder auf dem Haus, kann man ohne viel Aufhebens und Aufwand vertikal gärtnern – an der Wand. Begrünte Wände verschönern nicht nur kahle, häßliche Wände von Schuppen, Brandmauern und Häusern, sie bringen weitere Vorteile:

Wichtig ist, daß Erde vor der Hauswand bleibt. Mit Eisenhut, Rittersporn, Salbei und Rosen wächst das Haus viel schöner aus dem Boden.
Dieter Wieland

Im Sommer beschatten Kletterpflanzen Hauswände, schützen sie vor Regen und Wind, filtern, kühlen und befeuchten die Luft, reichern sie mit Sauerstoff an, schlucken Lärm und gewähren Insekten und Vögeln Lebensraum. Immergrüner Efeu wirkt wie eine Wämedämmschicht und hilft im Winter 5 bis 25 Prozent Energie einsparen. Befürchtungen, daß Fassadengrün Mauerwerk zerstört, sind unbegründet. Wohnblocks aus den dreißiger Jahren zeigen, »daß unbegrünte Häuser mittlerweile mehrmals ausgebessert und neu verputzt werden mußten, während begrünte Häuser heute noch in ihrem ersten Putzüberzug stecken ... vorausgesetzt, die Fassade befindet sich in bautechnisch einwandfreiem Zustand«[3].

Fehlt die Erde zum Pflanzen, muß man zuerst für jeden Setzling etwa einen Quadratmeter Boden entsiegeln. Kommunales Wegerecht regelt die Belange auf öffentlichen Wegen, doch es ist meist müßig nachzufragen. Die Hamburger Umweltbehörde empfiehlt: »Unter dem Pflaster, Asphalt oder Gehwegplatten ist Erde. Suchen wir also, wo man diesen Bodenbelag in Nähe der Hauswand wenigstens stellenweise aufbrechen kann.«[4] Das Pflanzloch mit Holz oder Platten verkleidet und aufgeschüttet, täuscht mobile Kübel vor.

Im Frühjahr und Herbst ist die beste Pflanzzeit. Für sonnige Süd- und Westseiten eignen sich laubabwerfende Arten, dann erwärmt die tiefstehende Wintersonne die Hauswand. Schattige Nord- oder Ostfassaden schützen immergrüne Jalousien aus Efeu oder Winterjasmin. Selbstkletternder wilder Wein und Efeu sondern auf einen Berührungsreiz hin an Haftscheiben klebende Schleimtröpfchen ab. Haarartige Fortsätze verstärken die Haftung an der Wand. Alle anderen Rank- und Schlingpflanzen brauchen ein Klettergerüst aus Holz oder Stahlbaumatten als Halt. Soll die Wand schnell grünen und blühen, eignet sich der Knöterich, er wuchert unansehnliche Gebäude zu – daher der Name »Architektentrost«[5].

Die Jungpflanzen, selbst gezogen aus Ablegern, Absenkern, Samen oder aus der Baumschule (Kosten: 5 bis 15 Mark), benötigen eine gut vorbereitete Pflanzgrube. Etwa sechzig Zentimeter tief soll sie sein. Mit einem Gemisch aus Humus, Sand und organischem Dünger wird sie aufgefüllt. Setzlinge gut andrükken und wässern. Nur junge Pflanzen wie auch unter Dachvorsprüngen stehende Kletterer benötigen in heißen Sommern viel Wasser. Dann hilft nur noch warten und einmal jährlich düngen, denn der Efeu braucht Jahrzehnte, bis er eine Wand erklommen hat.

Pflanzen an Fassaden

	Höhe	Wuchs	Kletter-hilfe	Laub
Kletter- und Schlingpflanzen				
über 10 m				
Efeu – Hedera helix	bis 25 m	langsam		im
Knöterich – Poplygonum aubertii	bis 15 m	schnell	×	so
Wilder Wein – Parthenocissus quinquefolia	bis 12 m	mittel	(×)	so
Wilder Wein – P. tricuspidata «Veitchii»	bis 15 m	schnell		so
5 bis 10 m				
Anemonen-Waldrebe – Clematis montana	bis 8 m	schnell	×	so
Blauregen – Wisteria sinensis	bis 10 m	mittel	×	so
Gemeine Waldrebe – Clematis vitalba	bis 10 m	schnell	×	so
Kletterhortensie – Hydrangea petiolaris	5 bis 8 m	mittel	(×)	so
Pfeifenwinde – Aristolochia macrophylla	bis 10 m	mittel	×	so
Trompetenblume – Campsis radicans	bis 8 m	langsam	(×)	so
Weinrebe – Vitis coignetiae	bis 10 m	mittel	×	so
Weintraube – Vitis vinifera	bis 10 m	mittel	×	so
bis 5 m				
Feuer-Geißblatt – Lonicera heckrottii	3 bis 4 m	mittel	×	so
Gold-Geißblatt – Lonicera tellmanniana	5 bis 6 m	mittel	×	so
Hopfen – Humulus lupulus	4 bis 6 m	schnell	×	so +
Jelängerjelieber – Lonicera caprifolium	bis 5 m	mittel	×	so
Kletterrosen – Rosa-Arten	bis 5 m	mittel	×	so
Spindelstrauch – Euonymus fortunei	2 bis 4 m	langsam	(×)	im
Waldrebe – Clematis-Hybriden	2 bis 4 m	mittel	×	so
Winterjasmin – Jasminum nudiflorum	bis 3 m	langsam	×	im
Spalierobst und Beeren				
Apfel, Birne, Brombeere, Kirsche...	2 bis 5 m	mittel	×	so

Quelle: Mut zu grünen Wänden. Pflanzen an Fassaden. Hg. vom Senator für Stadtentwicklung und Umweltschutz, Berlin 1983

Blüte	Standort		Pflege und Besonderheiten
09–10 grünlich	○–●	frisch	viele Formen, blüht erst im Alter
07–09 weiß	○–●	nahrhaft	gelegentlich Rückschnitt
05–06 grünlich	○◑	frisch	tiefrote Herbstfärbung
05–06 grünlich	○◑	frisch	rotorange Herbstfärbung
05–06 weiß	○◑	frisch	rosa Blüten: Sorte «Rubens»
05–06 blau	○◑	frisch	im Sommer reichlich gießen
07–09 weiß	○◑	frisch	silbrig-fedrige Fruchtstände
06–07 weiß	◑	nahrhaft	bei Trockenheit gut gießen
05–06 braun	◑●	frisch	große Blätter, gut gießen
07–08 orange	○	nahrhaft	bei Trockenheit gut gießen
05–06 grünlich	○◑	nahrhaft	nicht eßbar, rote Herbstfärbung
05–06 grünlich	○◑	nahrhaft	eßbahr, jährlicher Rückschnitt
06–09 gelb-rot	◑	frisch	lange blühend, Blüten duften
05–07 gelb	◑	frisch	reichlich blühend
05–06 grünlich	◑	frisch	interessante Früchte
05–06 gelb-rot	◑	frisch	Blüten duften, rote Früchte
06–08 diverse	◑	nahrhaft	viele Sorten, u. U. Winterschutz
06–08 grünlich	◑●	frisch	beste Sorten: «Radicans», «Vegetus»
06–09 diverse	○◑	frisch	besonders große Blüten, viele Sorten
01–04 gelb	○◑		Winterblüher!
05–07 diverse	○	nahrhaft	jährlicher Fruchtschnitt nötig

05–08 gelb: Blütemonat und Farbe

○ sonnig

◑ halbschattig

● schattig

× Kletterhilfe nötig

(×) Kletterhilfe u. U. sinnvoll

im immergrün

so sommergrün

\+ Friert jedes Jahr zurück und treibt neu aus

KLETTERHILFEN

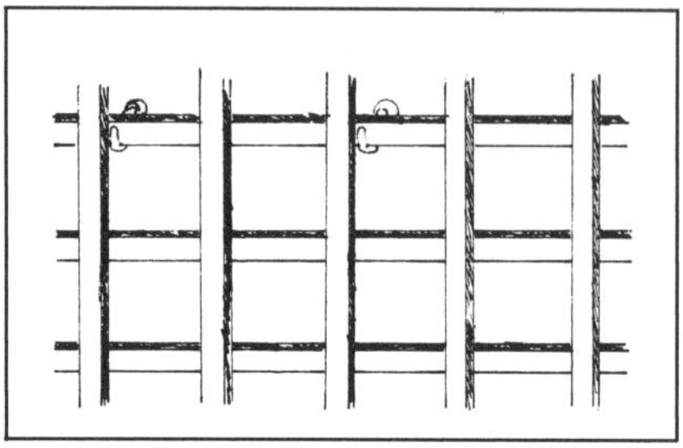

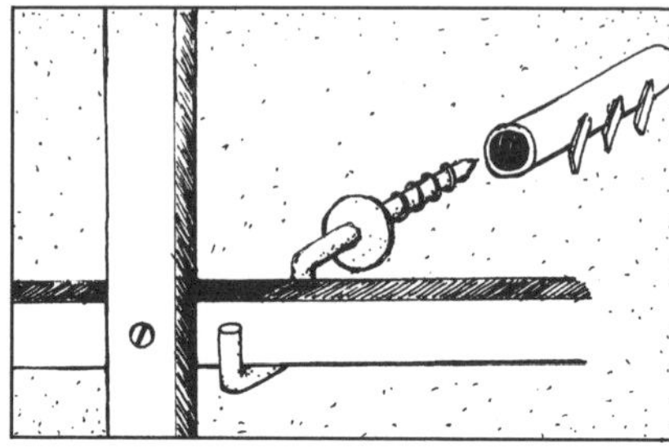

Holzgerüst: Imprägnierte Hartholzleisten (20/40 oder 25/50 mm) im Abstand von etwa 40 cm miteinander verschrauben. Senkrechte und waagerechte oder diagonale Anordnungen sind möglich. Die verzinkten Winkelhaken mit Dübel in der Wand befestigen und die unten liegenden Leisten einhängen.

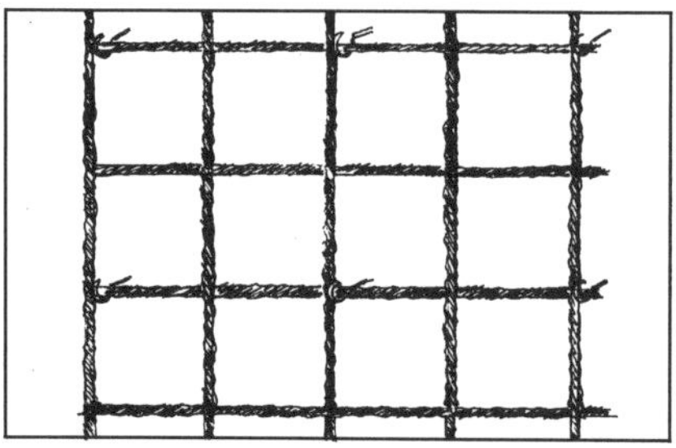

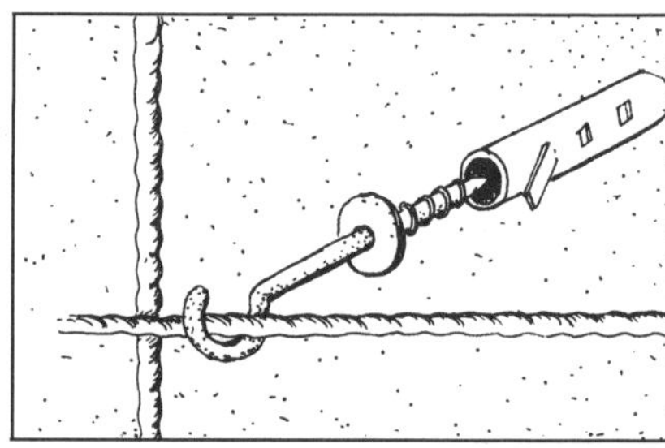

Baustahlmatten mit geringer Stabstärke (4–6 mm) und durch Schutzanstrich vor Rost geschützt in verzinkte Deckenhaken einhängen.

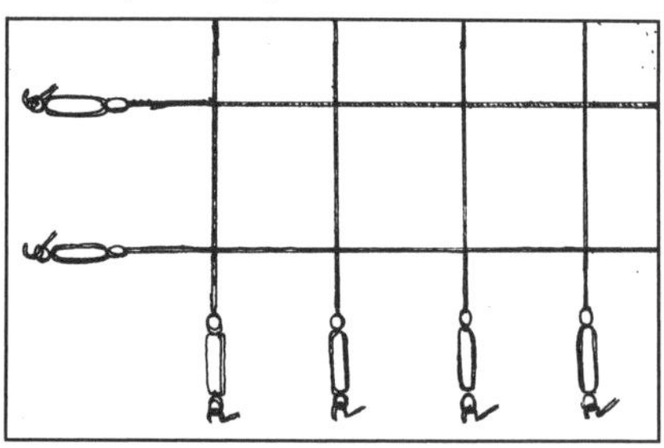

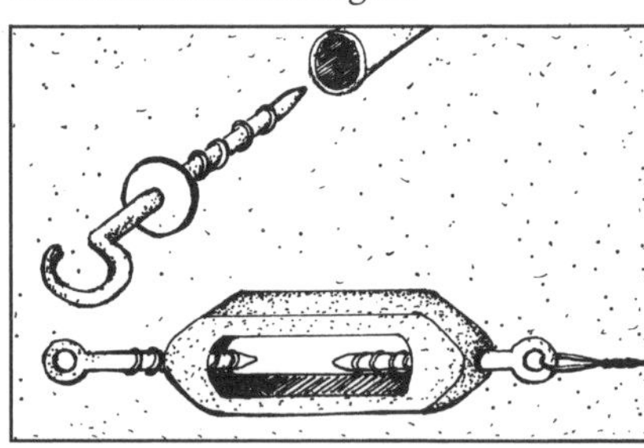

Spanndrähte: Rostgeschützter Draht oder Seile lassen sich in unterschiedlichen Abständen vom Boden bis zur Dachtraufe spannen. Mit Hilfe von verstellbaren Spannschlössern sind Windgeräusche zu vermeiden.

Der Hofgarten

Vor dem Haus Edelrosen, hinter dem Haus der Edelrasen mit den Edeltannen drum rum, die heimelige deutsche Lichtung...
Jürgen Dahl

Von Planern, Architekten und Behörden verordnetes Abstands-, Begleitgrün oder Containergrün hat so wenig mit Natur zu tun wie Fototapeten oder Farbbilder von blühenden Kirschbäumen, buntgefärbten Wäldern oder gewundenen Bachläufen. Eine triste Umgebung bietet wenig Entspannungsmöglichkeiten, wenige Spielgelegenheiten für Kinder, aber viel Raum für Initiativen, für Kontakte mit Nachbarn, um graue Hinterhöfe in grüne Inseln zu verwandeln.[6] Inmitten von Berlin-Kreuzberg bauen türkische Frauen ihr Gemüse an; in Hamburg-Altona leben im Hinterhof neben einem kleinen Teich Hühner und Kaninchen; in München wuchert es bunt durcheinander im Dorf der Olympiateilnehmer – heute Studentenwohnheim; in Wien werden sterile Rasenflächen vor hingeklotzten Neubauvierteln zu Pachtgärten. Mieter verwandeln sie in Prachtgärten.
Ideen und Wünsche der Anwohner eines Innenhofes können auf einer Versammlung gesammelt, Mitarbeiter(innen) gefunden werden. Vorab ist es ratsam, mit dem Hausbesitzer zu klären, daß die Eigeninitiativen keine Mieterhöhung nach sich ziehen oder gar dazu führen, daß der Eigentümer bald »Eigentumswohnungen mit Blick ins Grüne« verkauft. Nachdem erste Pläne durchgesprochen und entstehende Kosten abgeschätzt sind, empfiehlt es sich, Anträge auf Zuschüsse zu stellen. Staatliche wie kommunale Subventionen werden einmalig und nach getaner Arbeit für Pflanzen, Material und für Vorarbeiten in Höhe von 50 bis 80 Prozent gewährt. Auskünfte erteilt das zuständige Garten- und Friedhofsamt. Ist die Gesamtgestaltung des Innenhofes noch nicht machbar, lohnt es sich, mit vertikaler Begrünung oder mit einer Kräuterspirale den Anfang zu machen.

Die Bedürfnisse von Anwohnern und Hausbesitzer, die Umbauung und Bebauung sind von Hof zu Hof unterschiedlich. Manchmal ist es das beste, den Hof zu entkernen, Gebäude und Mauern abzureißen, mitunter ist eine Wand- und Dachbegrünung die einzige Möglichkeit. Hier und da sind Hofeingänge vom Treppenhaus aus zu öffnen, damit nicht nur Erdgeschoßbewohner die Chance haben, vor die Türe zu treten. Öffentliche Zugänge stören meist Ruhe und Intimität des Hofgartens. Grundstückszäune und Mauern innerhalb des Hofes grenzen aus und engen ein.

An Südwänden gedeihen in Spalierform gezogene Apfelbäume, an sonnigen Wänden sogar Wein. Vorgestellte Fensterrahmen beschleunigen den Reifeprozeß von Früchten.

GRÜNE HÖFE

Mülltonnen, Fahrräder und Autos können unter grünberankten Pergolen versteckt werden.

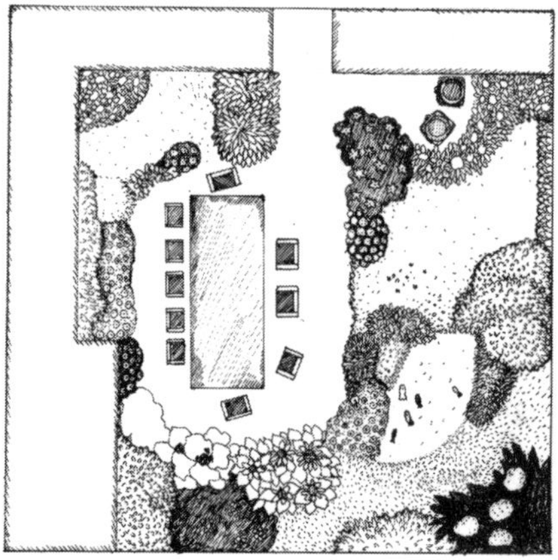

In gesäuberten Ölfässern sammelt sich Regenwasser, doch möglichst in den ersten fünf Minuten wegen des hohen Schadstoffgehaltes den Regen nicht auffangen.

Ausrangierte Kisten, Eimer, Gefäße und Badewannen lassen sich in Pflanztöpfe, Kübel und kleine Teiche verwandeln.

Pflanzen für den Innenhof

Standort

○ sonnig

◑ halbschattig

● schattig

Niedere Sträucher
(bodenbedeckend, bis 2 m hoch)

Fingerstrauch ◑
Johannisstrauch ◑
Purpurbeere ○-●
Silberkerzenstrauch ◑
Strauchmispel ○-◑

Hohe Sträucher
(2–7 m hoch)

Felsenbirne ○-●
Hartriegel ◑
Heckenkirsche ◑
Kornelkirsche ○-◑
Pfaffenhütchen ○-●
Schmalblättriger Sommerflieder ◑
Schneeball ◑
Waldhasel ○-●

Laubbäume
(5–10 m hoch)

Amerikanische Eberesche ○-◑
Kugelahorn ○-◑
Gefüllter Rotdorn ○
Vogelbeerbaum ○-◑
Zieräpfel ○

Steht die Planung und helfen genügend Anwohner mit, kann es losgehen mit Entsiegeln, dem Abfahren von Schutt und Gerümpel, mit dem Austausch von verfestigtem Schuttboden gegen Humus. Für Rasen, Blumen, Kräuter reichen dreißig Zentimeter, für Sträucher fünfzig. Bäume brauchen bis ein Meter Tiefe guten Mutterboden. Danach werden Natursteinpflaster, Rasenpflaster, Gitter- oder Schrittsteine gelegt, wetterfeste Sitzbänke und Tische, Möglichkeiten zum Wäschetrocknen, Schaukel und Sandkasten, Regentonnen und Gestelle für den Kompost, Pergola und Müllhäuschen installiert.

Endlich ist die Zeit zum Pflanzen gekommen: zuerst Bäume, dann Sträucher, Kletterpflanzen, Stauden, zum Schluß kommen Steckzwiebeln und die Samen von Einjährigen in die Erde. Stadtfeste und auch im (Halb-)Schatten gedeihende Pflanzen sind in der Tabelle aufgeführt. Erfragen Sie die Standortansprüche der verschiedenen Arten in Baumschulen. Nur bei großer Trockenheit einmal richtig gießen, das reicht eventuell für Wochen, denn häufiges Gießen bringt Wurzeln zum Faulen und verfestigt den Boden.

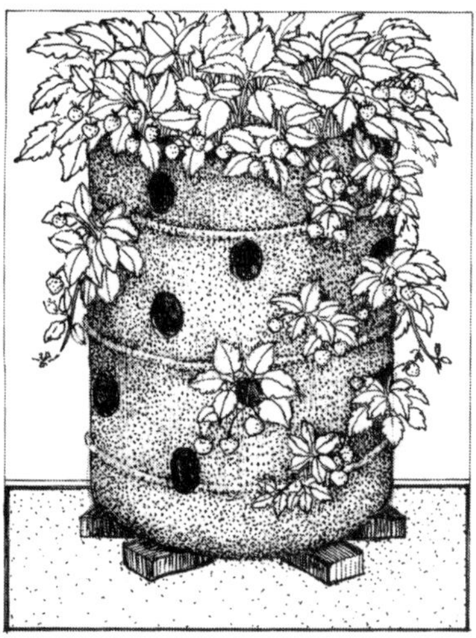

DIE BIO-TONNE

In Kunststoff- oder Metallfässern werden etwa acht Zentimeter große Löcher gebohrt und einige kleinere am Boden des Fasses. Als Wasserspeicherschicht Lavaguß einfüllen. Einen gerollten Gitterdraht mit etwa zehn Zentimeter Durchmesser in die Mitte des Fasses gestellt und mit Steinen gefüllt, ergibt das Gießrohr. Zuerst die untersten Löcher bepflanzen und dabei das Gemisch aus Kompost, Lehm, Sand und organischen Düngern nach und nach einfüllen (→ 1).

Gärtnern auf Balkon und Dach

Garten ist überall. Man braucht ihn nur zu finden. Balkonkästen brauchen nicht immer mit hängenden Geranien und Fuchsien bepflanzt zu werden. Dort wachsen auch Küchenkräuter und Pflücksalat zusammen mit Ringelblumen. Auf unserem Hamburger Balkon gedeihen gerade Zucchinis, Tomaten, die Pfefferminze durchwuchert die Kästen. Die Erde stammt von Würmern, die in Obstkisten unseren organischen Abfall verdauen.

Balkone verlängern Wohnungen ins Freie hinaus. Sie lassen sich zu wind- und blickgeschützten grünen Lauben umgestalten, mit selbstgezogenen einjährigen Kletterpflanzen. Experimentieren Sie mal mit Linsen, Leinsamen, Erbsen aus der Küche oder mit Samen verschiedener Früchte. Versuchen Sie es mit Küchenkräutern, Tomaten, Gurken, Stauden oder gar zwergwüchsigen Bäumchen. Dann können sie auf Begonien und Tausendschön aus der alljährlichen Massenproduktion, auf die Friedhofsbepflanzung von Balkonkästen, verzichten.

Einjährige Kletterpflanzen für Balkone:

Duftwicke, 1–2 m hoch,
Feuerbohne, bis 4 m
Glockenrebe, bis 6 m
Japanischer Hopfen, bis 6 m
Kapuzinerkresse, bis 3 m
Prunkwinde, bis 3 m
Schönranke, bis 5 m
Zierkürbis, bis 6 m

Für mehrjährige Stauden, Sträucher und Bäumchen sind Dauerkübelsysteme im Handel. Günstiger ist es, sie selbst herzurichten mit großen Tontöpfen, Holzkisten oder Holztrögen (ohne giftige Holzimprägnierung), statt dessen mit alten, sauberen Fässern, mit allerlei Gefäßen vom Sperrmüll. Da die Pflanzgefäße teils sehr schwer werden, sollten Sie die Tragfähigkeit der Balkondecken vorher überprüfen und sie möglichst auf tragende Wände oder Pfeiler stellen.

Löcher im Boden der Gefäße und darunter gelegte Hölzer und Steine gewährleisten, daß überschüssiges Wasser abfließt. Die

Das Seveso-Gift und die Kunststoff-Verkleidung unserer Veranda kommen aus den selben Produktionsstätten. Peter M. Bode

unterste, etwa fünf Zentimeter dicke Schicht aus gemahlenem Lavagestein speichert das Gießwasser. Eine Schicht Steinwollmatte darüber wirkt als Filter und verhindert, daß Humusteilchen oder Wurzeln die Speicherschicht verstopfen. Ein Gießrohr aus Kunststoff oder aus gerolltem Gitterdraht, gefüllt mit Kies und Schotter, mündet in der Speicherschicht. Die Mischung aus Kompost, Lehm und Beigaben von Hornspänen oder Blutmehl kann jetzt eingefüllt werden. Etwa nach einem Jahr ist eine Nachdüngung empfehlenswert.

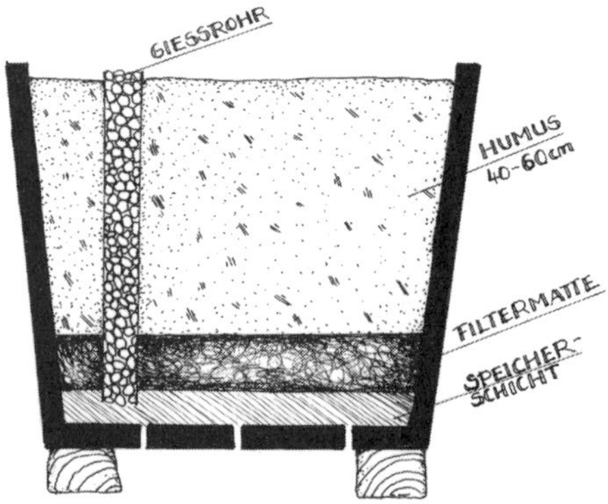

In Blumentöpfen habe ich gute Erfahrung mit Regenwürmern gemacht, die eine Mulchschicht aus Tee-, Kaffeeresten und kleingeschnittenen organischen Abfällen in Humus verwandeln.

Kleinere Gefäße überwintern im frostfreien Keller oder auf dem Dachboden, größere werden abgedeckt.

Grüne Dächer

Ausgerechnet der Erfinder des Zements, der Maurermeister Carl Rabitz, machte es Fürsten nach und ließ sich einen Garten mit Bäumen und Sträuchern auf das Dach pflanzen.[7]

In Island wie in Norwegen wachsen Gras, Moos und Flechten auf Dächern und schützen die Häuser vor Wetter, Wind und Auskühlung. Unter Öko-Stadt-Gärtnern verbreitete sich in den letzten Jahren der Traum vom Gärtnern auf dem Dach. Phantastische Zeichnungen von bewucherten Hochhäusern[8] und Mietskasernen mit Gewächshäusern auf dem Dach wurden veröffentlicht.[9] Die Vorzüge ganzflächig begrünter Dächer liegen auf der Hand:

- Sie reichern die Luft mit Sauerstoff und Feuchtigkeit an, denn Regenwasser wird gespeichert;
- sie wirken als Temperaturregler: im Sommer heizt sich das Dach nicht so stark auf, im Winter kühlt es nicht so leicht aus – die Heizkosten verringern sich;
- ungenutzte, verbaute Flächen werden wiederbelebt, schaffen neuen Lebensraum;
- ein Quadratmeter Dachwiese bindet jährlich ein halbes Kilo Schmutz und Schadstoffe.

Der zuletzt genannte Vorteil kann dem Grasdach zum Verhängnis werden. In dem etwa zehn Zentimeter hohen Substrat konzentrieren sich im Laufe der Jahre toxisch wirkende Säuren und Schwermetalle. Nur wenige Arten überleben, und langfristig muß mit großem Aufwand der Boden ausgetauscht werden.

Bei Altbauten treten oft konstruktive Schwierigkeiten wegen der Gewichtsbelastung von etwa 100 Kilogramm pro Quadratmeter auf. Eine weitere Schwierigkeit ist, daß Wurzeln herkömmliche Dichtungsschichten durchwachsen. Deshalb muß als unterste Schicht eine nahtlose, wurzel- und wasserfeste Folie verlegt werden. Dürre- und frostresistente Gräser, dickblättriger Dach- und Donnerwurz (er soll Blitze ableiten), einige Arten von Schnittlauch- und Hahnenfußgewächsen gedeihen auf dem Dach. Grünes Gras wächst nur im Frühjahr, im Sommer trocknet es aus und wird braun. Eine Abschätzung von Nutzen und Aufwand eines Grasdaches in der Stadt ist schwierig, denn langjährige Erfahrungen fehlen. Sinnvoll sind auf jeden Fall begrünte Garagendächer, besonders bei großflächigen Tiefgaragen.[10]

Mit weniger Problemen verbunden ist eine punktförmige Begrünung mit Dauerkübelsystemen auf belastbaren Ecken und tragenden Wänden oder eine kombinierte Wand- und Dachbegrünung, denn die Kletterpflanzen werden vom Boden her versorgt. Ein- oder mehrmals im Jahr müssen dann Dachrinnen freigeschnitten und gesäubert werden.

Problematisch wird es, wenn bei der Raumplanung Begrünungen am Bau mit einer bestimmten Grünvolumenzahl bewertet und als Ausgleichsmaßnahme für Grünflächen und Bäume bei Bauvorhaben angeführt werden.

Traum-Raum Gewächshaus

- Wir haben ein Glashaus vors Haus gebaut, um im Trockenen zu gärtnern, auch wenn's draußen stürmt und regnet,
- um frühzeitig Setzlinge vorzuziehen und die Vegetationszeit zu verlängern,
- um inmitten von Tomaten, umgeben von Licht, Wolken oder bei Regen im Trockenen zu schreiben (ohne daß der Wind die Papiere wegweht),
- um das Haus während der Übergangszeit zu heizen, ohne Holz, Kohle oder Öl zu verbrennen,
- um im November noch Tomaten von Pflanzen zu ernten, ohne daß Energie für die Beheizung verbraucht wird,
- um im Dezember unter blauem Himmel warm zu sitzen, wenn die Sonne scheint,
- um im rauhen Norden frische Feigen vom Baum, Melonen und Paprika zu essen,
- um den Traum-Raum vor dem Haus zu haben,
- um trotz verschmutzter Luft und versauertem Regen ohne Bedenken Salat zu essen (→ 2).

Das Anlehngewächshaus an der Südwestseite des Hauses fängt die sauberste und billigste Energie ein, die es auf der Erde gibt. Sonnenstrahlen dringen durch das Glas und verwandeln sich in Wärme, die vom dunklen Boden, dicken Mauerwerk und dunklen Wasserbehältern gespeichert und nachts wieder abgegeben wird. Durch geöffnete Fensterflügel und eine Tür strömt die erwärmte und mit Sauerstoff angereicherte Luft ins Innere des

Hauses. Im Winter lüften wir übers Gewächshaus die Zimmer, dann ist die einströmende Luft nicht so kalt, und die verbrauchte, warme Luft erwärmt das Gewächshaus. Das Glashaus wirkt als Klimapuffer und kann als Windfang am Hauseingang oder über einem Balkon errichtet werden, als Glasveranda oder als Wintergarten (→ 3). Es gibt auch aufwendige Doppelglas-Alu-Systeme. Wir aber wollten ein Anlehngewächshaus bauen, das material- und energiesparend, umwelt- und geldbeutelschonend sein sollte, und haben deshalb Altglas von ausrangierten Fenstern mit zusammengeschraubten Schalbrettern verwendet. Etwas über dreitausend Mark hat das Material insgesamt gekostet.[11]

Die Dachflächen haben Neigungswinkel von 45 und 30 Grad, so daß die tiefstehende Sonne im Herbst, Winter und Frühjahr optimal einstrahlt. Nachbarn, die den Bau mißtrauisch beobachteten, äußerten die Befürchtung: »Da kommen aber Heizkosten auf Sie zu.« Beheizt die Sonne das Anlehngewächshaus einmal nicht, besteht trotzdem noch ein Unterschied von etwa 10 Grad zwischen Außen- und Innentemperatur. Den frostempfindlichen Feigenbaum hülle ich zusätzlich in Stroh und Folie ein.[12]

LITERATUR

1 Elfie Nordheim, »Die Natur kommt zurück«, in: Aktionsreport Heft 17, 1985.

2 »Wieviel Grün braucht der (Stadt-)Mensch?«, in: »Umweltschutz« Heft 8, Wien 1985.

3 Der Senator für Stadtentwicklung und Umweltschutz Berlin, »Mut zu grünen Wänden – Pflanzen an Fassaden«, Berlin 1983. Eine schön gestaltete Broschüre mit vielen Anregungen, Tips, Zeichnungen und Fotos, zu beziehen bei: Druckerei Karl Gerike, Erkelenzdamm 59, 1000 Berlin 36 (DM 5,– in Briefmarken beilegen).

4 Behörde für Bezirksangelegenheiten, Naturschutz und Umweltgestaltung, »Grün am Bau« o. J. Broschüre kostenlos zu beziehen: 2000 Hamburg 1, Steindamm 22.

5 M. Andritzky, K. Spitzer (Hg.), »Grün in der Stadt – von oben, von selbst, für alle, von allen«, Reinbek 1983.
Forschungsgesellschaft Landschaftsentwicklung – Landschaftsbau e. V., Hg., »Das begrünte Haus – Bedeutung und konstruktive Hilfen«, Karlsruhe 1983.
R. Doernach, G. Heid, »Das Naturhaus – Wege zur Naturstadt«, Frankfurt 1982.

6 Bayrisches Staatsministerium für Landesentwicklung und Umweltfragen, »Grüne Innenhöfe«, München 1983. Die detaillierte, informative Fibel kann bestellt werden beim Herausgeber, Rosenkavalierplatz 2, 8000 München 81.

7 Informationen des Ministeriums für Ernährung, Landwirtschaft, Umwelt und Forsten, Baden-Württemberg, »Begrünte Dächer«, Stuttgart 1984 – eine übersichtliche Informationsbroschüre.

8 Dieter Beisel, »Vom Grau zum Grün«, in: natur Heft 1, 1982.

9 Ökotop, Gesellschaft für Angepaßte Technologien, Paul-Lincke-Ufer 41, 1000 Berlin 36.

10 Umweltbundesamt, von P. und M. Krusche, Althaus, Gabriel, »Ökologisches Bauen«, Wiesbaden und Berlin 1982. Ein Handbuch zu den Themen Ökologie und Architektur, Klima und Vegetation, Kreisläufe in Haus und Siedlung, Energiebewahrung und -gewinnung.

11 Claudia Lorenz-Ladener, »Solargewächshaus, Theorie und Praxis der passiven Sonnenenergienutzung, Grundlage für den Selbstbau«, Freiburg 1985.

12 Ingrid Gabriel, »Der Biogarten unter Glas und Folie«, Niedernhausen 1984.

ADRESSEN

1 Kautex Werke, Postfach 300580, 5300 Bonn 3.
Dort kann man die Bio-Tonne kaufen.

2 Aktionsgemeinschaft Glas am Bau, Stresemannstr. 26, 4000 Düsseldorf 1, gibt Broschüren mit vielen Anregungen heraus.

3 Bundesarbeitskreis Altbauerneuerung e. V., Beratungsbüro Hannover, Liebermannstr. 1, 3000 Hannover 61, Tel.: 0511/556066
Beratung über rechtliche und technische Fragen, z. B. über Baugenehmigung, Herstellerfirmen.

VOM KINDERGARTEN
ZUM
LETZTEN GARTEN

Kinder, namentlich kleine Kinder, sind in wohlgepflegten Gärten die Ursache ständiger Ärgernisse. Sie achten der Wege nicht, naschen am Obst, pflücken Blumen und wollen überhaupt freien Spielraum zum Umhertollen. Dem muß man Rechnung tragen. In großen Gärten mit ausgedehnten Rasenteppichen kann man letztere der Jugend ruhig freigeben, vorausgesetzt, daß es sich nicht um frisch besäte Flächen handelt.
Praktisches Taschenbuch für Gartenfreunde, Leipzig 1905

Von Mohnhexen und Madonnen

In den Himmel bis in die Äste des alten Apfelbaums hinein schaukeln; rot-grüne Mohnpüppchen zusammenstecken, den Kopf aus Mohnkapseln, das Kleid aus geöffneten Knospen, Mohnhexen fliegen lassen; sich in dichten Johannisbeersträuchern vor schimpfenden Eltern verstecken; aus Rhabarberblättern, angerührter Erde und Blüten geheimnisvolle Kuchen bakken und in Stücke schneiden; aus lehmiger Erde seltsame Dinge formen[1]; im Kindergarten tun und lassen, was wir wollen, das alles und noch viel mehr machte einst den Freiraum Garten für mich und meine Schwestern zu einem Erlebnisfeld ohne Zwänge. Glücklicherweise mußten wir keine Wildkräuter jäten. Glücklicherweise mußten wir nur bei großer Trockenheit Wasser pumpen, schleppen und gießen. Vielleicht ist deshalb der Garten Freiraum geblieben.

Nur meine jüngste Schwester wurde Wochenende für Wochenende gezwungen, mit meinem Vater in den Garten zu gehen. Dort fühlte sie sich einsam und abgeschnitten von der Welt. Nur selten war da jemand zum Spielen. Noch heute hat sie wenig Interesse an Gärten.

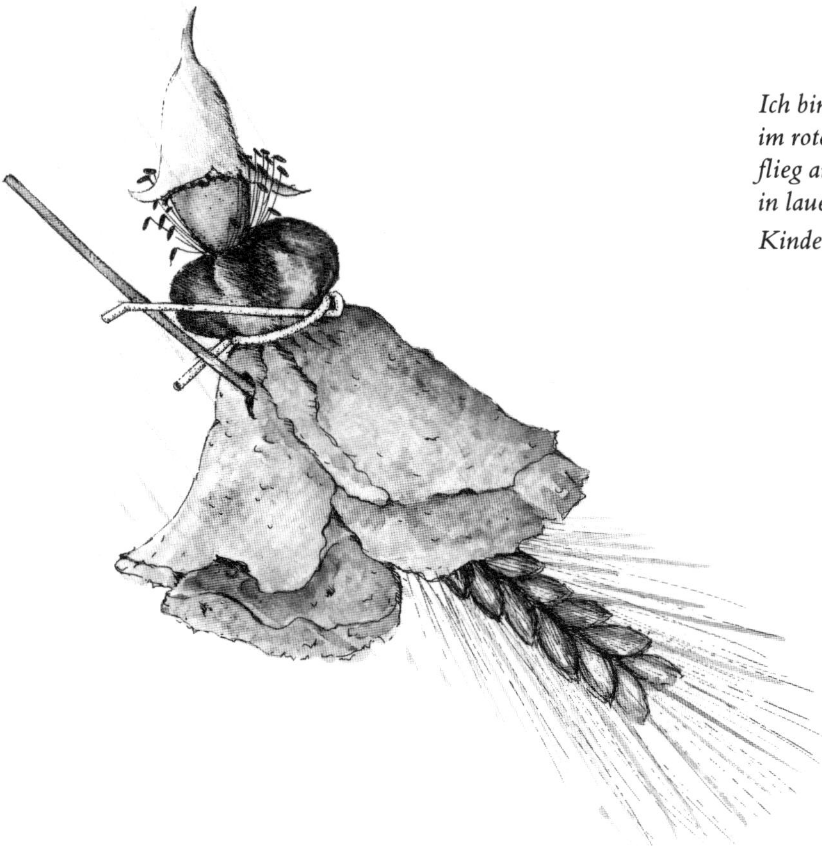

Ich bin die Sommerhexe
im roten Kleid aus Mohn,
flieg auf dem Roggenbesen
in lauer Luft davon!
Kinderlied

Ich erinnere mich an den ›Kindergarten‹, der eher eine Schule als ein Garten war. Die kleine Rasenfläche durfte von uns Kindern nicht betreten werden. Doch in einer Ecke hing ein großes Bild aus dem Mittelalter: ein Paradiesgarten. Von der Umgebung durch eine weiße Mauer abgeschirmt, saß dort eine Madonna, eingehüllt in einen blauen, weiten Mantel. Das nackte Jesuskind spielt auf ihrem Schoß, umgeben von Engeln und Blumen. Gerne habe ich unter dem Bild gesessen und geträumt. Es hat mich gebildet.

Von Brennesseln und Bilderbuch-Raupen

Sonntagsgespräch in einer Hamburger Wohngemeinschaft. Heute ist der kleine Garten des Kinderladens renoviert worden.

Paul, Vater: »Haben erst mal Ordnung geschaffen in dem verwahrlosten Hintergarten. Wir haben alle Brennesseln rausgerissen, auch wenn's gegen deine Überzeugung ist, Gitta.«

Anna, Mutter: »In dem kleinen Garten ist kein Platz für Brennesseln. Die Kinder können sich daran brennen.«

Mir geht durch den Kopf: Wenn in einem Garten für Kinder kein Platz für einige Nesseln ist, wie sollen Kinder sie als Tee-, Futter- und Düngepflanzen kennenlernen? Schuttplätze und verwilderte Grundstücke sind selten geworden, auf öffentlichen Spielplätzen werden sie auch nicht geduldet, womit werden dann Kinder ihre Mutprobe, ihre Brennproben, machen? Wo werden sie Brennessel fressende Raupen, ihr Verpuppen und Entpuppen beobachten können? Lena hat von ihrer Großmutter ein schönes Bilderbuch geschenkt bekommen, »Wie kleine Tiere groß werden«. Gleich auf der ersten Doppelseite ist der Entwicklungsprozeß des Pfauenauges sehr anschaulich gezeichnet. Als ich darin blätterte, fiel mir wieder ein, wie ich als kleines Mädchen eine braune Bärenraupe gefunden hatte. Ich spürte ihre stummeligen Bauchfüße und das Streicheln ihrer feinen Härchen auf der Haut, ich beobachtete, wie sie in der Sonne glitzerten. Ich war gespannt und malte mir aus, was für ein Schmetterling sich in der Raupe wohl verberge. Doch es kam ganz anders. Die Bärenraupe entschlüpfte meiner Hand, fiel auf die Straße. Bevor ich mich auch nur danach gebückt hatte, trat ein Junge sie platt. Ich war geplättet von so viel Brutalität. Bilderbuch-Raupen ersparen diesen Schmerz. Doch der Schmerz gehört genauso zum Leben wie das zarte Krabbeln.

Pflanzen haben auf Kinder wie Erwachsene eine heilende Wirkung. Wenn mir vor Wut die Spucke wegbleibt, dann tauche ich zwischen Pflaumenbäumen und Erbsenreihen unter, dann reiße ich Wildkräuter aus, bis ich wieder bei mir selbst bin. Wenn ich rumhänge ›mit keiner Lust zu gar nichts‹, gehe ich in die Erdbeeren und lasse mir das Leben schmecken. Wenn mein Selbstwertgefühl in den Keller gerutscht ist, dann gärtnere ich so vor mich hin. Wenn's um mich herum wächst, kreucht und fleucht, kehren auch meine Wachstumskräfte zurück.

Der Kinder-Garten

Will ich in mein Gärtlein gehn,
will die Zwiebeln gießen ...
Kinderlied

Pflanzen haben ungeahnte Wachstumskräfte. Zweige, in die Erde gesteckt, schlagen Wurzeln, halbvertrocknete Triebe schlagen wieder aus, wenn sie gegossen werden. Doch manchmal ist alle Hoffnung und Mühe vergeblich. Wenn noch Ende April starke Nachtfröste die jungen Keimlinge erfrieren lassen, wenn fressende Tiere nur noch Halme stehen lassen, wenn sich Krankheiten ausbreiten. Dann hilft nur, von neuem säen. Kinder erfahren so, daß trotz aller Gefahren der Same erst gelegt werden muß, soll sich eine Pflanze entwickeln.

Nicht nur Tulpen-, Narzissen-, Schneeglöckchen- oder Speisezwiebeln, sondern auch die kleinen Samen, die beim Essen frei werden und normalerweise im Müll landen, betten Kinder gerne in einen Blumentopf: Zitronen-

und Apfelsinenkerne, Apfel- und Birnenkerne, Pfirsich-, Aprikosen- und Dattelkerne, Hagebutten- oder Holunderkernchen. Aber auch aus Kastanien, Eicheln und Bucheckern wachsen Bäume, die später in Gartenecken oder im Wald ihre mächtigen Äste ausbreiten.[2]

Der Geburtstagsbaum

Einst wurde zur Geburt eines Kindes sein Lebensbaum gepflanzt. An einem jeden Geburtstag kann die Entwicklung innerhalb eines Jahres von Kind und Baum verglichen werden. Heute ist es mit Hilfe von Geburtstagsfotos möglich, die Wachstumsprozesse von beiden über Jahre hinweg festzuhalten.

Der Kresse-Igel

Innerhalb einer Woche keimen und grünen Kresse- und Senfsamen. Witzig sind Tongefäße in Tiergestalt. Auf der feuchten, aufgerauhten Oberfläche werden die Samen festgehalten. Der hohle Innenraum ist mit Wasser gefüllt, so bleibt der tönerne Untergrund feucht. Der grüne Pelz schmeckt nach dem Scheren gut auf dem Butterbrot.[3]

Der Bohnen-Iglu

Bauen Sie Ihren Kindern doch mal ein schützendes, grünes Zelt, mit roten oder weißen Schmetterlingsblüten im Frühsommer, voll grüner Bohnen im Spätsommer. Dazu markieren Sie einen Kreisumfang mit einem Durchmesser von zwei bis drei Metern. Stechen Sie gegebenenfalls die Grasnarbe des Kreisrandes in einer Breite von etwa 40 cm ab und schütten Sie lehmigen Mutterboden auf. In der Mitte und im Eingangsbereich wächst das Gras weiter. Im Abstand von 50 cm graben Sie lange Bohnen- oder Bambusstangen schräg in die Erde ein und binden sie oben mit einem Seil zusammen. Mitte Mai legen die Kinder etwa sechs bis acht Stangen- oder Feuerbohnen um jede Stange.

Doch Vorsicht, grüne Bohnen roh gegessen sind leicht giftig.

Der Ort der Toten – ein Spiegel der Lebenden

Unser Kindergarten war auch der letzte Garten für aus dem Nest gefallene Vögel und für tote Mäuse. Wir beerdigten sie. Mit einem Kreuz aus Holunderästen und Blumen schmückten wir die Gräber. Schauten wir ein Jahr später nach, was aus den Leichen geworden ist, war nichts mehr von ihnen zu finden. Erde zu Erde, Asche zu Asche, Staub zu Staub.

Unser schönster Spielplatz war in einem nahe gelegenen alten Friedhof. Auf steinernen Bänken alter Grabsteine einst reicher Bürger richteten wir unsere Puppenstuben ein. Zwischen Lebensbäumen und Ligusterhecken spielten wir Verstecken.

Drei Kilometer meines Schulweges führen durch den Ohlsdorfer Friedhof in Hamburg. Wenn ich unter den schönen, alten

Stiefmütterchen rein, Stiefmütterchen raus, Begonien rein, Begonien raus, Winterastern rein, Winteraster raus, Abdeckung mit Fichtenzweigen

Baumalleen in die Pedale meines Fahrrades trete, spüre ich meinen Puls, merke, daß ich lebe. Dabei beobachte ich den Friedhofsbetrieb.

Ende Februar, Anfang März fahren Lastwagen, die Ladeflächen vollgepackt bis unter die Abdeckplane mit Stiefmütterchen, auf die breiten Wege. Wer einen Vertrag mit einem Friedhofsgärtner geschlossen und die Pflegekosten bezahlt hat, bekommt eine ganze oder eine halbe Kiste lebender Pflanzen aufs Grab gepflanzt. Von dort schauen sie uns dann an wie große wachsame Augen, die blauen und gelben »Glotzböcke« (so nannte meine Oma die Stiefmütterchen). Ab Mitte Mai ist ihre Zeit vorbei, dann sind die rosa bis roten Begonien dran, die kleinen und die knolligen. Auf besonderen Wunsch werden auch Fuchsien und Geranien gepflanzt. Die blühen dann unermüdlich den ganzen Sommer lang. Bevor sie verblühen und Samen tragen, landen auch sie auf friedhofseigenen Komposthaufen. Frostempfindliche Stauden wie Geranien und Fuchsien überwintern nicht mehr in Kellern. Nächstes Jahr werden Neue gepflanzt, das ist kostensparend.

Im Herbst ist dann die Zeit der Chrysanthemen und Eriken, bevorzugt in den Farben Weiß und Rot. Ihr Lebenslauf ist beendet, wenn die Wintergrünabdeckung mit Fichtenzweigen erfolgt.

Gemüse auf Grab ist pietätlos

Zürich. Kopfsalat, Kohlköpfe und Buschbohnen können unter Umständen die Totenruhe stören. Zu dieser Einsicht ist das Gartenbauamt von Zürich gelangt. Den Anlaß bot der Verwalter eines Friedhofs der Stadt, der auf abgeräumten Gräbern Gemüse angepflanzt hatte.

Nach einem Bericht des Züricher »Tages-Anzeiger« vom Donnerstag hat die Amtsstelle jetzt entschieden, daß der Friedhofsverwalter Ernst Ryter das Gemüse bis Ende des laufenden Monats entfernen muß. »Im Gegensatz zu Begonien, Immergrün und anderen Friedhofspflanzen ist der Anbau von Gemüse auf Friedhöfen pietätlos«, heißt es zur Begründung.

dpa, 15. August 1986

So werden Jahr für Jahr, Grab für Grab, Reihe für Reihe, Abteilung für Abteilung Hunderttausende von Gräbern auf dem 400 Hektar großen Friedhof mit lebendem Grün bepflanzt. Selten geworden sind Gräber mit einem alles überwuchernden, immergrünen Efeu, mit einem Rosenstock, so alt wie das Grab selbst, der jedes Jahr von neuem erblüht, oder Gräber voller Wildkräuter, mit sich selbst aussähenden Fingerhüten.

Einem Grab soll man sein Alter nicht ansehen. Perfekt und ordentlich soll es sein, auch wenn die Angehörigen weit weg wohnen, auch wenn die Nachkommen sich nicht mit der Pflege eines Grabes belasten. Ein Grab erinnert nicht nur an die Toten, sondern auch an die eigene Sterblichkeit, und die ist in einer materiell orientierten Gesellschaft, in der das (technisch) Machbare zählt, tabu. Nahmen Verwandte, Nachbarn und Freunde von dem Toten Abschied, gaben sie ihm ein letztes, ganz persönliches Geschenk mit, vielleicht einen Apfel, aus dessen Kernen ein Baum wuchs. Heute ist die Sargausstattung eine Angelegenheit für ›privatrechtliche Tätigkeiten‹ mit allerlei Zubehör und katalogmäßigem Angebot.

Fachleute kümmern sich um alles, auch darum, daß die Unvergessenen wirklich nicht vergessen werden. Friedhofsgärtner bieten ihre Dienste für zehn bis vierzig Jahre an. Dauergrabpflege für einige tausend Mark, zu Lebzeiten im voraus zahlbar. Spezieller Grabschmuck an Geburtstagen der Verstorbenen ist machbar. »Dauerpflege, das bedeutet Garantie für fachliche Lei-

PRIVATRECHTLICHE TÄTIGKEITEN SIND:

- Einsargen der Leichen,
- Transport der Leichen zum Bestattungsort,
- Durchführen von Trauerfeiern,
- Dekorationsmaßnahmen im Sarg, auf dem Sarg, im Leichenhaus, in Kapellen, Feierhallen, am offenen Grab,
- Erstellen und Versetzen von Grabmalen,
- Erstmalige und laufende gärtnerische Gestaltung, Bepflanzung und Pflege des Grabes,
- Betreiben von Verkaufsstellen für Blumen, Trauergebinde und sonstigen Friedhofsbedarf.[4]

stung, für absolut korrekte Arbeit. Berufsorganisationen der Friedhofsgärtner wachen darüber.«[5]

Verdrängter Tod, ungelebte Trauer, Unsicherheit bewirken, daß die Gestaltung des letzten kleinen Gartens in die Hand von bezahlten Experten gelegt wird. Damit ist die Vielfalt individueller Lösungen einem allgemeinen Standard mit prozentualen Angaben und »richtigen« Pflanzen gewichen.

Steine für Sterbliche

Wie ein Blume bald vergehet, ist unser Leben, sehet.
Grabstein, 1778, auf der Insel Föhr

Steine unterliegen nicht den Bedingungen des Lebens. Sie sind hart, unverwüstlich, oft Millionen von Jahren alt. Steine auf Gräbern sind Zeichen der Erinnerung an Sterbliche. Auf den Nordseeinseln Amrum und Föhr erzählen alte Grabsteine nahe der Kirche bildhaft und liebevoll von der ›irdischen Laufbahn‹ längst Verstorbener.[6]

Als Symbol des Lebens sind am Kopf des Steines, in der Bekrönung, Segelschiffe und Blumen eingemeißelt. Narzissen stehen für das männliche Geschlecht, Sternblumen für das weibliche. An der Spitze die Blüten der Eltern, darunter in zeitlicher Reihenfolge die Kinder. Abgeknickte Stiele stehen sinnbildlich für »gestorben«, kleine Blüten für »in jungen Jahren«. Spruchbänder künden von der Zerbrechlichkeit und Vergänglichkeit allen Lebens:

»So wie ein harter Sturm den Blumenstengel knickt, so hat von Fünfen mich ein Sturm ins Grab gerückt« (1754).

Die Orte der Toten sind Spiegel der Lebenden. Heute herrschen andere Maßstäbe. »Grün kaputt«[7] gilt auch für die kleinsten Gärten:

»**Die letzte Deponie.** Heute sind die Toten eingeparkt wie Luxuslimousinen. Schwarz und bombastisch, in makellosem Hochglanz werden mit dem Kran steinerne Monstren angeschleppt und in tödlicher Korrektheit abgesetzt. Grundstück für Grundstück mit den gleichen schwarzen Steinbarrieren abgeriegelt. Protzige Materialschlacht-Felder. Und dazwischen saubere Abstandsflächen auf totem Industriekies. Damit sich ja kein Unkraut regt. Einsamkeit in Makellosigkeit. Auch im Tod noch Ellenbogen.«

Und sauber muß der Stein sein. Algen und Moosbewuchs sind Schandflecken. (Wie das Waschen ohne Weichspüler, so ist das Reinigen des Steines mit Wasser nicht tadellos.) Der moralische Zeigefinger der Werbung mahnt unnachgiebig: »Halten Sie Ihr Andenken sauber.« (BAYROL, München).

Der Mensch geht auf wie eine Blume und fällt ab. Grabinschrift von 1860

Die Zeit des Lebens, die Zeit der Grabsteine und die Zeit der Gräber ist begrenzt. Ist die Belegungszeit vorüber, wird die erneut fällige Gebühr nicht entrichtet, so hängt eine Kette um den Stein. Die Aufschrift lautet: »Umsturzgefahr! Bitte melden Sie sich innerhalb von drei Monaten bei der Friedhofsverwaltung.«

Meldet sich niemand innerhalb dieser Frist, wird das Grab aufgehoben. Der Stein wird auf einem großen Haufen am Rande des Friedhofs gestapelt.

Bedrückend sind Soldatengräber. In Reih und Uniform, die Steine alle gleich breit, gleich hoch, in gleicher Farbe stehen sie schnurgerade im gleichen Abstand. In ihrem Leben sind sie in Reih und Glied geradegestanden für Befehle. Ihr Leben haben sie dabei verloren.

Beglückend ist die Vielfalt auf alten Dorffriedhöfen gewesen. Besonders schöne Einzelpflanzen von Schlüsselblumen und Kaiserkronen, von wohlriechenden Veilchen und Lilien, von Akelei und Eisenhut, Pfingstrosen und Centifolien, Stockrosen und Dahlien waren einst auf Gräbern zu finden. Die Verstorbenen erhielten ihre Lieblingsblumen aufs Grab gepflanzt, und die stammten meist aus dem eigenen Hof- oder Bauerngarten.[8]

Verblühten sie, wurden sie in den Garten zurückgepflanzt oder überwinterten im Keller.

Mein letzter Garten

In meinem letzten Garten wünsche ich mir eine blühende Mischkultur – ein kleines Abbild meines Gartens. Im Frühjahr eine Handvoll Ringelblumensamen, eine Prise vom violetten blühenden Mohn, etwas verstreuten Dillsamen. Ein, zwei Wildkräuter jeder Art dürfen stehenbleiben. Auf der einen Seite des Grabsteins könnten rosa bis dunkelrote Stockrosen blühen, auf der anderen Seite ein Korkenzieherhaselstrauch oder eine Zaubernuß wachsen. Seine gewundenen Äste zieren besonders in der Vegetationspause das Grab. Schön wäre eine um die Weihnachtszeit blühende Christrose. Als Winterabdeckung bevorzuge ich Laub. Die in meinem Körper festgelegten Mineralien würde ich gerne Linden- oder Buchenwurzeln zur Verfügung stellen. Ein von des Meeres Wellen gerundeter Stein mit einem Yin-Yang Zeichen darauf entspricht meinen Vorstellungen von der ewigen Wandlung allen Lebens.

Der Mensch ist weich und schwach, wenn er geboren wird,
fest und stark, wenn er stirbt.
Kräuter und Blumen sind weich und saftig, wenn sie entstehen,
dürr und hart, wenn sie sterben.
Denn das Feste und Starke gehört dem Tode,
das Weiche und Schwache gehört dem Leben.
Also auch: Sind Waffen stark, so siegt man nicht.
Ist der Baum stark, so braucht er Stützen.
Das Starke und Große steht unten.
Das Weiche und Schwache steht oben. (Laotse)

LITERATUR

1 Susanne Stöcklin-Meier, »Naturspielzeug – Spielen mit Blüten, Blättern, Gräsern, Samen und Früchten«, Ravensburg, Otto Maier Verlag, 1981.
Es werden durch Fotosequenzen und genaue Beschreibungen eine Fülle von gewachsenen Spielmaterialien vorgestellt: Wasserleitungen aus Löwenzahnstengeln, verkehrt angewachsene Stengel an Gänseblümchen, Strohwindmühlen oder Kastanienmarionetten.

2 Helga Fritzsche, »Gärtnern mit Kindern«, München 1984.

3 Inge und Heino Schmollinger-Bornemann, »Kinder, Kresse, rote Rüben – Tips und Geschichten für Eltern mit Garten oder grünem Balkon«, Reinbek 1984.

4 Zentralverband Gartenbau, »Friedhofsgärtnerei 81 – Hilfen zu Rechtsfragen«, o. J., zu beziehen beim Herausgeber, Godesberger Allee 142–148.

5 Nikolaus Uhl, »Grabgestaltung; Bepflanzung und Pflege zu jeder Jahreszeit«, Niedernhausen 1981.
Mir scheint, der Autor hat das Werbematerial vom Friedhofsgärtner als Grundlage für sein Buch gewählt.

6 Walter Lüden, »Redende Steine – Grabsteine auf der Insel Föhr«, Hamburg 1984, ein Band mit Fotos von Familien-Grabsteinen. Die reliefartig gemeißelten Steine erzählen die Geschichten von Familien.

7 Dieter Wieland u. a., »Grün kaputt – Landschaft und Gärten der Deutschen«, München 1983.
Der eindrucksvolle Fotoband zur gleichnamigen Ausstellung macht sensibel für die zerstörenden ›Sanierungen‹ in unserer Umwelt. »Noch nie hat eine Generation so viel Landschaft verbraucht. Und so viele Bäume gefällt. Noch nie hat eine Generation so viel Natur bereinigt, begradigt, planiert, drainiert und zugeschüttet. Und versiegelt und verbaut mit Asphalt und Beton.«

8 Willi Schulz, »Alte wendländische Hof- und Bauerngärten«, Veröffentlichungen des Vereins zur Erhaltung von Rundlingen im Hannoverschen Wendland e. V., Lüchow 1982.

DAS JAHR IM ÖKO-GARTEN

JANUAR

Ist die Neujahrsnacht hell und klar,
gibt es ein reiches Jahr.
Bauernregel

Die essensreichen geschwätzigen Feiertage sind vorüber. Jetzt ist Zeit, sich an langen Winterabenden in die warme Stube zurückzuziehen, die eigenen Notizen und all die Gartenbücher durchzustöbern, die man schon immer lesen wollte.

Das kommende Gartenjahr wird geplant: Bewährtes beibehalten, Neues ausprobiert, Mischkulturen und Fruchtfolgen zusammengestellt, Gründüngepflanzen darauf abgestimmt.

Alte Samentüten sollten durchgesehen und sortiert, Keimproben auf feuchtem Sand oder Papier angesetzt werden, um auszuprobieren, wie dicht gesät werden muß und für alte Samenbestände rechtzeitig Ersatz zu besorgen. Die Samenbestellung sollte bald abgeschickt werden, denn ab Februar kann mit Säen begonnen werden.

Das Wintergemüse und Lagerobst sollten Sie nicht vergessen, es muß laufend kontrolliert und aussortiert werden.

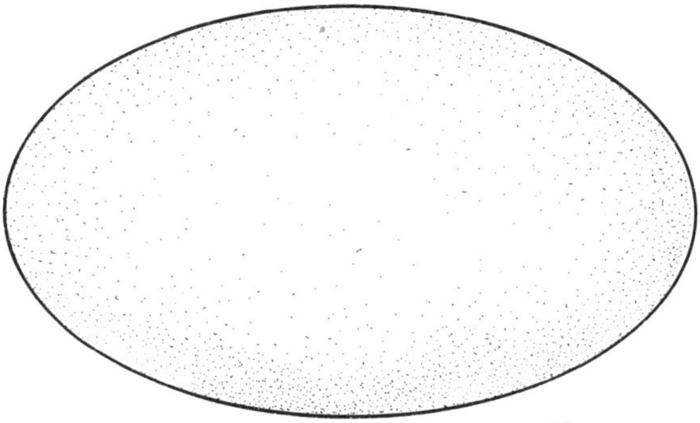

FEBRUAR

Die Tage werden länger. Während die Natur noch schläft und Kräfte sammelt für die kommende Vegetationsperiode, kann in Kisten auf der Fensterbank oder im Glashaus mit den ersten Saaten begonnen werden: Frühe Sorten von Kohlrabi, Wirsing, Weiß- und Blumenkohl, Broccoli, Kresse, Kopf- und Pflücksalat, Radieschen und Tomaten. Sobald der Boden frostfrei ist, kann ein Frühbeet mit Mist-Boden-Heizung hergerichtet werden.

Frühbeet herrichten

In fünfzig Zentimeter Tiefe frischen Pferdemist feststampfen, etwa in einer Höhe von zwanzig Zentimetern locker die Muttererde darüber ausbreiten. Das Beet ringsum mit Stroh einbetten und über das Glas nachts Schilfrohrmatten ausbreiten.

Sonnige, frostfreie Tage kann man nutzen, um Bäume und Sträucher zu schneiden; bei offenem Boden auch zu pflanzen; Baumstämme von loser Rinde und Leimringen zu säubern; weiße Kunststoffspiralen anzubringen (sie hindern Insekten am Hochkrabbeln); Stämme mit Kalkmilch anzustreichen, mit Mineralöl zu spritzen. Nistplätze für Vögel sind vorzubereiten.

Gesteinsmehle, stickstoffreiche Hornspäne oder phosphatreiche Knochenmehle werden besorgt, die Gartengeräte überprüft, in Eimern mit ölhaltigem Sand gesäubert und eventuell ergänzt.

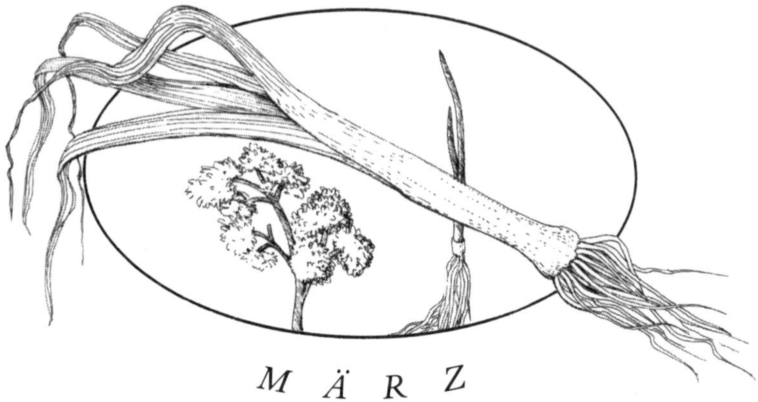

M Ä R Z

Wenn die wärmende, strahlend helle Märzsonne scheint, hält mich nichts mehr hinter dem Ofen, dann ist es höchste Zeit, die Beete von der winterlichen Mulchschicht zu befreien, damit sich der Boden erwärmt. Dann kann er gelokkert, mit Kompost versorgt und für die Märzsaaten vorbereitet werden. Die durch Zersetzungswärme beheizten Hügelbeete sind schon früh zu besäen und zu bepflanzen. Unter Glas kommen zu den Februarsaaten, die fortgeführt werden, noch Lauch, Schnittlauch, Paprika. An sonnigen Tagen lüftet man tagsüber.

Je früher Freilandsaaten in den Boden kommen, desto widerstandsfähiger sind die Pflanzen gegen Schädlingsbefall und Krankheiten. Doch man riskiert dabei, daß ein Teil der keimenden Saat erfriert und neu gesät werden muß. Saaten: Spinat, Erbsen, Schwarzwurzeln, Kresse, Radieschen, Kresse und ab Mitte des Monats Karotten. Als Vorsaat kommen Gründüngepflanzen in Frage: Spinat, Phacelia, Senf (nicht vor oder neben Kohl), Saubohnen (nicht vor oder neben Bohnen), Alexandriner- und Perserklee.

Gepflanzt werden Frühkartoffeln, Steckzwiebeln und weiterhin Obstbäume und fruchttragende Sträucher.

Baumscheiben werden vorsichtig gelockert, mit Gesteinsmehlen versorgt, mit Gründüngepflanzen besät, Knoblauchzehen gesteckt (wenn nicht schon im Herbst geschehen).

Vorbeugend kann man Ackerschachtelhalm- und Rainfarnbrühe über Blätter und Boden spritzen.

A P R I L

In diesem Monat stelle ich mich auf Hagel, Unwetter, aber auch klaren Sonnenschein ein – auf heiß und kalt. Jetzt steigt der Saft aus den Wurzeln hoch, das ist die beste Zeit für Veredelungen und die letzte Gelegenheit vor dem Blattaustrieb, Obstbäume und blühende Sträucher zu schneiden oder zu pflanzen. Rosen werden auf drei bis fünf Augen eingekürzt.

Regentonnen und Jauchefässer kommen wieder ins Freie. Erste Brennessel-, Löwenzahn- und Beinwelljauche werden angesetzt.

Die Keimlinge von Gurken, Zucchini und Kürbissen sind zu pikieren oder zu verziehen, sofern sie schon so weit sind. Auf gelockertem Boden werden Freilandsaaten fortgesetzt, am besten reihenweise, damit die Ernte gestaffelt ist: Spinat, Erbsen, Schwarzwurzeln, Radieschen, Kresse, Schnitt- und Kopfsalat, Mangold, Karotten, Rettiche, Rote Bete, Kohlrabi, Wirsing, Weiß-, Rot- und Blumenkohl.

Gründüngesaaten weiter ausbringen.

Zu pflanzen sind: Kartoffeln, Steckzwiebeln, Topinamburen (Süßkartoffeln) und Spargel, sowie Salate mit vier entwickelten Blättern und Kohlpflänzchen mit bleistiftdickem Stengel.

Küchenkräuter- und einjährige Blumensamen kommen in die Erde: Petersilie, Dill, Schnittlauch, Kerbel, Liebstökkel, Majoran, Thymian, Pimpinelle. Borretsch hat sich wahrscheinlich selbst ausgesät und keimt schon, genauso Ringelblumen, Mohn und das rosa blühende, ›drüsige Springkraut‹. Gesät werden: wohlriechende Wicken, Rittersporn, Reseda, Sonnenblumen, Cosmea oder die ›Jungfern in Grün‹. Der April ist die beste Zeit, einen Rasen in eine Blumenwiese zu verwandeln.

M A I

Pankratius, Servatius, Bonifatius und die Kalte Sophie, die Eisheiligen vom 12. bis zum 15. Mai bringen vielleicht Nachtfröste mit sich. Erdbeerblüten und andere kälteempfindliche Kulturen schützt man durch Sprühen von Baldrian- Blütenextrakt. Danach brauchen Gärtner(innen) Platz für all die frostempfindlichen Kulturen: Stangen-, Feuer- und Buschbohnen, Gurken, Zucchini, Mais, Melone, Chicorée und Neuseeländer Spinat. Wer im März oder April noch nicht alles Gewünschte gesät hat, kann es jetzt noch nachholen, außer Spinat – als Kurztagspflanze würde er bald Blüten treiben.

Auszupflanzen sind: vorgezogene Tomaten, Paprika, Auberginen, Zucchini, Gurken, Kopfsalat, Eissalat, Sommerendivie, Knollen- und Bleichsellerie und alle Kohlarten.

Kräuter und Sommerblumen lassen sich an Ort und Stelle aussäen: Majoran, Portulak und Kamille, Lein- und Schleierkraut, Stroh- und Kornblumen, Kapuzinerkresse, Sommerastern, Zinnien, Edelwicken und Malven und gegen Ende des Monats Levkojen. Knollen und Zwiebeln von Dahlien, Begonien und Gladiolen kommen in die Erde.

Baumscheiben werden von Tagetes, Kapuzinerkresse oder Gründüngepflanzen bedeckt. Unter Beerensträuchern haben sich Untersaaten mit Weißklee bewährt. Erdbeerpflanzen erhalten eine Mulchschicht aus Stroh, Holzwolle oder Sägespänen.

Bei günstiger Witterung und großem Nahrungsangebot gedeihen Pilze, blattfressende Insekten und Schnecken. Es lohnt sich, auch weiterhin Schachtelhalm- und Rainfarnbrühe zu spritzen.

JUNI

Der Frühsommermonat bringt die längsten Tage des Jahres. Erdbeeren reifen, Rosen und Rittersporn, Fingerhut und Holunder blühen, die ersten Salat-, Spinat- und Radieschenreihen sind abgeerntet. Zu Johanni (24. Juni) ist die Spargel- und Rhabarberernte abgeschlossen.

Neben den Nutzpflanzen gehen jetzt viele Wildkräuter auf, sie geben uns Hinweise auf den Zustand des Bodens. Bei sonnigem, trockenem Wetter gehackt und gejätet, ergeben sie eine Mulchschicht. Die Nutzpflanzen müssen weiter ausgedünnt oder auseinandergesetzt (Spätkohl, Lauch und Sellerie), gegossen, mit Jauche gedüngt und der Boden mit dem Sauzahn gelockert werden. Das Anhäufeln bei Erbsen, Bohnen, Kohl und Kartoffeln erhöht die Standfestigkeit und Wurzelbildung.

Gurken entspitzt man nach dem sechsten Blatt. Tomaten bindet man an und zwickt alle Achseltriebe mit dem Finger ab, damit sich ein Hauptstämmchen entwickelt. Neben jede Pflanze steckt man eine Flasche in die Erde, die mit stickstoffreicher Hühner- oder Brennesseljauche gefüllt ist. Langsam sickert der Düngevorrat ein.

Folgesaaten sind möglich von: Blumenkohl, Kohlrabi, Radieschen, Möhren, Salaten und Bohnen. Ende Juni können die Samen der Wintersorten von Endivien, Rettich sowie Zuckerhut, Grünkohl und Knollenfenchel in die Erde.

Im Juni haben Küchen-, Tee- und Jauchekräuter die meisten Inhaltstoffe, ihre Kraft geht noch nicht in Blüte und Stengel. Dann ist die beste Zeit, sie zu ernten und zu trocknen. Hat das Kernobst zu viele Früchte angesetzt, kann man einen Teil ausbrechen. Frühjahrsblühende Sträucher sind auszuschneiden, genauso abgeblühte Stengel von Stauden, dann blühen sie nochmals im Herbst.

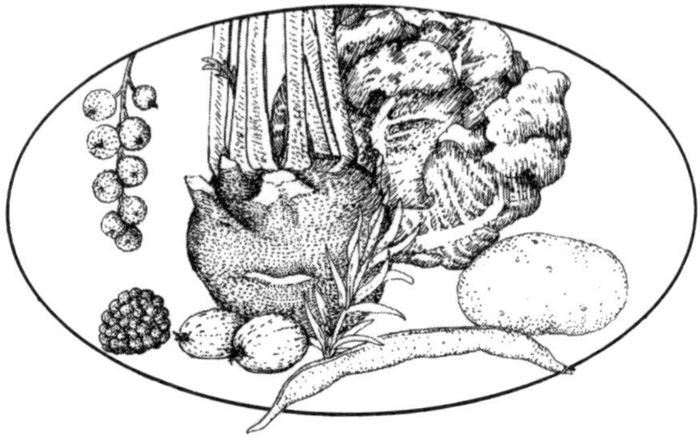

JULI

Der Juli ist der Beerenmonat. Zuerst reifen Himbeeren und Stachelbeeren, dann rote und schwarze Johannisbeeren und zwischendurch noch Kirschen. Das bedeutet: unter Sträucher kriechen und pflücken, Marmelade und Saft kochen.

Was jetzt ausgesät wird, reift erst zum Herbst oder Winter: Eissalat und andere Salate, Winterporree, Winterrettich, Spinat und gegen Ende des Monats Chinakohl und Feldsalat. Bis Mitte Juli ist die letzte Chance, Kohlrabi, Buschbohnen, Fenchel und Möhren zu säen. Bis dahin können auch noch Grünkohl, Endivien, Rosen- und Rotkohl gepflanzt werden.

Abgeerntete Himbeerruten werden entfernt, die jungen Triebe angebunden und mit Kompost gemulcht. Ab Ende des Monats können kräftige Erdbeerausläufer von markierten guttragenden Pflanzen auf ein Beet gesetzt und die restlichen zu Mulch werden.

Die Bodenbearbeitung geht weiter – wenn Gießen notwendig ist, dann einmal richtig und danach den Boden lokkern und abdecken. Das erste, abfließende Regenwasser aus der Tonne ist wegen des hohen Säure- und Schadstoffgehalts abzugießen.
Rhabarberblätter- und Rainfarntee vertreiben Lauchmotten. Ist der Befall zu stark, hilft nur Abschneiden und erneutes Austreibenlassen. Die leeren Nistkästen der Vögel sind zu säubern.

Viele Sommerblumen sind zweijährig. Sollen sie im nächsten Jahr blühen, müssen sie jetzt gesät werden, wenn sie es sich nicht selbst getan haben: Bartnelken, Fingerhut, Silberling, Stockrosen, Tausendschön oder Vergißmeinnicht. Von laubabwerfenden Blütensträuchern ist eine Vermehrung durch Stecklinge möglich.

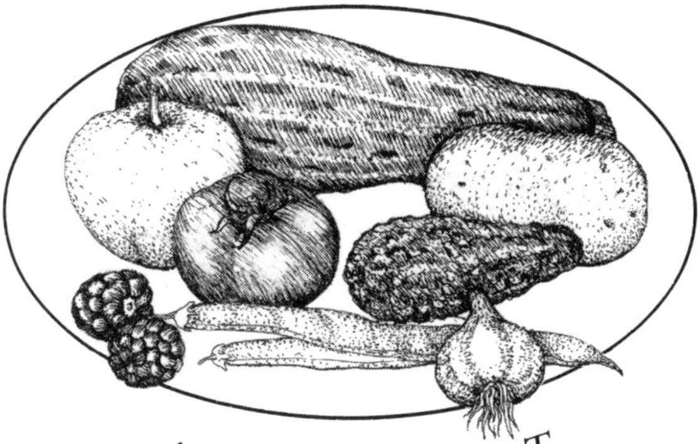

A U G U S T

Phlox, Margeriten, Rosen, Majoran, Beinwell und die Sonnenhüte blühen, Kirschen, Mirabellen und Sommeräpfel sind erntereif – der Teller ist gefüllt.

Die Reihen lichten sich und können neu besät werden mit: Spinat, Feldsalat, Mangold, Wintersalat, Radieschen und Winterrettich, oder können mit Grünkohl, Kopfsalat, Zuckerhut, Winterendivien, Chinakohl und Fenchel bepflanzt werden. Auf leere, mit Kompost gedüngte Beete kommen die jungen Erdbeerausläufer. Werden keine Nachkulturen angebaut, bereichern Gründüngepflanzen benachbarte Kulturen und den Boden. Im Juli ausgesäte, zweijährige Blumen müssen pikiert und verzogen werden.

Die ältesten Triebe der abgeernteten Beerensträucher mit dunkler, rissiger Rinde am Boden herausschneiden, die Seitentriebe der Brombeeren auf drei Augen zurückschneiden.

Die Magerwiese wird zum ersten oder zweiten Mal in diesem Jahr gemäht und damit auch zum letztenmal.

Jetzt fressen Blattläuse, Raupen und Schnecken die saftigen Blätter, dagegen hilft: mit Jauchen abwehren, absuchen, am besten täglich, und Freßfeinde fördern.

Wenn draußen die heiße Sonne scheint, ist die richtige Zeit, Gemüse- und Obstlagerräume zu fegen, mit flüssiger Seife abzubürsten und gut zu lüften.

S E P T E M B E R

Im Freien entwickeln sich nur noch Saaten von Winterspinat, Feldsalat, Kresse, Senf und die winterfesten Gründüngepflanzen (Zottelwicke, Ölrettich, Landsberger Gemenge, Winterroggen). Das Frühbeet wird zum Spätbeet. Dort gedeihen für den Frühwinterbedarf: Spinat, Salat, Radieschen. Das Frühbeet kann mit guter Strohabdeckung als frostfreier Vorratsraum genutzt werden für: Kohl, Karotten, Rote Bete, Kartoffeln.

Im Garten gibt es noch einiges zu tun:

- Knoblauch stecken zwischen Erdbeerpflanzen, an Baumscheiben und dicht am Rand des Gartens zur Wühlmausabwehr;
- Lauch anhäufeln, dann entwickeln sich weiße, lange Stangen;
- Winterendivie zusammenbinden, dann wird er zart und verliert seine Bitterstoffe;
- Tomatentriebe nicht mehr entfernen, nur noch die Blütenstände;
- Spitzentrieb des Rosenkohls ausbrechen, das fördert die Röschenbildung;
- Blattstiele des Bleichselleries mit lichtundurchlässigem Material umhüllen;
- Abdeckmaterialien für frostempfindliche Kulturen bereitlegen, denn erste Nachtfröste können Mitte bis Ende des Monats hereinbrechen
- Rhabarber, Himbeeren und Blumenzwiebeln (außer Tulpen) pflanzen;
- Wellpappegürtel von Stämmen vernichten, nachdem die Nützlinge ausgelesen sind.

Der schöne Sommer ging von hinnen,
Der Herbst, der reiche zog ins Land,
Nun weben all die guten Spinnen
So manches feine Festgewand.
Wilhelm Busch

O K T O B E R

Die Tage werden kürzer, die Schatten länger. Die Bäume erscheinen golden bis rot verfärbt, bevor sie die Blätter abwerfen. Gemüse und Früchte sind ein letztes Mal in diesem Jahr in Hülle und Fülle zu ernten, einzulagern und zu konservieren. Bei trockenem Boden, mit Hilfe der Grabegabel vorsichtig Möhren, Rote Bete, Pastinake, Wurzelpetersilie, Chicorée (bis auf das Herz alle Blätter entfernen) und Meerrettich ausgraben. Die dünnen Seitenwurzeln des Meerrettichs bricht man ab und setzt sie gleich wieder ein fürs nächste Jahr. Das trockene Wurzelgemüse im Keller in Sand, im Frühbeet oder einer Erdgrube (Miete) einlagern.

Im Freien überwintern: Lauch, Rosen- und Grünkohl, Schwarzwurzeln, Feldsalat. Einige Minusgrade vertragen Chinakohl, Mangold, Endivien, Zukkerhut, Fenchel und Topinamburen. Sie bleiben so lange wie möglich im Garten.

Alle abgeernteten Flächen sind jetzt mit der Grabegabel zu lockern und zu lüften, ohne die Bodenschichtung durcheinander zu bringen, dabei eventuell Bodenproben nehmen. Mit Kompost, Pflanzenresten, Laub und Stroh den Boden bedecken, dann kann die Herde unter der Erde ihre zersetzende Arbeit fortsetzen.

Fallen Äpfel und Birnen bei leichtem Drehen des Stiels in die Hand, sind sie reif. Spätapfelsorten vertragen Nachtfröste bis 6 Grad minus. Gefrorene Äpfel sind druckempfindlich, deshalb nur aufgetaute ernten.

Obstbäume und Beerensträucher sind jetzt oder im Frühjahr zu pflanzen, Leimringe um Obstbaumstämme verhindern, daß Frostspanner den Baum hochkriechen, die Wellpappestreifen sind weiterhin zu kontrollieren. Spätestens jetzt Blumenzwiebeln pflanzen.

NOVEMBER

Die abgestorbenen Stengel, Äste und das viele Laub verschwinden in einem Hügel- oder Hochbeet oder unter Büschen und Hecken, als Winterquartier für allerlei Getier.

Haben Bodenanalysen ergeben, daß der pH-Wert zu niedrig ist, wird feingemahlenes Kalkgestein (Düngekalk) an einem windstillen Tag gestreut. Neben der weitergeführten Bodenpflege fallen allerlei Aufräumarbeiten an: Jauchefässer und Regentonnen trocken stellen oder umdrehen. Gartengeräte säubern und ölen, Kompost abdecken, Laub vom Rasen harken und unter Sträucher bringen, Nistkästen ausräumen und aufhängen. Rosen zurückschneiden, mit Erde anhäufeln und mit Laub, Stroh und Tannenreisig bedecken genauso wie den Rhabarber und den Weinstock.

Ist das Laub von den Bäumen gefallen, kann an frostfreien Tagen mit dem Winterschnitt begonnen werden.

An den grauen, düsteren Novembertagen bleibt Zeit, Eintragungen ins Gartenbuch zu ergänzen, nach interessanten Büchern und Kursen Ausschau zu halten.

Wie das so wechselt Jahr um Jahr,
Betracht' ich fast mit Sorgen.
Was lebte, starb, was ist, es war,
und heute wird zu morgen.
Wilhelm Busch

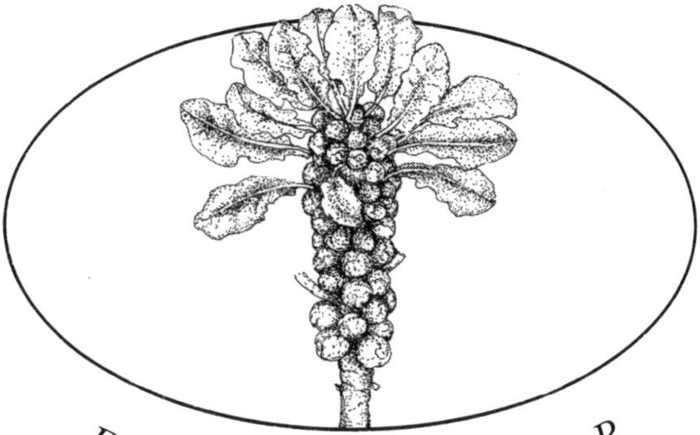

DEZEMBER

Zweige schneiden zu Sankt Barbara, Blüten sind bis Weihnachten da.

Am vierten Dezember, oder vorsichtshalber schon früher, Forsythien, Kirsch-, Apfel-, Pfirsichzweige schneiden und ins Warme stellen. Im Freien öffnen sich vor Weihnachten vielleicht die weißen Blüten der Christrose.

Ein Schnittlauchballen, nach dem ersten Frost ausgegraben und eingetopft, treibt in der warmen Küche neu aus.

Immergrüne (Efeu, Azaleen, Eibe, Kiefern) verdunsten an der Blattoberfläche auch im Winter Wasser. War der Herbst trocken, schützt sie – bei offenem Boden – eine ausgiebige Bewässerung vor dem Vertrocknen.

Samentragende Kräuter, fruchtende Sträucher und Hecken bieten Vögeln Unterschlupf und Nahrung. Fehlen die natürlichen, sich selbst erneuernden Futterquellen, sollten Vögel nur bei geschlossener Schneedecke und starkem Frost gefüttert werden.

REGISTER

ÖKO-RATGEBER

Der Öko-Koch liefert Rezepte und Anleitungen fürs Kochen und fürs Leben. Der Öko-Koch verdirbt den Appetit auf Frostschutzwein und Flüssigei, auf Kalorienzählen und Völlerei; er macht Appetit auf saisongerechte Lebensmittel, auf Biowein und eine intakte Umwelt. Ein «Öko-Paß» zeigt die Saisonzeit, Konservierungsmethoden, Lagerung, Handelsklassen und den durchschnittlichen Schadstoffgehalt. Der Öko-Koch weiß, daß gutes Essen mehr ist als eine Geschmacksfrage.

304 Seiten mit zahlreichen Abbildungen. Gebunden

Cadmium-freie Filzstifte, Joghurts ohne Sorbinsäure, ergonomisch konstruierte Sitzmöbel. Wer gesunde Sachen sucht, der ist hier richtig. Monat für Monat läßt die Zeitschrift ÖKO-TEST Lebensmittel und Alltagsgegenstände testen. Dieses Buch faßt die Ergebnisse der wichtigsten Untersuchungen übersichtlich zusammen: ein Einkaufsführer, ein Nachschlagebuch und praktischer Ratgeber für den «Alltagsökologen». In einem Spezialteil «Nach Tschernobyl» werden Hinweise gegeben, wie man die körperlichen Belastungen und Schäden durch Radioaktivität verringern kann.

288 Seiten mit zahlreichen Abbildungen. Gebunden

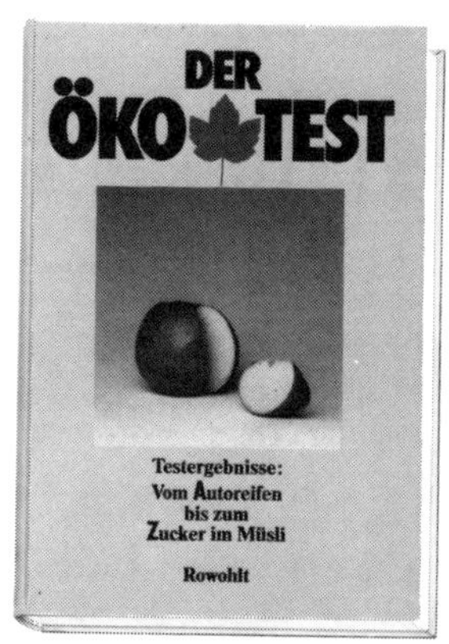

ROWOHLT